Guido und Michael Grandt

Schwarzbuch Satanismus

Guido und Michael Grandt

Schwarzbuch Satanismus

mit einem Essay von
Prof. DDr. Adam Seigfried

Pattloch

Bildnachweis

© ABACUS-Presseteam, Hamburg: 197
© The Associated Press GmbH, Frankfurt/M.: 208
© Grandt: 28, 69, 152, 161
© Urania Verlags AG, Neuhausen (Schweiz): 226

Textnachweis

Smith, Margaret. Gewalt und sexueller Mißbrauch in Sekten.
© Kreuz Verlag Zürich, 1994. © Ritual Abuse Margaret Smith 1993: 72, 85, 109

Die Deutsche Bibliothek – CIP-Einheitsaufnahme

Grandt, Guido:
Schwarzbuch Satanismus : Innenansicht eines religiösen Wahnsystems / Guido und Michael Grandt. – Augsburg : Pattloch, 1995
ISBN 3-629-00663-9
NE: Grandt, Michael:

Pattloch Verlag, Augsburg

Einbandgestaltung: in-graphic, München
Satz: Gesetzt aus 10,5/12 P. Times von Uhl + Massopust GmbH, Aalen

ISBN 3-629-00663-9

Dieses Buch ist allen Genannten und Ungenannten gewidmet, die unsere Recherchen tatkräftig unterstützt haben, besonders Heidi und Jutta, aber auch allen anderen Freunden, die immer zu uns gestanden haben. Vor anderen: J.A.Fisch, dem Mann, der ohne Rücksicht auf sein eigenes Leben Menschen, und hier vor allem Kindern, geholfen hat, sich aus den Fängen zerstörerischer Gruppen zu befreien. Sein entschlossenes Handeln und seinen Mut haben wir immer bewundert. Diesem Vorbild sind wir mit Dank und Respekt verbunden.

Inhaltsverzeichnis

Zum Geleit

Mein Name ist Cornelia Beyer. Mein Sohn wurde von drei Jugendlichen, welche sich selbst als Satanisten bezeichneten, ermordet. Im August/September 1992 kam unser Sohn Sandro auf mich zu und erzählte mir von einer Gruppe Jugendlicher, die sich mit Satanismus beschäftigen. Sie würden sich im Wald treffen, dort Schwarze Messen, Satanstaufen und Beschwörungen zelebrieren und Opfer darbringen. Ich muß zugeben, daß ich als Christin von so etwas keine Ahnung hatte. Aber der Gedanke an die Existenz eines Satanskultes in meiner nächsten Umgebung machte mir Angst. Für mich ist Satan die Personifizierung des Bösen, also das Gegenteil von Gott. Sandro wurde jedoch von dem Geheimnisvollen, das diese Gruppe umgab, angezogen. Er hörte Black Metal-Musik, zeichnete Pentagramme und umgedrehte Kreuze; auf seinem Schreibtisch lag eines Tages ein Buch über den Teufel.

Sandro hatte sich auch in seinem Wesen verändert. Immer öfter reagierte er aggressiv und gereizt. Es fiel mir und meinem Mann sehr schwer, mit ihm im Gespäch zu bleiben. Seine sonst so guten Leistungen in der Schule ließen nun oft zu wünschen übrig. Diese Situation hielt trotz ständiger Gespräche einige Monate an.

Dann ein Lichtblick: mit einem Male änderte sich Sandros Verhalten spürbar. Er wurde zusehends freundlicher und auch zugänglicher. Mein Bitten und Hoffen schien sich zu erfüllen: Er wollte mit der Satanistenclique nichts mehr zu tun haben. Somit ließ ich die Sache auf sich beruhen. Das Weihnachtsfest und auch die Monate danach gaben uns das Gefühl, eine gefährliche Talsohle durchschritten zu haben…

Doch dann brach die Katastrophe mit Gewalt über uns herein. Der 29. April 1993 wurde zum Schreckenstag; an diesem Tag nämlich wurde unser Sandro auf grausame Weise ermordet. Die drei Täter waren jene jugendlichen Satanisten, von denen uns Sandro vor Monaten erzählt hatte. Alles, was bisher in geordneten Bahnen verlief, schien auf einmal fragwürdig. Für meinen Mann und mich brach eine Welt zusammen.

Tiefer Schmerz, Trauer und Entsetzen über diese Tat ließen uns erst nach Wochen erkennen, daß man die Gefahr des Satanismus verkannt hatte. Das auffällige Verhalten der Satanisten zu verharmlosen, hatte sich als falsch und verhängnisvoll herausgestellt.

Damals wuchs in mir die Hoffnung, der Satanismus würde bei dem Prozeß gegen die Mörder meines Sohnes mit auf der Anklagebank sitzen. Schließlich ging es nicht allein um Sandro. Doch in unserer Erwartung in die deutsche Rechtsprechung wurden wir gründlich enttäuscht.

Obwohl der Richter in seiner Urteilsbegründung der Überzeugung war, daß die Zuwendung zum Satanismus die Achtung vor dem Wert des Lebens zerstört habe, wurden die Jugendlichen nicht wegen ihres praktizierten Glaubens zur Verantwortung gezogen.

Der Satanismus stand bei der Verhandlung nur in mittelbarem Zusammenhang zur Tat.

Wenn Sie sich über dieses Buch mit den Hintergründen des Satanismus auseinandersetzen, werden Sie genauso entsetzt sein, wie wir es noch immer sind. Was mit unserem Sohn geschehen ist, kann sich jederzeit überall wiederholen. Das weiß die Öffentlichkeit nicht. Sie muß es aber erfahren.

Als mir der Sender SAT.1 die Teilnahme an der Sendung „Einspruch" anbot, sagte ich spontan zu; wollte ich doch dadurch versuchen, auf die Gefahrenquelle Satanismus hinzuweisen. Bei dieser Sendung lernte ich auch die Brüder Michael und Guido Grandt kennen, zu denen sich in der Folge ein intensiver Kontakt aufbaute. Zwei selbstbewußte, sympathische junge Journalisten, die sich schon seit langem und mit bewundernswerter Akribie mit den Hintergründen des Satanismus und seinen Folgen auseinandersetzen.

Ich wünsche ihnen an dieser Stelle viel Glück für ihren weiteren, nicht ungefährlichen Weg und hoffe, dieses Buch ist ein Anfang, um solche grausamen Geschehnisse, wie ich sie erlebt habe, in Zukunft zu verhindern.

Cornelia Beyer, Sondershausen im Mai 1995

Vorwort

1. Von der Schwierigkeit, das Unfaßbare zu greifen

Kennen Sie den Film „Rosemaries Baby“? In dem Hollywood-Klassiker von 1967 geht es um eine junge Frau, die ihr erstes Kind erwartet. Eine Reihe mysteriöser Vorfälle weckt in ihr den Verdacht, daß sich eine Gruppe von Teufelsanbetern ihres Babys bemächtigen will. Jeder, dem sie sich hilfesuchend anvertraut, entpuppt sich als Anhänger der Satanisten-Sekte: Ihr Arzt, ihre Nachbarn und sogar der eigene Ehemann. Das Kind kommt infolge einer verfrühten Geburt daheim zur Welt und soll, wie man der Frau sagt, wenig später gestorben sein. Doch aus der Nachbarwohnung hört sie das leise Weinen eines Säuglings...

Ein beklemmender Film, eine alptraumhafte Vorstellung für jede Frau. Bis vor einiger Zeit hätten wir „Rosemaries Baby“ dennoch allenfalls unter dem Aspekt perfekt inszenierter Unterhaltung betrachtet. Heute jedoch jagt uns der Streifen so manchen kalten Schauer über den Rücken. Denn bei den Recherchen zu diesem Buch haben wir einige Frauen persönlich kennengelernt, deren Erlebnisse die filmische Schauer-Mär geradezu als harmlos erscheinen lassen. Frauen, die in eine Teufels-Sekte hineingeboren und über Jahre hinweg, ohne daß ein Außenstehender davon Notiz genommen hätte, rituell mißbraucht wurden. Frauen, die ihr eigenes Baby dem teuflischen Wahn von Neo-Satanisten opfern mußten.

Vieles, was Sie in diesem Buch lesen, wird Ihnen unglaublich vorkommen. Auch wir dachten, das gesamte Spektrum des Destruktiven im System der verschiedenen Sekten und Kulte zu kennen. Doch wir hatten uns getäuscht.

Es war im Sommer 1992, als wir in einem okkulten Buchladen im australischen Melbourne zum ersten Mal auf Hinweise bezüglich des rituellen Mißbrauchs von Kindern im satanistischen Untergrund stießen – ein Tabu-Thema, das wir unmittelbar nach unserer Rückkehr nach Deutschland zu recherchieren begannen. Zu diesem Zeitpunkt konnten wir noch nicht ahnen, daß wir uns nur wenig später inmitten eines Wustes aus Perversion, Wahnsinn und kriminellen Machenschaften wiederfinden würden.

Wir, das sind zwei deutsche Journalisten, die sich seit fast einem Jahrzehnt mit Sekten, Okkultismus und Satanismus beschäftigen. Unsere Erkenntnisse über den religiösen Untergrund beziehen wir nicht nur aus Büchern oder vom Schreibtisch aus. Unsere Reisen führten uns durch ganz Europa, in die USA und nach Australien. Wir besuchten Orte, die man gemeinhin eher meidet, die in der Okkult-Szene aber zentrale Bedeutung haben: Friedhöfe, einsame Waldstücke, abbruchreife Häuser. Wir sprachen mit Opfern und Tätern, wobei es mancher Tarnung und manches „Identitätswechsels" bedurfte, um mit unseren Informanten ins Gespräch zu kommen. Unter falschem Namen und mit wechselnden Visitenkarten schleusten wir uns in Gruppen, einmal gar in einen pompösen Sekten-Tempel ein, interviewten mit versteckten Aufzeichnungsgeräten „Heilsbringer", „Propheten" und selbsternannte Weltverbesserer. Wir knieten im „Allerheiligsten" der Offenbarungs-Sekte „Fiat Lux" und erfuhren am eigenen Leib die suggestive Macht eines „Gurus". Nicht selten drohte man uns körperliche Gewalt an oder ließ uns telefonisch wissen, daß wir bald sterben würden. Es gab brenzlige Situationen, aber auch solche, in denen uns einfach nur schlecht wurde – vor Ekel.

Dieses Buch soll über ein Tabu aufklären, von dem die meisten Menschen glauben, es existiere nur in den Gehirnen von Geisteskranken oder in den fetten Balken-Schlagzeilen der Boulevardpresse. „Blutige Teufelsrituale mit Menschenopfern" oder „Schwarze Messen – Sexorgien für den Satan" – solche Überschriften liest man in den Medien allenthalben. Und der Leser weiß längst nicht mehr, was er glauben darf, und was billige Sensationsmache ist. „Die spielen das doch nur hoch, um Auflage zu machen!", argwöhnt man nicht selten völlig zu Recht. Auch wir teilen generell diese Vorsicht. Doch das geflügelte Wort von der Wirklichkeit, die oftmals schlimmer ist als jede Phantasie, fanden auch wir leider ein ums andere Mal drastisch bestätigt.

Wenn es in der Presse um „rituelle Opferungen" geht, dann sind es immer wieder dieselben vermeintlichen „Horror-Geschichten", die aufgewärmt werden – und hinter denen, bei Licht besehen, in Wirklichkeit fast immer Verzweiflungstaten von seelisch erschütterten Jugendlichen, die mit Liebeskummer oder familiären Schwierigkeiten nicht fertig wurden, standen. So zum Beispiel im berüchtigten „Fall Anja“: Die 15jährige gehörte zu einer Gruppe von Jugendlichen, die sich „Die Luzifikaner“ nannten. Im Oktober 1987 beschlossen drei von ihnen, gemeinsam Selbstmord zu begehen, um „in Luzifers Reich zu gelangen“. Im Wald schnitten sie sich die Pulsadern auf – aber nur Anja verblutete, während ihre beiden Freunde in Panik davonliefen.

Solche Fälle sind es, die vielen Journalisten das Holz geliefert haben, aus denen man griffige Schreck-Gespenster für die mediale Satanismus-Geisterbahn aussägen konnte. Angesichts dieser Endlos-Schleife aus alten Archiv-Meldungen nimmt es kaum wunder, wenn ein sich kritisch dünkender Autor unwidersprochen behaupten kann, satanistische Rituale seien „weitaus harmloser als Treppensteigen, Schwimmen oder Autofahren“ (Wiesendanger, S. 33).

Ganz anders in den USA: Drei amerikanische Bundesstaaten (Louisiana, Pennsylvania, Illinois) haben bereits Gesetze gegen Satansanbeter verabschiedet. Sogar ganze Gruppen können zur Rechenschaft gezogen werden, wenn Menschen oder Tiere bei Ritualen gequält oder verstümmelt werden. Strafe droht ihnen bereits, wenn sie Leichenteile stehlen oder Gebäude beziehungsweise Gegenstände entweihen.

Der rituelle Mißbrauch von Kindern wurde in den Vereinigten Staaten schon vor fünfzehn Jahren zu einem Thema der öffentlichen Diskussion. Damals legte der New Yorker Psychiater Lawrence Pazder ein Buch vor, in dem seine Patientin Michelle Smith schildert, wie sie als Kind von ihrer Mutter dazu gezwungen worden war, an satanistischen Kult-Handlungen aktiv teilzunehmen. Nach der Veröffentlichung von „Michelle Remembers“ meldeten sich weitere Frauen, die über ähnliche Erfahrungen berichteten. Eine von ihnen, Cassandra Hoyer, hatte als Kind in einem Waisenhaus an „Schwarzen Messen“ teilnehmen müssen, bei denen wenigstens zwei Menschen „geopfert“ worden seien. Allerdings zeigen diese Fälle zugleich ein Dilemma auf, das auch wir in unserem Buch mehrfach ansprechen: Bis zum gegenwärtigen Zeitpunkt ist noch niemand aufgrund dieser Enthüllungen vor Gericht gestellt worden. Allein in Griechenland müssen sich seit Juni 95 in Athen zwei 21jährige Männer und eine gleichaltrige Frau wegen rituellen Mordes und Vergewaltigung dreier Frauen verantworten.

Unserer Erfahrung nach ist es gerade dieses „Das kann doch nicht wahr sein!“ der Medienkonsumenten, Behörden und Institutionen, das dem destruktiven Okkultismus den Schatten spendet, in dem er relativ unbehelligt gedeihen kann.

> Um im Bösen Erfolg zu haben, muß man absolut schlecht sein.
>
> *Eliphas Lévi*

Wir wissen, daß es oft schwierig ist, sichere Schlüsse aus den Angaben von Mißbrauchsopfern – nicht selten sehr kleine Kinder – zu ziehen. Viele Polizisten und Psychologen sind beeindruckt von den bis ins Detail gehenden Übereinstimmungen bei den Beschreibungen der Riten – andere wiederum werten genau diese Tatsache als Indiz gegen die Mißbrauchs-These. Denn die tatsächlichen Riten von Satans-Kulten, so argumentieren sie, sind in der Wirklichkeit gerade von einer großen Verschiedenheit geprägt.

Ursula Enders von der Beratungsstelle „Zartbitter" in Köln weiß, wie es ist, auf dem Drahtseil zu balancieren: Auf der einen Seite droht die Gefahr, unbescholtene Erwachsene auf der Basis bloßer Phantasien von Kindern zu ruinieren. Auf der anderen Seite lauert die ebenso schlimme Möglichkeit, daß niemand dem schändlichen Treiben Einhalt gebietet. Dennoch sagt sie: „Mein Berufsalltag lehrt mich jedoch, ritualisierten Mißbrauch in einem noch nicht überschaubaren Ausmaß als Realität zu akzeptieren. So mußte ich im Laufe der letzten drei Jahre erkennen, daß die Berichte betroffener Jungen und Mädchen unterschiedlichen Alters (ab 2 Jahren) aus unterschiedlichen Städten und Bundesländern bis in Detailangaben über Foltermethoden und sexuelle Rituale übereinstimmten. Die Opfer konnten sich nun wirklich nicht abgesprochen haben; ein Teil von ihnen konnte noch nicht einmal lesen. Auch eine Suggestion von meiner Seite war ausgeschlossen, hatte ich doch selbst zuvor noch niemals etwas von Blutritualen, Kindes- und Tieropferungen gehört. Ein Jugendlicher, der sich selbst als Sektenaussteiger bezeichnete, brachte mich auf die Spur: Ritualisierte Formen der sexuellen Gewalt werden häufig von einer satanistischen Ideologie geprägt" (Smith, S.10).

Kinder und Kleinkinder zappeln längst im Netz kultischer Gewalt, die von sexueller Unzucht bei „Teufelsmessen" bis zum Ritualmord reicht.

Im November 1994 ging die Nachricht vom Massenselbstmord der „Sonnentempler"-Sekte in der Schweiz durch die Weltpresse. 53 Männer und Frauen starben auf Geheiß ihres „Führers", des belgisch-stämmigen Arzt und Homöopathen Luc Jouret. Wovon allerdings kaum jemand Notiz nahm, war die Tatsache, daß dem Sektendrama die rituelle Ermordung eines drei Monate alten Säuglings vorausgegangen war.

Das Baby zweier Sektenmitglieder wurde am 30. September mit sechs Messerstichen getötet. Der eigentliche Kopf der „Sonnentempler", der 69jährige Immobilienhändler Joseph Di Mambro, hatte seinen Anhängern verkündet, bei dem Kind handele es sich um den „Antichristen". Zwei von Di Mambros fanatisch ergebenen Gefolgsleuten zögerten keine Sekunde, den Mordauftrag ihres Oberhauptes auszuführen.

Wir fragen: Wenn solche Greueltaten schon in einer eher „klassischen" Sekte möglich sind, um wieviel mehr dann erst bei diversen Satans-Kulten, die Gewalt und sexuelle Exzesse offen zur Maxime erheben?

Nur selten geht einmal eine Nachricht über die Ticker der Agenturen, die in diese Richtung weist. „Teufelsanbeter locken Kinder mit Drogen" heißt es zum Beispiel am 21. Dezember 1994 in der in München erscheinenden Tageszeitung „tz". Wir lesen: „In Kufstein treibt eine Satans-Sekte ihr Unwesen. Die Teufelsjünger treffen sich regelmäßig nachts auf dem ‚Kalvarienberg' zu Schwarzen Messen. Dabei soll es auch zu Sex-Ritualen mit Kindern kommen. Seit Monaten geht in dem sonst so ruhigen Städtchen Mysteriöses vor sich. Eine kleine Gruppe Männer und Frauen huldigt in spiritistischen Zusammenkünften dem Teufel. Ein Augenzeuge: ‚Es ist richtig gruselig, diese Zeremonien mit anzusehen.' Auf die Spur kam die Gendarmerie dem Treiben per Zufall. Zwei Streifenbeamte sahen auf dem ‚Kalvarienberg' ein Licht. Sie glaubten an ein verbotenes Lagerfeuer und platzten in eine Teufelsmesse. Doch die Sektenmitglieder konnten in letzter Sekunde entkommen. Inzwischen laufen die Ermittlungen auf Hochtouren. Angeblich beschaffen sich die Satansjünger die Kinder für ihre Sex-Rituale aus der Kufsteiner Drogen-Szene. Sie versprechen Minderjährigen LSD und machen sie so für ihre Zwecke gefügig. Falls das nicht wirkt, versuchen es die Sektenmitglieder mit Drohungen."

Dieses Buch beschreibt die perversen, nicht selten kriminellen Abgründe des religiösen Wahnsystems „Satanismus". An einigen Stellen gerät die Darstellung hart an die Grenze des Erträglichen. Wir tun dies nicht, um den Voyeurismus abseitiger Zeitgenossen zu bedienen. Wir haben die Opfer des Satanismus, vor allem rituell mißbrauchte Kinder, kennengelernt. Das hat uns so tief erschüttert, daß wir glauben, diese Vorfälle in ihrer ganzen unfaßbaren Scheußlichkeit ans Licht der Öffentlichkeit bringen zu müssen.

Wer verstehen will, warum ein kleines Kind von einer Gruppe Satanisten vergewaltigt und möglicherweise sogar getötet wird, kann sich darüber hinaus das Studium des Systems „Satanismus" mit seinen Rädelsführern, mit seinen Schriften, Erscheinungsformen, Dogmen und

Riten nicht ersparen. Dieses Buch gibt Aufschluß darüber, auf welchem Ur-Grund der moderne Neo-Satanismus wuchern konnte, welche Strömungen heute existieren, welche Faszination er ausübt. Auch darüber, was okkulte Sexualität und Sexualmagie ist, welche Rolle dabei Drogen, Gewalt und Kannibalismus spielen. Wir haben versucht, einige Logen und „Orden“ zu analysieren, die im Neo-Satanismus eine Rolle spielen. Wir zeigen, wie sie organisiert sind und auf welche geistigen Hintergründe sie sich stützen. Opfer und Eingeweihte wollten wir zum Reden bringen, um ein realistisches Bild über die Machenschaften in dieser geheimnisumwitterten Subkultur zeichnen zu können.

Wir nehmen in Kauf, mit diesem Buch in die Ecke der sogenannten „Hysteriker“ gestellt zu werden – also jene mit dem Thema „Satanismus“ Befaßten, die nach Meinung vieler vermeintlicher oder auch tatsächlicher Experten mit ihrer Einschätzung des Phänomens zumindest „übertreiben“. Dies zu entscheiden, möchten wir allerdings lieber unseren Lesern überlassen.

Schon erscheinen erste Pro-Satanismus-Bücher auf dem Markt, herausgegeben von seriösen Verlagen und geschrieben von scheinbar unverdächtigen Fachleuten. Wer weiß schon, daß es sich etwa bei Ralph Tegtmeier, dem Autor von „Aleister Crowley – Die tausend Masken des Meisters“ um den berüchtigten „Frater V.D.“ handelt, den Leiter des „Arbeitskreises Praktische Magie“, der vor allem durch besonders krude sexualmagische Ideen in Deutschland bekannt geworden ist? Oder daß der laut Klappentext „Religionswissenschaftler und Psychologe“ Joachim Schmidt („Satanismus – Mythos und Wirklichkeit“) unter dem Pseudonym „Nadir“ selbst aktiv in der Satanisten-Szene agiert (König, S. 87/189)?

Aufklärung scheint uns nicht nur vor diesem Hintergrund ein dringliches Gebot der Stunde. Längst hat es auch nach dem „Satansmord“ von Sondershausen weitere Todesfälle mit satanistischem Hintergrund gegeben: So mußten sich im März dieses Jahres zwei junge Männer vor dem Berliner Landgericht verantworten, die sich selbst „Mephisto“ und „Wotan“ nannten. Mit einem Messer und einem Baseballschläger ermordeten sie im Sommer 1994 einen Obdachlosen. Auf die Frage des Richters, was sie bei der Tat empfunden hätten, antworteten sie: „Nichts.“

Bei unserern Recherchen stießen wir indes nicht nur auf Einzeltäter, sondern auf Spuren einer internationalen Verflechtung aus Satanismus, Pädophilie und Kinderpornografie. Porno-Händler und auch die Szene-Insiderin und jahrzehntelange „Hohe Priesterin“ Ulla von Bernus bestätigten uns sogar die Existenz von Filmen, die bei „Schwarzen Messen“ gedreht worden und auf denen Ritualmorde und ritueller Kindesmißbrauch zu sehen seien. Unsere Schwierigkeiten bestanden darin, über ein Thema zu schreiben, über das potentielle Informanten aus Angst schweigen. Schwüre wie „Tod dem Verräter!“ binden die Lippen vieler Insider auch dann noch, wenn sie sich längst vom Satans-Kult gelöst haben. Immer wieder sind wir aufgrund mangelnder „justitiabler“ Beweise auf Unglauben und Ablehnung gestoßen.

Sollte uns selbst, unseren Verwandten, Freunden oder anderen Personen, die mit diesem Buch mittelbar oder unmittelbar in Beziehung stehen oder die uns geholfen haben, etwas zustoßen, so werden die Aufzeichungen sämtlicher Recherchen und die Namen von mutmaßlich Beteiligten an kriminellen Vergehen der Staatsanwaltschaft und der Presse übergeben. Alle Dokumente sind ohnehin bei Rechtsanwälten hinterlegt.

Während unserer zehnjährigen Arbeit sind wir vielleicht zu halben „Satanologen“ geworden – nicht jedoch zu Theologen. Und doch hätten wir nicht selten gerne die komplizierten geistesgeschichtlichen Hintergründe des Satanismus, der sich ja auf der Folie eines theologischen Weltbildes entwickelt hat, auch mit dem wissenschaftlichen Instrumentarium der Theologie gedeutet. Darum haben wir einen ausgewiesenen Experten, Professor Adam Seigfried (Regensburg), um einen Essay gebeten, der als Anhang in dieses Buch Aufnahme fand. Der Leser, der in die Tiefe gehen möchte, wird daraus fundierte Kenntnisse schöpfen.

Als Ziel unseres Engagements sehen wir zuvörderst den Schutz der Kinder. Darum decken wir auf und schildern wir Ereignisse, die durchaus dazu geeignet sind, Ekel, Abscheu und Entsetzen hervorzurufen. Wir meinen trotzdem: Ersparen Sie sich diesen geistigen Weg durch die Abgründe des Menschenmöglichen nicht. Es gibt Kinder, die ihn nicht nur „geistig“ gehen müssen!

Wer konkrete Hilfe braucht – gedacht ist hier vor allem an Eltern und Erzieher – findet im Anhang des Buches Anlaufstellen. Bitte wenden Sie sich auch an diese Adressen, wenn Sie in einem bestimmten Fall kein klares Bild gewinnen können. Im persönlichen Gespräch mit Experten läßt sich manches besser einordnen.

Ganz zuletzt ein Hinweis: In die Originalschreibweise von Dokumenten bestimmter Satans-Logen haben wir nicht eingegriffen, auch nicht bei grammatikalisch ungewöhnlichen Konstruktionen.

Guido und Michael Grandt, im Mai 1995

2. Protokolle aus dem Milieu

2.1 Britta K.: „Ich nahm an einer Satansmesse teil…“

Nur zu gern läßt sich Britta K. einen Moment von ihren Büchern ablenken, als es am späten Vormittag an ihrer Haustür klingelt. Es ist Herbst. Über der süddeutschen Kleinstadt auf der Schwäbischen Alb spannt sich ein schmutzig-grauer Himmel, dicke Regentropfen zerplatzen an der Fensterscheibe von Britta K.'s Studentenbude und fließen zu bizarren Mustern zusammen.

Die 25jährige öffnet die Tür. Der Postbote drückt ihr ein in braunes Packpapier eingeschlagenes Päckchen in die Hand. „Das kommt aber von weit her“, bemerkt der Mann freundlich und setzt seine Runde fort. In der Tat: Dem Poststempel nach ist die Sendung in der italienischen Metropole Turin aufgegeben worden.

Noch denkt sich Britta K. nichts dabei. Die junge Frau studiert Germanistik, Neuere Geschichte und Empirische Kulturwissenschaft und hat sich erst kürzlich zu einem Forschungsprojekt in Turin aufgehalten. Vielleicht will einer ihrer zahlreichen dortigen Bekannten sie überraschen…

Als Britta K. das Klebeband zerschneidet und den Deckel des Päckchens öffnet, schlägt ihr unvermittelt ein bestialischer Gestank entgegen. Die Augen der 25jährigen weiten sich vor Ekel und Entsetzen. Es dauert einige Sekunden, bis sie den Inhalt des Kartons im ganzen Umfang seiner Grausamkeit erfaßt: Einem grotesken Puzzle gleich, kleben in getrocknetem Blut die Körperteile einer zerstückelten Katze am Boden des Päckchens. Wie ein Messer schneiden blitzartig Erinnerungen in Britta K.'s Bewußtsein: Turin, ihre Freundin Emanuella, die Nacht des 9. September... Die junge Frau schafft es gerade noch bis ins Bad. Dort übergibt sie sich.

Britta K. macht auf uns einen aufgeweckten, intelligenten und selbstbewußten Eindruck, als sie uns einige Wochen nach dem erschreckenden Vorfall besucht. Sie kommt mit einem Freund, den wir gut kennen und der ihr von unseren Recherchen zum Thema Satanismus berichtet hat. Die junge Studentin will uns ihre Geschichte erzählen.

Bei einem Geschichts-Seminar über die Hexenverfolgung im Mittelalter bekam Britta K. „erstmals Kontakt zur Welt des Dämonischen, der Magie und des Okkulten", wie sie sich ausdrückt. „Allerdings streng historisch und kirchengeschichtlich orientiert."

Das Thema faszinierte und bedrückte sie zugleich: „Vor allem die Folter-Berichte sind mir doch an die Nieren gegangen", bekennt die angehende Historikerin. Dennoch will sie im Zuge ihre Magister-Arbeit dieses Feld weiter beackern. Britta K. entschließt sich, nach aktuellen Bezügen zu suchen und auch zum Phänomen der „neuen Hexen" zu recherchieren. Doch wie weit sie in diese fremde, seltsame Welt abgleiten soll, das kann sie zu diesem Zeitpunkt noch nicht ahnen.

Im August 1994 reist Britta im Rahmen eines Forschungsprojekts „Interkulturelles Einkaufen" nach Turin. Sie bezieht mit ihrem Freund Jürgen eine Parterrewohnung in einem Mehrfamilienhaus in Nichelino, einem Stadtteil der piemontesischen Metropole mit rund 60 000 Einwohnern. Später erfährt die Deutsche, daß Nichelino als „verruchtes Pflaster" gilt. Vorerst allerdings bemerkt sie nichts davon.

Brittas wissenschaftliche Arbeit spielt sich zum größten Teil in einem Einkaufszentrum von Nichelino ab, dem „Continente". Dort beobachtet die Studentin das Konsumverhalten von italienischen und deutschen Kunden.

Eines Tages lernt sie Emanuella kennen. Die 26 Jahre alte Gemüseverkäuferin hilft ihr mit zahlreichen Tips und Informationen. Obwohl die schlanke Italienerin mit den langen schwarzen Haaren und den Trauerrändern unter den Fingernägeln stets einen recht ungepflegten Eindruck macht, verstehen sich die beiden Frauen gut.

Britta lädt die Verkäuferin zu sich nach Hause ein. „Da ich zu diesem Zeitpunkt auch noch an meiner Geschichts-Arbeit über die Hexenverfolgung saß, lagen etliche Bücher über dieses Thema auf meinem Computer-Tisch", erzählt uns Britta. Emanuella zeigt auffallendes Interesse an den Schriften. Es ergibt sich ein auf englisch geführtes, angeregtes Gespräch über Hexen, Schadzauber und das „6. und 7.

Buch Moses", ein „Zauberbuch" aus dem 18. Jahrhundert. Britta kann der Versuchung nicht widerstehen, die Expertin „raushängen" zu lassen. Und tatsächlich: Die Gemüseverkäuferin scheint sichtlich beeindruckt von den Kenntnissen ihrer Gastgeberin.

Britta schaut uns leicht verlegen an: „Ich muß gestehen, daß mir das prima gefallen hat." Doch nach und nach läßt Emanuella durchblicken, daß auch sie nicht gänzlich „unbeleckt" von dem Thema ist. Schließlich erwähnt sie eine Gruppe von Gleichgesinnten – „sie sagte tatsächlich: Gleichgesinnte" –, die sich mit Okkultismus und Magie befaßten. Die Verkäuferin lädt Britta ein, ihre Freunde kennenzulernen. Die Deutsche sagt zu.

„Irgendwie war in meinem Hinterkopf der Gedanke, vielleicht diese Gruppe für meine Magister-Arbeit zu benutzen. Immerhin dachte ich, es mit „Weißen Hexen" oder so zu tun zu haben", setzt die 25jährige ihren Bericht fort. „Am Abend des 9. September sollte ich sie kennenlernen. Stutzig machte mich eigentlich nur die Zeit: 23 Uhr. Daß ich trotzdem hingegangen bin, ist wohl meiner Neugier zuzuschreiben. Emanuella holte mich ab. Sie war ganz in schwarz gekleidet, wie ich selbst. Das war die einzige Bedingung, die sie gestellt hatte."

Mit waghalsigem Tempo jagt Emanuella mit ihrer Begleiterin über eine unbefestigte, mit Schlaglöchern übersäte Landstraße, die an einer schäbig wirkenden Gaststätte am Ufer des Po ausläuft. Prostituierte gehen ihrem Gewerbe nach, zwielichtige Gestalten dealen offen mit Drogen.

„Auf den zweiten Blick schien mir das aber doch eher ein ungeeigneter Treffpunkt für geheime Zusammenkünfte zu sein", sagt Britta im Rückblick. Schließlich müsse an einem solchen Ort doch zumindest hin und wieder mit Razzien der Polizei zu rechnen sein. Erst später habe sie dann erfahren, daß Emanuellas Freunde über ein Informationsnetz verfügen, das sie rechtzeitig vor unliebsamen Zusammentreffen mit den Drogenfahndern warnt.

Emanuella führt ihre deutsche Freundin in den Keller des Hauses. Schwarze Kerzen werfen unruhig flackernde Muster an die Wand. Süßlich riechender Qualm steigt aus Räucherpfännchen auf. Auf dem steinernen Boden ist mit Kreide ein Kreis mit einem Radius von etwa vier Metern gezeichnet.

Nacheinander finden sich 15 Personen ein. Alle sind schwarz gekleidet. Sie tragen keine Masken. Britta sieht, daß mehr Frauen als Männer anwesend sind. Ihr Alter schätzt sie auf 20 bis 45 Jahre.

Über ihren dunklen Roben tragen die Männer und Frauen ein Metall-Medaillon mit einem merkwürdigen Symbol. Britta glaubt in ihm das „Kreuz der Verwirrung“ zu erkennen, ein Kreuz, das nach unten in einen links offenen Halbkreis übergeht. Eigentlich ein antikes römisches Zeichen. Doch spätestens jetzt wird der deutschen Studentin klar, mit wem sie es zu tun hat: Neo-Satanisten benutzen das „Kreuz der Verwirrung“, um darauf hinzuweisen, daß der christliche Glaube ihrer Überzeugung nach in Konfusion endet.

Die Satanisten knien an der Türschwelle kurz nieder und schlagen mit der linken Hand in umgekehrter Reihenfolge, also von unten nach oben, das Kreuzzeichen. Dann gruppieren sie sich um den Kreide-Kreis. „Dieser Kreis ist eine Art Bannzone, die den ‚normalen‘ Raum vom magischen Sektor abtrennt“, erläutert uns Britta. „Nur das Innere des Kreises ist gegen störende Einflüsse gefeit, und nur hier können zauberische Handlungen ihre volle Wirkung entfalten.“

Dann tritt der „Meister“ auf den Plan. Eine schwarze Kapuze ist tief in sein weiß geschminktes Gesicht gezogen. Er tritt in die Mitte des Kreises und legt eine schwarze Kerze, eine Rabenfeder, ein Schwert und einen Kelch ab. Die Gruppe faßt sich an den Händen. Beschwörungsformeln hallen durch das düstere Kellergewölbe. Der „Meister“ tippt mit einem Stab auf verschiedene Buchstaben und Symbole, die entlang des Kreises vom Fußboden prangen, und intoniert schließlich einen kehligen Sprechgesang. Britta versteht nur ein Wort, das sich häufig wiederholt: „Satana“.

Auf ein Zeichen des „Meisters“ sinken die Frauen und Männer auf die Knie. Mit dem Kelch in der Hand tritt der Anführer vor seine „Brüder“ und „Schwestern“ und murmelt nach wie vor unverständliche Worte monoton vor sich hin. Er benetzt seinen Zeigefinger mit einer dicken, roten Flüssigkeit (Britta meint, es sei Blut gewesen) und malt den Anwesenden das „Kreuz der Verwirrung“ auf die Stirn. Dann trinkt er aus dem Gefäß und läßt es reihum gehen.

Britta behauptet, daß sie mit fest geschlossenen Lippen nur an dem Kelch genippt habe. Wir bohren nicht weiter nach.

„Danach erhoben sich die Satanisten wieder, um das satanische Kreuz zu schlagen, und sanken wieder auf die Knie. Insgesamt sieben Mal“, erzählt unser Gast weiter. „Dann entspann sich ein langer Dialog zwischen dem ‚Meister‘ und seinen Anhängern, der immer lauter wurde und endlich mit dem Ausruf des Namens ‚Gianna‘ endete, der mehrmals wiederholt wurde.“

Eine junge Frau – anscheinend besagte Gianna – geht in den hinteren Teil des Kellers und kommt mit einem toten Hund auf dem Arm zurück. Der „Meister“ schlitzt dem Tier den Bauch auf und schneidet das Herz heraus, das er auf eine silberne Schale legt.

„Der Fleischklumpen wurde ‚besprochen'", erinnert sich Britta schaudernd. „So jedenfalls hatte es den Anschein."

Gianna kniet vor dem „Meister" und schiebt sich ein Stück des rohen Herzes in den Mund, das ihr von diesem gereicht wird. Die Reste des Organs durchbohrt der „Meister" mit Nadeln und murmelt dabei sich reimende Verse.

„Es sah so aus, als wäre dies der Übergang von einem im weitesten Sinn ‚sakral' geprägten Ritual zu einem Schadzauber", ist Britta überzeugt.

Nach einer Ewigkeit, wie es der Deutschen scheint, durchtrennt der „Meister" mit seinem Schwert symbolisch den magischen Kreis und beendet die Satans-Messe. Als Britta einen verstohlenen Blick auf ihre Armbanduhr wirft, sieht sie, daß eineinhalb Stunden vergangen sind.

Wir fragen Britta, wie sie das Geschehen empfunden hat.

„Aufgefallen ist mir vor allem die perfekte Übereinkunft zwischen dem ‚Meister' und den anderen. Alle wußten offensichtlich sehr genau über den Ablauf, Sinn und Zweck der einzelnen Handlungen Bescheid. Und sie agierten äußerst planvoll und diszipliniert."

Sie erzählt uns weiter, daß sie nach diesem Erlebnis sehr verwirrt und betroffen gewesen sei. Als Emanuella sie zu einer weiteren Zusammenkunft beordert, rebelliert Britta. „Ich hatte die Nase voll!"

Nachdem sie das zweite Treffen versäumt hat, findet sie am anderen Morgen vor der Tür ihrer Wohnung eine tote Eidechse. Ein anonymer Brief komplettiert die unmißverständliche Warnung. „Der Wortlaut war ungefähr der: Wehe, wenn Du etwas von der Gruppe und den Messen erzählst!"

Anscheinend glauben die Satanisten, die Deutsche sei eine Journalistin, die sich in den Kult eingeschleust habe. Dabei hatte sie Emanuella lediglich erzählt, daß sie sich als freie Mitarbeiterin bei einer Lokalzeitung in ihrem Heimatort ab und zu ein paar Mark verdiene.

Anfang Oktober kehrt Britta nach Deutschland zurück. Erst jetzt bemerkt sie, daß man ihren Personalausweis gestohlen hat. Die Studentin weiß auch genau, wo: „Bevor wir den Kellerraum zur Satans-Messe betreten durften, mußten wir unsere Handtaschen vor der Tür abgeben."

Und so schließt sich der Kreis zu dem Paket mit dem schrecklichen Inhalt.

Aber die Geschichte ist noch nicht zuende: Mitte November ruft Britta aufgeregt bei uns an. Am Vorabend sei sie von einem Waldlauf gekommen und habe ihre schmutzigen Schuhe vor ihrer Wohnungstür ausgezogen und über Nacht dort stehenlassen. Als sie sie morgens reinigen will, fährt sie entsetzt zurück: Die Schuhe sind fast bis zum Rand mit Blut gefüllt. Daneben liegt eine geköpfte Ratte.

Sie alarmiert einen Kommilitonen, der Chemie studiert. Dieser findet heraus, daß es sich bei der Flüssigkeit, die seltsamerweise nicht gerinnt, um Menstruationsblut handelt, gemischt mit Urin.

Wir raten Britta K., ihre Wohung sofort zu verlassen. Außerdem schalten wir gemeinsam die Polizei ein. Doch die Beamten können wenig mehr tun, als ebenfalls einen Wohungswechsel nahezulegen.

Doch Britta K. bleibt. Auch, als im Dezember 1994 erneut blutige Schmierereien an ihrer Tür angebracht werden. Und tatsächlich scheinen sich ihre Hoffnungen, die Sache werde sich irgendwann von selbst erledigen, zu erfüllen. Seit dieser Zeit ist sie, wie sie uns versichert, nicht mehr behelligt worden.

Aber was wird geschehen, wenn die Satanisten erfahren, daß sich die Studentin an Journalisten gewandt hat, die ihre Geschichte in einem Buch veröffentlichen? Ein Gefühl des Unbehagens bleibt. Auch wenn Britta K. uns schreibt: „Da es mir ebenso wie euch ein wichtiges Anliegen ist, die Machenschaften satanistischer Zirkel ans Tageslicht zu bringen, sehe ich keine Veranlassung, Teile meiner Erlebnisse zu unterschlagen oder zu verwässern. Einzig mein richtiger Name und der meines Freundes soll nicht genannt werden. Ihr könnt Euch sicherlich vorstellen, daß ich keinen gesteigerten Wert darauf lege, nochmals in die Schußlinie irgendeiner schwarzmagischen oder satanischen Gruppe zu gelangen."

Übrigens hat die 25jährige im Einkaufszentrum „Continente" in Nichelino angerufen, um die Gemüseverkäuferin Emanuella zu sprechen. Eine solche, wurde sie knapp beschieden, gebe es dort nicht.

2.2 Melanie S.: „Ich lebte in einer anderen Welt!"

Die Szenerie hat so gar nichts von einer ausgelassenen Geburtstags-Fete: Die Vorhänge sind zugezogen, keine Lampe brennt. Nur eine Kerze drängt die Dunkelheit ein wenig zurück, die die drei Mädchen in dem kleinen Zimmer fast völlig verschluckt. Sie sitzen um einen Holztisch herum, auf dem ein umgestülptes Glas steht. Mit Kreide zieht Carolin einen Kreis um das kleine Schnapsgläschen und zeichnet einen fünfzackigen Stern, ein sogenanntes Pentagramm, in die Innenfläche. Dann verteilt die 13jährige 36 kleine Pappkärtchen um den Kreide-Kreis. Auf jedem Kärtchen steht in zierlicher Schülerinnen-Schrift ein Buchstabe oder eine Ziffer. Zwei Kärtchen mit der Aufschrift „Ja" und „Nein" legt Carolin auf die diagonalen Schnittstellen des Pentagramms. „Seid ihr bereit?" fragt sie leise ihre Freundinnen Melanie und Maike, die heute ihren Geburtstag feiert.

Jener Abend im Dezember 1992 sollte das Leben der heute 15jährigen Melanie „schlagartig verändern", berichtet uns Melanies Mutter zwei Jahre später. Wir lernen Brigitte S. bei einem Vortrag über Satanismus kennen. Die Geschichte, die sie uns erzählt, haben wir so oder so ähnlich schon oft gehört. Aus einem scheinbar harmlosen Party-Spaß wird plötzlich bitterer Ernst.

„Geist, wir rufen dich!" sagt Carolin mit fester Stimme ins Dunkel hinein. Die drei Mädchen haben ihren Zeigefinger auf den Boden des Glases gelegt und warten gespannt. Zunächst geschieht gar nichts. Dann auf einmal beginnt das Glas scheinbar zu vibrieren und wandert Millimeter um Millimeter auf das „Ja"-Kärtchen zu. Carolin, Melanie und Maike werfen sich einen kurzen, triumphierenden Blick zu und beginnen den „Geist" auszufragen. Wann ist der Geburtstag der Eltern? Wie fällt die nächste Mathe-Arbeit aus? Wie wird der erste Freund heißen? Das Glas wandert von Buchstabe zu Buchstabe, sinnvolle Namen und Daten setzen sich nach und nach zusammen. Auf einmal nehmen Carolin und Melanie im flackernden Kerzenschein wahr, daß Maike blaß und sehr erschrocken aussieht. Die beiden Mädchen können sich die Veränderung ihrer Freundin nicht erklären, brechen das Gläserrücken aber sofort ab. „Irgendwann erzählte sie mir, daß ihr schreckliche Bilder vom Tod ihres Bruders zugeflogen seien", berichtet uns Melanie. Der junge Mann war drei Jahre zuvor bei einem Unfall ums Leben gekommen. Doch trotz dieses Schocks trifft sich Melanie noch öfter mit Carolin zum Gläserrücken. Das merkwürdige Erlebnis hat ihre Neugier geweckt.

„Ich merkte selbst gar nicht, daß ich mich veränderte", sagt Melanie heute. Fortan kleidete sie sich nur noch schwarz und unterstrich ihren düsteren Aufzug noch mit einem entsprechenden Make-Up. Die „Geister" bestimmen nun ihr Leben. Schule, Jugendgruppe, Freunde – all das wird bedeutungslos für die 13jährige, die immer größere Lebensbereiche in das nächtliche Gläserrücken mit hineinnimmt und zunehmend mehr Eigenverantwortung an die scheinbar allwissenden „Jenseitigen" delegiert. Durch ihren älteren Freund wird die Schülerin mit einer Clique konfrontiert, die exzessiv mit dem „Übersinnlichen" ex-

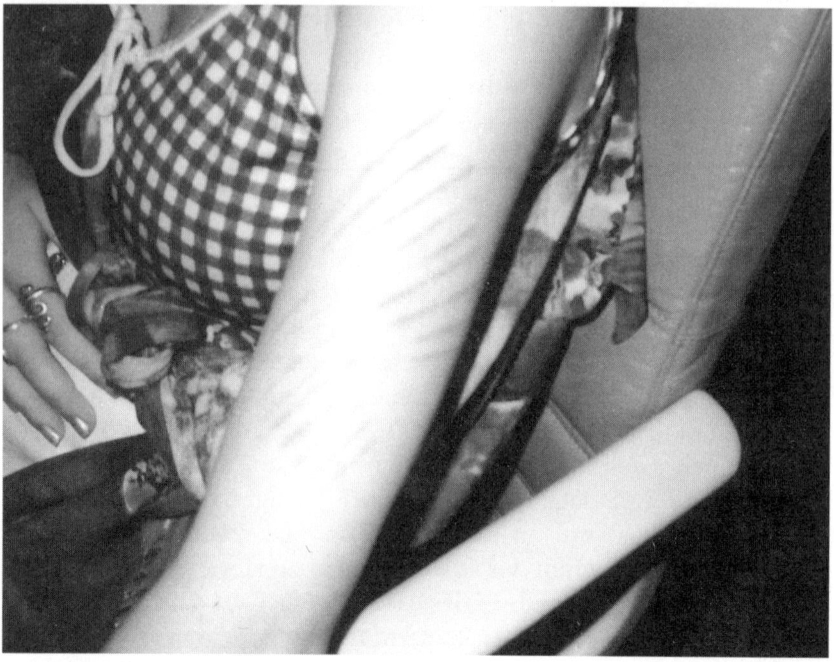

Die Narben am linken Oberarm werden Melanie S. ein Leben lang an ihren kurzen, aber einschneidenden Kontakt mit satanistischen Riten erinnern.

perimentiert und auch „Schwarze Messen" feiert. Eines Tages besorgt sich Melanie eine Rasierklinge und ritzt sich die Buchstaben A und N in den Oberarm. Danach bringt sie sich noch 20 tiefe Schnitte bei. Brigitte S. zeigt uns Fotos von den Verletzungen ihrer Tochter.

Gehörte die Selbstverstümmelung zu einem „magischen" Ritual? Oder wollte sich die 13jährige unbewußt Schmerzen zufügen, um zu spüren, daß sie auch im Diesseits noch einen Körper besitzt, noch am Leben ist? Ein Hilfeschrei also? Melanie weiß es nicht mehr. „Ich habe gedacht", sagt sie leise, „ich lebe in einer anderen Welt". Die Mutter bleibt nicht untätig, versucht ihr Kind zu verstehen und ihm zu helfen. Sie und Carolins Mutter verwickeln die beiden Mädchen in intensive Gespräche. Auch der von Brigitte S. getrennt lebende Vater kümmert sich verstärkt um seine Tochter, die offenbar auf dem Scheideweg zwischen einem „normalen" Leben und dem Satanismus wandelt. Wenn sie ihre Eltern nicht gehabt hätte, erinnert sich Melanie an diese schwierige Zeit, wäre sie wohl nicht mehr aus dem Dunstkreis dieses Wahnsystems herausgekommen.

Keine sonderlich aufregende Geschichte, gemessen an dem, was Sie in diesem Buch noch lesen werden – aber eine, die unserer Ansicht nach erzählt werden muß. Weil sie illustriert, daß die Beschäftigung mit okkulten Praktiken wie Pendeln, Tisch- und Gläserrücken eben doch eine Art „Einstiegsdroge" in den Satanismus sein kann. Nicht wenige Experten bestreiten dies. Die Geschichte von Melanie S. und ungezählten anderen Jugendlichen zeigt indes das Gegenteil. Sicher: Ein Jugendlicher, der aus Spaß oder Langeweile bei einer Party ein paar Minuten lang das Glas rücken läßt, ist noch lange nicht okkultgefährdet. Die meisten lassen bald wieder die Finger davon. Entweder, weil sie davon irritiert sind und es bei dieser Erfahrung bewenden lassen wollen, oder weil immer das gleiche passiert und sie bald durchschauen, was tatsächlich dahintersteckt: Nämlich recht simple psychische und physikalische Automatismen, die schon 1852 als „Carpenter-Effekt" beschrieben wurden. Nicht „Geister" bewegen das Glas oder das Pendel, sondern unkontrollierbare Muskelbewegungen der Finger, die vom Unterbewußtsein zu scheinbar sinnvollen „Auskünften" gesteuert werden. „Steigrohre des Unbewußten" nannte der bekannte Freiburger Parapsychologe Hans Bender daher die okkulten Praktiken.

Auch nicht jeder schwarzgewandete Grufti, der mit seiner Clique nachts auf dem Friedhof düstere Musik hört und in morbiden Phantasien schwelgt, ist schon ein Teufelsanbeter – ebensowenig wie ein Akteur beim Grippenspiel in der Kirche aufgrund seiner angeklebten Flügel als leibhaftiger Engel durchgeht. „Echter" Satanismus läßt sich nur selten an der äußeren Erscheinung eines Menschen festmachen, ist vielmehr eine Frage der inneren Überzeugung. Weiß geschminkte Gesichter und schwarzer Lippenstift können Staffage sein. Es kann aber

> Bei jeder Gelegenheit, da du dich hast verleiten lassen zum Aussprechen dessen, was du zu vermeiden geschworen hast, schneide dich scharf mit einem Rasiermesser ins Handgelenk oder den Unterarm, als wolltest du einen ungehorsamen Hund schlagen... Dein Arm dient dir dann in beidem, als eine Warnung und zur Aufzeichnung. Du sollst deinen täglichen Fortschritt in diesen Praktiken niederschreiben, bis du zu allen Zeiten vollkommen wachsam bist auf das kleinste Wort, das deiner Zunge entschlüpft.
>
> *Aleister Crowley*

auch bedeuten, daß sich hier ein Jugendlicher am Rand eines gefährlichen Abgrunds befindet. Dies herauszufinden, erfordert von Eltern und Lehrern ein Höchstmaß an Aufmerksamkeit und Sensibilität, aber auch Kenntnisse über die Bedeutung okkulter Symbolik. Der Satanismus darf deswegen auf keinen Fall verharmlost werden, weil eine klare Abgrenzung zwischen den destruktiven, kriminellen Praktiken des „Hard-Core-Satanismus" und dem modischen Grufti-Okkultismus mit entsprechender Musik und passender Kleidung immer schwieriger wird. Satanismus hat einen Drift nach innen, einen Zug dazu, seine Anhänger schrittweise immer weiter zu treiben, nach und nach alle Konventionen, Gesetze und humanen Vereinbarungen zu überschreiten. Wann wird aus Spaß blutiger Ernst? „Es gibt immer noch Nächte", erzählt Melanie abschließend, „in denen ich schweißgebadet aufwache."

2.3 K.R.: „Bedenke, wir sind Diener des Satans!"

Man hat uns den Kontakt zum Lehrer einer 16jährigen Schülerin vermittelt, die einem Satanskult verfallen war. Als wir uns telefonisch mit im in Verbindung setzen, zeigt er sich zunächst äußerst mißtrauisch. „Es geht um die Sicherheit des Mädchens", sagt er ernst und eher abweisend. Wir verstehen diese Vorsicht. In all den Jahren, in denen wir über Okkultismus und Satanismus recherchiert haben, sind wir immer wieder mit dieser Distanz, diesem Mißtrauen, konfrontiert worden. Oft war es schwierig, manchmal auch unmöglich, die Leute dazu zu bringen, über ihre Erlebnisse zu berichten. Nicht selten schweben Aussteiger in Lebensgefahr, sollten ihre ehemaligen „Brüder" und „Schwestern" erfahren, daß sie geplaudert haben. Schwüre wie „Tod dem Verräter" binden die Lippen von Ex-Satanisten oft auch dann noch, wenn sie sich äußerlich von dem Kult gelöst haben.

In diesem Milieu läuft alles auf der Basis „Vertrauen". Unsere Arbeit hat einen Sektenpfarrer dazu veranlaßt, für uns zu bürgen. Kontakte werden in der Regel nur durch Bürgen hergestellt, also durch Personen, die einen tadellosen Ruf besitzen. Erst als wir dem Lehrer sagen, wer uns seine Telefonnummer gegeben hat, wandelt sich sein Mißtrauen in Offenheit.

Wir treffen uns in Hannover. Der Lehrer wird uns zu seiner Schülerin begleiten. Die Fahrt führt in Richtung Bremen. Es ist ein trüber Herbsttag, die Bäume, die die Landstraße säumen, recken sich kahl gegen einen grauen Himmel. K. R., so wollen wir das Mädchen nennen, wohnt mit ihrer Mutter in einem kleinen Haus abseits der Hauptstraße. Kein Namensschild weist auf die Bewohner hin. Freundlich, aber zurückhaltend begrüßt uns K.'s Mutter und bittet uns ins Wohnzimmer. Sie hat Kaffee gekocht und ein bißchen Gebäck auf dem Tisch arrangiert. Alles in dem Raum wirkt einfach, ja spartanisch. Wir wissen, daß die Familie am Rand des Existenzminimums lebt. Das Wenige bessert Frau R. durch Schichtarbeit auf.

Dann betritt K. das Zimmer. Die 16jährige wirkt schüchtern. Aus grünen, traurigen Augen mustert sie uns scheu. Um die Stimmung zu entkrampfen, reden wir über Belangloses. Draußen hat es zu regnen angefangen. Der Wind peitscht ein paar Äste gegen die Fenster. Langsam taut das Mädchen auf. Vielleicht erkennt sie in uns Menschen, die wirklich an ihrem Schicksal interessiert sind, die nicht alles in Frage stellen wie manche Polizisten, Therapeuten, Gutachter. Wir versuchen, auch ihre Fragen zu beantworten, Zusammenhänge herzustellen, Hintergründe aufzuhellen.

K. gibt uns ihr Tagebuch. Wir dürfen ihre Aufzeichnungen lesen. Zum Schutz unserer Informanten haben wir die Namen der Gruppen und ihrer Mitglieder verändert oder abgekürzt. Ihre richtigen Namen und Bezeichnungen liegen uns vor.

„Der Kult Beophis ist, glaube ich, einer der Schlimmsten, den ich kenne", lesen wir. „Denn ich war einmal Mitglied, ich weiß, wovon ich spreche. Das Schlimmste, was ich durchmachen mußte, war das Lösen von dieser Gruppe. Die Jahre, die ich damit verbracht habe, den Teufel anzubeten, waren meist fürchterlich. Warum? Weil es mehr und mehr zu einer Sucht wurde. So wie die Zigaretten."

K. war schon mit 13 Jahren Mitglied dieses Kultes. „Um neue Mitglieder zu gewinnen, zieht Beophis immer wieder dieselbe Masche ab", erzählt sie mit leiser Stimme. „Man wird einfach auf der Straße oder auf dem Schulhof angesprochen. Die versuchen, in einem das Interesse für Okkultes zu wecken, zum Beispiel durch Kartenlegen oder Gläserrücken. Oder sie fragen dich einfach, ob du keine Lust hast, an einer Schwarzen Messe mitzumachen. Die meisten glauben sowieso nicht, daß das etwas Ernstes ist."

K. wurde in einer Eisdiele von einem Bekannten aufs Gläserrücken angesprochen. Und da ihr an diesem Nachmittag langweilig war, ging sie mit ihm. An der Sitzung nahmen ungefähr zehn Jungen und Mädchen zwischen 13 und 18 Jahren teil.

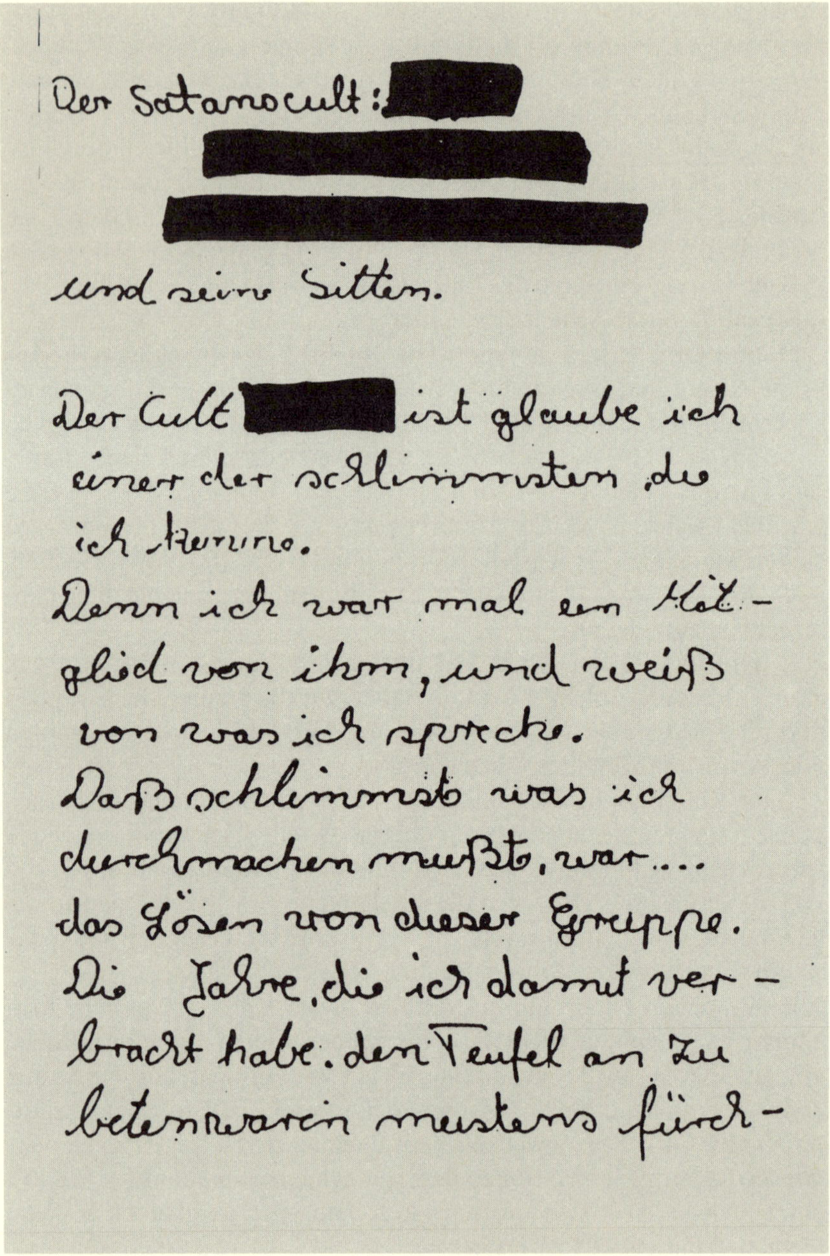
Der Satanocult: [redacted]
und seine Sitten.

Der Cult [redacted] ist glaube ich
einer der schlimmsten die
ich kenne.
Denn ich war mal ein Mit-
glied von ihm, und weiß
von was ich spreche.
Daß schlimmste was ich
durchmachen mußte, war...
das Lösen von dieser Gruppe.
Die Jahre, die ich damit ver-
bracht habe. den Teufel an zu
betenwaren meistens fürch-

Auszug aus dem Tagebuch von K. R.

„Und es funktionierte tatsächlich!“ erinnert sich K. noch immer ungläubig. „Der Bekannte fragte mich dann, ob ich nicht mehr von der Kraft wissen wolle, die das Glas bewegt. Und ich war natürlich neugierig geworden.“

K. staunt, als wir ihr den „Carpenter-Effekt“ erklären. Allerdings fügen wir hinzu, daß es sich in diesem Fall auch um eine bewußte Manipulation ihres Bekannten gehandelt haben könnte. Jeder Hobby-Illusionist kennt Dutzende von Möglichkeiten, „spiritistische Phänomene“ zu tricksen.

„Ich war natürlich wild darauf, mehr zu erfahren und stimmte zu, an einer Schwarzen Messe teilzunehmen.“ Sie fand in einem alten Haus statt. „Der Hohepriester wurde ‚Messias‘ genannt. Er trug eine rote Kapuze wie die Leute vom Ku-Klux-Klan. Die anderen waren ganz in schwarz gekleidet, auch ihre spitzen Kapuzen waren schwarz. Am Ende des Raums stand ein großer Tisch, über den ein rotes Tuch gebreitet war. Darauf stand eine Vase mit einer roten Rose darin. Und zwei schwarze Kerzen.“ Wie ein Altar sei ihr das Arrangement vorgekommen. „Dann wurde einem schwarzen Hahn der Kopf abgeschlagen und das Blut in einem Kelch aufgefangen. Wir setzten uns alle auf den Boden, während der Kelch herumgereicht wurde und jeder daraus trinken mußte.“

K. stockt mit ihrem Bericht, schüttelt sich leise. Es fällt ihr offensichtlich schwer, sich an das Geschehene zu erinnern und darüber zu reden. Immer wieder hält sie inne, irrt ihr Blick durch das kleine Wohnzimmer. Um die Authentizität zu wahren, geben wir ihre Schilderung wörtlich wieder.

„Wenn man ein paarmal an einer solchen Messe teilgenommen hat, folgt die Taufe. Dadurch wird man zum Jünger. Die Oberjünger sind wieder ganz schwarz gekleidet. Die Jünger zünden ein großes Feuer an und überreichen dem Neuen eine sogenannte Taufkutte. Die muß er überziehen. Dann versetzt ihn der Messias in Trance. Ca. zwei Meter vom Feuer entfernt wird er auf den Boden gesetzt. Die Oberjünger tragen dabei schreckliche Masken und beginnen, um die Flammen zu tanzen. Dabei schlagen sie mit Lederpeitschen um sich. Der Tanz dauert eine ganze Stunde, bis der Neue total in Trance ist.“

Wir schweigen, um sie nicht entmutigen. Nach einer kurzen Pause nimmt K. den Faden wieder auf. „Dann wird ein Hahn auf dem Opferstein geschlachtet und sein Blut wieder in einem Kelch aufgefangen. Den muß der Neue austrinken. So wird er zum Eingeweihten. Als Erinnerung an seine Taufe wird ihm ein Kerzenständer, ein Totenkopf und eine Schatulle mit einer Beschwörungstasse überreicht.“

Der Totenkopf wird „Tod mit zwei Gesichtern“ genannt, erklärt sie uns, weil ein Spiegel an ihm angeklebt ist. So sieht der Jünger immer zugleich den Totenschädel und sein eigenes Gesicht. Auf einmal sprudeln die Worte nur so aus ihr heraus. Auch die Mutter scheint überrascht von dem, was ihre Tochter erzählt. „Die Messen wurden meist mittwochs in dem alten Haus abgehalten. Oder auf einer Lichtung im Freien. Meist von 22 Uhr bis Mitternacht. Die Jüngsten, die dabei waren, waren Kinder zwischen zwölf und 13 Jahren.“

Wie sie selbst, als sie das erste Mal mitgemacht hat. K. nickt.

„Die Messen werden ähnlich wie Gottesdienste abgehalten. Meistens an Neumond, denn dann hat Satan die meiste Macht. Der Messias befand sich immer hinter dem Altar, auf dem ein umgedrehtes Kreuz und die Zahl 666 geschrieben stand. Die Oberjünger füllten Schalen mit Blut, aus denen jeder trinken mußte. Manchmal war man davon ganz benommen. Irgendwas war da wohl drin. Es zeigte erst seine volle Wirkung, wenn man schlief. Man bekam gräßliche Alpträume davon...“

K. erzählt uns von einem großen Buch, dem „Testament Satans“, der „Bibel“ des Bösen, die jeder studieren mußte. Der Text ist verkehrt herum gedruckt. Zudem muß man von hinten nach vorne lesen, um es verstehen zu können.

Sie mußte das „Satan Unser“ auswendig lernen und die spiegelverkehrte Schrift beherrschen. Bei den Ritualen und Beschwörungen sei englischsprachige „Black-Metal“-Musik gespielt worden. Grundsätzlich sei man maskiert gewesen. In der Woche habe man sich zweimal getroffen. Sie sei immer von einem Mann mit Sonnenbrille in einem schwarzen BMW abgeholt worden. Ein jüngerer Mann, schätzt sie. Die Kinder, Jugendlichen und Erwachsenen seien sorgfältig für den Kult ausgewählt worden. Viele kämen aus zerrütteten Familien.

„Es gibt dort“ – in dem alten Haus – „das allsehende Auge“, erzählt K. weiter. „Es ist mit roter Farbe auf ein Tuch gezeichnet und von einem Dreieck umgeben. Es könne alles sehen, hat man uns gesagt. Und wir haben das geglaubt.“

Die Rituale fanden auch auf Friedhöfen in der näheren Umgebung statt. Dabei seien verstorbene Mitglieder des Beophis-Kultes beschworen worden, damit sie auf die lebenden aufpassen.

Bei den Messen „sind Wachen aufgestellt worden. Wenn sich jemand näherte, haben die wie Hunde gebellt, um die anderen zu warnen. Bevorzugt wurden Gräber mit Steinplatten. An jeder Ecke wurden Kreuze aufgestellt, die dann mit roter Farbe bemalt wurden. Dämonen- und Satanssymbole aus Blut.“

„Innerhalb des Kultes mußten verschiedene Tätigkeiten ausgeübt werden", sagt unsere Informantin und gibt uns einen tiefen Einblick in die Organisation der Gruppe. „Einige waren zum Beispiel für das Stehlen von Medikamenten zuständig. Einbrüche in Apotheken und so", sagt K. verlegen und wirft einen kurzen, scheuen Blick auf ihre Mutter, die den Ausführungen des Mädchens entsetzt gefolgt ist. „Andere mußten Tiere beschaffen. Meistens schwarze Hähne, die dann geopfert wurden. Aber auch weiße Hasen, Katzen und kleine Hundewelpen. Im Sonderfall auch mal weiße Hennen."

Wir bitten sie, uns einen „Sonderfall" zu erklären.

„Die Große Weihe. Aber nicht die der Jünger, sondern die des Teufels. Hierzu wurden ein schwarzer Hahn und eine weiße Henne geopfert. Die Weihe wird jedes Jahr im November gefeiert. Die Mitglieder müssen sich so aufstellen, daß sie ein Pentagramm bilden. Der Messias sitzt in der Mitte. Er ist rot und schwarz gekleidet. Danach läuft eine Messe ab mit all dem, was ich schon erzählt habe."

K. möchte eine kurze Pause einlegen. Hastig, mit fahrigen Fingern, raucht sie eine Zigarette. Wir spüren deutlich die seelischen Nöte, die in der 16jährigen schlummern. Vielleicht hat sie heute ein Ventil gefunden, einiges von dem herauszulassen, was sie bedrängt.

„Jeder Neue mußte einen Hund oder ein anderes Tier töten. Als ich mich weigerte, haben sie mir das da verpaßt." K. rollt den Ärmel ihres Pullovers hoch und zeigt uns eine vernarbte, dreieckige Wunde auf ihrem Arm. „Mit einem Messer, das über dem Feuer erhitzt wurde, haben sie mir das eingeritzt. Jetzt bin ich gezeichnet. Falls einer in der Gruppe die Lust an Satan verliert, wird er unter Hypnose gesetzt. Mit einem Pendel. Wir nennen das „Pendeltrack". Dabei wird ihm irgendetwas gespritzt. Wenn man aus der Hypnose zurückgekehrt ist, hagelt es üble Drohungen: ‚Bedenke, wir sind Diener des Satans! Und der bestraft diejenigen, die nicht gehorchen.' Oder: ‚Denke daran, daß Satan große Macht besitzt!'"

„Kannst Du uns etwas von den Strafen erzählen, die in dem Kult verhängt werden?", bohren wir weiter. „Prügel und Ohrfeigen", sagt K. nur. „Man wurde von den Jüngern getreten, mit der Faust ins Gesicht geschlagen. Dann muß man den Peinweg durchqueren..."

„Das geht folgendermaßen ab", erklärt sie: „Alle Mitglieder des Kultes stellen sich in zwei Reihen gegenüber auf. Der Ausgestoßene muß zwischen ihnen hindurchgehen und wird dabei beschimpft, bespuckt und gekratzt. Aber das ist noch nicht alles. Es folgen noch fürchterlichere Strafen, die ich lieber nicht sagen will."

Man wird ausgepeitscht, erzählt sie schließlich nach langem Zögern.

„Manchmal macht das der Messias selbst mit seiner Höllenpeitsche. Das ist eine Lederpeitsche mit drei Riemen, die an den Enden Knoten haben. Doch man darf keine Schmerzen zeigen. Denn Schmerz ist Schwäche."

> „Gott ist tot und Satan lebt"
> „Alles Gute ist tot und alles Böse lebt"
> „Böse statt Liebe"
> „Dunkel statt hell"
> „Verachtung statt Zuneigung"
> „Satan statt Gott"
>
> *Leitsprüche der Beophis-Satanisten, denen K.R. zugehörig war*

Im Beophis-Kult wird auch mit Voodoo gearbeitet, berichtet uns K. weiter. Voodoo ist ein ursprünglich aus Westafrika stammender magisch-religiöser Geheimkult, der katholische Elemente mit einem ausgeprägten Geister- und Dämonenglauben vermischt. Im Sprachgebrauch der Satanisten-Gruppen meint Voodoo wohl: Schadenszauber an einem Fetisch. „Man verwendet dazu Stroh- oder Wachspuppen, auf die mit Nägeln eingestochen wird. Dabei wird gebrüllt: ‚Du bist dran! Dich kriegen wir! Du stirbst!'." Auf diese Weise , so K., wolle man Aussteigewilligen Angst einjagen.

K., das schüchterne 16jährige Mädchen, ist eine Aussteigerin. Das Lösen von der Gruppe, wiederholt sie noch einmal, sei das Schlimmste gewesen, was sie durchmachen mußte. Noch heute schaudert sie: „Ich weiß, daß der Messias versuchen wird, mich wieder zurückzuholen", flüstert sie.

Was hat sie dazu bewogen, aus dem Kult auszusteigen? Ihre Mutter vermutet, K. hätte sich sexuell „hingeben" müssen. Wir wissen, daß Sex eine wichtige Rolle bei den meisten Satanisten spielt. K. selbst will sich dazu nicht äußern. Statt dessen nennt sie uns einen anderen, zunächst recht merkwürdig anmutenden Grund: Sie sei ein Mädchen mit Feuermalen und grünen Augen. Deshalb. Sie sei auch seltener bestraft worden als die übrigen, anderes behandelt worden, „besser". Als sie schließlich zufällig den Grund dafür herausfand, verwandelte sich ihre stille Zufriedenheit über diese Tatsache schlagartig in einen Schock.

K. belauschte ein Gespräch, bei dem sie die Worte heraushören konnte: „Wir haben sie gefunden."

Was hatten die Satanisten gefunden?

„Ich habe daraus geschlossen, daß sie mich opfern wollten", erzählt K. ernst. „So ergab auch die Sonderbehandlung für mich plötzlich einen Sinn. Opfern! Seit diesem Tag bin ich nie mehr hingegangen."

Und wie reagierte der Kult?

„Sie haben mir Drohbriefe geschickt. Auch in die Schule."

Sie liest uns ein paar Sätze aus einem vor: „Für den Fehler wirst Du noch schwer bezahlen. Und WIE Du dafür bezahlen wirst. Denn wir wissen, wie Du verletzbar bist, wenn es um Deine Freunde geht."

Auch K.'s Freundinnen erhielten Drohbriefe. Und bald darauf einen verzweifelten Abschiedsbrief von K. selbst. Das Mädchen versuchte sich umzubringen. Der Versuch mißlang. Die heute 16jährige kam in eine psychiatrische Klinik. Jetzt lebt K. wieder bei ihrer Mutter in dem kleinen Städtchen zwischen Hannover und Bremen. Noch immer verfolgen sie Alpträume.

2.4 Roland W.: „Mir kann niemand helfen."

Eine Sektenberatungsstelle überläßt uns die wirr-blasphemischen Aufzeichnungen eines jungen Mannes, der sich in psychiatrischer Behandlung befindet.

Er geriet in die Fänge eines satanischen Kultes, der das Weltbild des jungen Mannes zerstörte. Seitdem gibt es für ihn keine Ethik, keine Moral, keine christliche Religion mehr.

Damit sich der Leser ein Bild machen kann, welch ein Ausmaß der Trostlosigkeit, der Hilflosigkeit und innerseelischen Destruktion sich herausbilden kann, aber auch um zu zeigen, mit welcher Problematik Sektenberatungstellen und Psychotherapeuten immer häufiger konfrontiert werden, möchten wir nachfolgend einige der schriftlich festgehaltenen Aussagen des jungen Mannes dokumentieren. Eines Mannes, dessen psychischer Zustand noch immer sehr instabil ist.

„SINN = ZERSTÖRUNG,
denn es gibt nichts mehr, und der Sinn,
der eigentlich gar keiner war, ist weg.
ES GIBT NICHTS MEHR!"

notierte der dem Satanismus verfallene Jugendliche in seiner Verzweiflung.

In einer anderen Passage äußert er sich über den christlichen Gott:

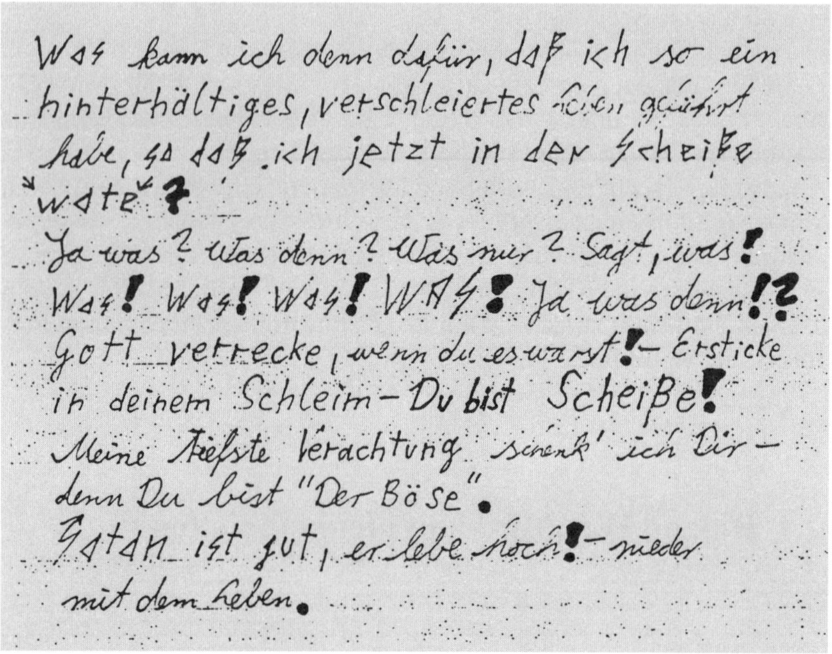
Was kann ich denn dafür, daß ich so ein
hinterhältiges, verschleiertes Leben geführt
habe, so daß ich jetzt in der Scheiße
wate?
Ja was? Was denn? Was nur? Sagt, was!
Was! Was! Was! WAS! Ja was denn!?
Gott verrecke, wenn du es warst! – Ersticke
in deinem Schleim – Du bist Scheiße!
Meine tiefste Verachtung schenk' ich Dir –
denn Du bist "Der Böse".
Satan ist gut, er lebe hoch! – nieder
mit dem Leben.

Erschütterndes Dokument eines jungen Satanisten

„Ja, Gott ist witzlos, sinnlos,
Satan ist der wahre Retter!
Was kann ich denn dafür, daß ich so ein
hinterhältiges, verschleiertes Leben geführt habe,
so daß ich jetzt in der Scheiße wate?
Ja, was, was denn, was nur?
Sagt, was! Was! Was! Was!…
Gott verrecke, wenn du es warst!
Ersticke in deinem Schleim – du bist Scheiße!
Meine tiefste Verachtung schenk ich dir –
denn du bist ‚Der Böse'.
Satan ist gut, er lebe hoch!
Nieder mit dem Leben."

Sein Haß auf den christlichen Gott, dem er die Schuld an seinem persönliches Schicksal gibt, auf die Gläubigen und die Kirche findet seine Steigerung in den folgenden Sätzen:
„Nehmt Euch Messer und schneidet Euch die Kehlen durch,

bis daß Euer Blut nur so rausspritzt –
oder stecht die Gläubigen Gottes ab…
Verfolgt sie, bis ihr jeden habt."

„Zündet die Kirchen an – brennt sie ab –
sie sind Gottes DRECK.
Und scheißt auf die Heiligenbilder –
steckt Euch das Kreuz in den Arsch.
Der Heiligenschein gehört in Scheiße!
Laßt die Streber und Schleimer im Dreck ersticken –
verbrennt sie! Metzelt alle nieder!...
Ja, freßt euer eigen Fleisch –
sauft euer eigen Blut –
oder gebt es den Schweinen!
Nehmt die Neugeborenen
und zerschlagt ihre weichen Schädel
bis das Hirn aus den Augen quillt!
Zertretet die Alten, und werft sie zum Atommüll…
Los! Alles muß verrecken…
Geht in die Hölle – geht zu ihr!
Geht – es wird Zeit!
Oder wollt ihr etwa ein nutzloses Leben
im verdreckten Himmel führen?"

Schließlich hat er auch über sich selbst geschrieben, eine Art Erklärung für sein Abdriften in diese andere Welt, in den Satanismus. Hinter der rüden Fassade wird ein verzweifelter Hilferuf hörbar, ihn aus diesen Kreisen zu befreien. In diesem Text erscheint er erbarmungswürdig, hilflos, verlassen. Er meint, ihm könne keiner helfen. Er trägt sich mit Selbstmordgedanken. Ein erschütternder Klageruf, fast eine Art Gebet aus der Tiefe:

„Meine Geschichte ist eine blutige Spur…
Alles wird in pro und contra aufgeteilt.
Alles wird in für und gegen aufgeteilt.
Alles ist gegen alles.
Ich weiß nicht, was ich machen soll.
Ich finde es nicht heraus.
Ich will auch nicht fragen.
Bullen sind Schweine.
Weg mit dem Bullenstaat.

Das Leben ist ungerecht.
Wenn das Leben von Gott kommt,
dann ist Gott die dreckigste Sau aller Schweine.
Mir kann niemand helfen.
Nur ich könnte mir helfen,
aber ich habe nicht die Kraft dazu.
Warum lebe ich?
Das weiß ich nicht.
Das ist witzlos.
Hinterher sterben wir so oder so.
Was haben wir nach dem irdischen Tod davon,
wenn es gute und böse Seelen gibt???
Läuft es dort denn auch so ungerecht
wie hier auf der Erde ab?
Hier hatten doch viele
schon die Trümpfe in der Hand,
etwas aus sich zu machen.
Aber ich doch nicht, nein ich nicht.
Das Leben ist hinterhältig – eine FASSADE."

2.5 „Im Bann des Teufels" – Satanismus als „Hex und Hopp"-Teenie-Spaß in der „Bravo"

Im Religionsunterricht wird es Vanessa mit einem Mal speiübel. „Ich... kann... deinen... Scheiß... nicht... mehr... hören!", preßt sie mühsam hervor und rennt mit einem unsagbar gequälten Gesichtsausdruck aus dem Klassenzimmer. Da hilft auch kein wohlmeinendes „Sei bitte wieder artig und setze dich" des Lehrers mehr. Ratlos schauen ihr der schwarz gewandete katholische Priester und Religionslehrer und die übrigen Schüler hinterher.

So beginnt die Foto-Love-Story „Im Bann des Teufels", die die Jugendzeitschrift „Bravo" Ende des vergangenen Jahres veröffentlichte. In acht Folgen und mit viel Liebe zum Detail wird geschildert, wie die 15jährige Vanessa durch einen Freund an den jugendlichen „Satanspriester" Cai gerät. Unbemerkt hypnotisiert er das Mädchen („Wenn du den Namen Beelzebub hörst und jemand in die Hände klatscht, wirst du willenlos seinem Befehl folgen") und beordert es schließlich zu einer „Schwarzen Messe", bei der Vanessa in einem düsteren Ritual geopfert werden soll. In letzter Minute wird die Tat verhindert. Vanessa endet happy mit ihrem Freund, „Satanspriester" Cai verbrennt sich mittels einer Zauberformel in Sekundenschnelle zu Asche. Der Spuk ist vorbei – zumindest in der „Bravo".

Für ungezählte Jugendliche ging es jetzt allerdings erst richtig los: Schon nach der zweiten Folge bekamen Sektenexperten, Lehrer und Jugendschutzbeauftragte die Folgen der flotten Hex- und Hopp-Geschichte zu spüren. Nicht nur bei Wolfgang Hund, Okkultismus-Beauftragter des Bayerischen Lehrerinnen- und Lehrerverbandes, glühten die Telefondrähte. Jugendpfarrer und Lehrer aller Schularten, die mehr oder minder hilflos vor ihren „verunsicherten und total desinformierten" Schülern standen, ließen sich in teils stundenlangen Gesprächen von Hund über okkulte Praktiken und Satanismus aufklären. Einmal mehr hatte die altbekannte „Bravo"-Masche, „magische" Praktiken wie Voodoo-Zauber oder Geisterbeschwörungen ohne jede kritische Distanz als funktionierende Tatsachen darzustellen, gezogen. Bereits 1986 erlangte eine mehrteilige „Bravo"-Serie mit Themen wie „Tischrücken" oder „So empfangt ihr Botschaften aus dem Jenseits" traurige Berühmtheit. Fotokopien des Okkult-Crash-Kurses gelangten nachweislich bis in die damalige DDR und heizten den Okkultismus-Boom hüben wie drüben kräftig an.

Diesmal platzte Hund endgültig der Kragen. Da der Hersbrucker Seminardirektor für die Lehrerausbildung auf Schreiben an die „Bravo"-Chefredaktion nie eine Antwort bekommen hatte, richtete er nun einen offenen Brief an Politiker und Medien. Denn: „Vor allem die Religionslehrer sind es leid, immer wieder den Scherbenhaufen zusammenkehren zu müssen, den einige Jugendzeitschriften mit ihrem Okkultismus-Marketing anrichten."

Angesichts der authentischen Protokolle von Betroffenen im zweiten Kapitel dieses Buches mutet der „Bravo"-Fotoroman „Im Bann des Teufels" tatsächlich wie psychische Umweltverschmutzung an: Satanismus macht interessant, gibt übernatürliche Kräfte (mehrfach stoßen Cai und Vanessa andere Personen mühelos meterweit von sich), Schwarze Messen sind irgendwie „geil" und geben einen erotischen „Kick". Völlig verantwortungslos auch die „beweisfähige" Darstellung eines Voodoo-Zaubers: „Satanspriester" Cai besorgt sich hinterlistig Haare von Vanessa und arbeitet diese in eine Voodoo-Puppe ein. Das Mädchen schmust gerade zuhause mit ihrem Freund, als der Satanist Cai – kilometerweit entfernt! – eine Nadel in den Arm der

Puppe sticht. In der gleichen Sekunde krümmt sich Vanessa vor Schmerz und schreit: „Auuuuu! Mein Arm... es ist wie ein Stich!“ Ihr Freund ist völlig ratlos, Fortsetzung folgt im nächsten Heft: „Was ist mit Vanessa los?“

Der Deutsche Presserat in Bonn wies Hunds Beschwerde gegen die „Bravo“-Hefte 37-44/94 zurück. Mit einer merkwürdigen Begründung: „Das Happy-End des fiktiven Foto-Romans weist eine eindeutige Distanzierung von okkulten Praktiken aus.“ Die „magische Selbstverbrennung“ eines Jugendlichen ein „Happy-End“?

Auch die „kritische“ Begleitung der achtteiligen Serie durch zwei „Expertinnen“ bewertete das Selbstkontroll-Organ der deutschen Presse als positiv – offenbar die Tatsache ignorierend, daß es sich bei einer der beiden „Fachberaterinnen“ der „Bravo“ um eine 20jährige Münchnerin handelt, die sich selbst als „Hexe Cleo“ zum übersinnlichen Star stilisiert. Der wirklichen Fachfrau, Heide-Marie Cammans vom Essener Sekten-Info, wurde hingegen übel von dem Pop-Blatt mitgespielt. Ein „Bravo“-Redakteur hatte ihr telefonisch ein paar kurze, allgemeine Informationen zum Thema „Satanismus“ abgenötigt, ohne sie über den Zusammenhang aufzuklären, in dem ihr Statement in der Jugend-Postille erscheinen sollte.

In der Chefetage der „Bravo“ versteht man die Aufregung ohnehin nicht. Gegenüber dem Magazin „Weltbild“, das den Streit zwischen Wolfgang Hund und der Jugendzeitschrift aufgriff, rechtfertigte der stellvertretende Chefredakteur, Norbert Lalla, die Foto-Love-Story als „fiktive Geschichte, die von den Lesern auch so verstanden wird“. Im übrigen gebe es die „dumme wie simple Form der Kritik, ‚Bravo‘ als Anstifter und Jugendverführer darzustellen“, schon so lange, wie die Zeitschrift mit der Millionen-Auflage existiert. Lalla: „Eine billige Sündenbock-Suche. Jedem studierten Pädagogen müßte bekannt sein, daß Probleme wie Drogensucht, Okkultismus oder Gewalt an Schulen nicht durch das Lesen einer Zeitschrift enstehen, sondern einen biographischen, familiären und gesamtgesellschaftlichen Hintergrund haben.“

Das wird von dem „studierten Pädagogen“ Hund auch gar nicht bestritten. Natürlich, weiß Hund, sei die „Bravo“ nicht die Ursache für den Jugendsatanismus. Die Medien haben aber nach seiner Überzeugung die Pflicht, „nicht noch zusätzlich dreinzuhauen und verunsicherte Jugendliche mit handfesten Gebrauchsanleitungen für das Abtauchen in ein Wahn-System zu versorgen“. Bedenklich an dem „raffiniert vermarkteten Appell an das Grundbedürfnis junger Menschen nach Nähe“ (Satanismus-Experte Harald Baer von der Katholischen

Sozialethischen Arbeitsstelle in Hamm) ist die Art der Darstellung. Und hier steht, kritisiert Hund, „eben das Aufreißerische im Vordergrund, eingebettet in eine sexuell sehr stimulierende Atmosphäre".

Daß es mit der angeblich so „kritischen Leserschaft" (Lalla) der Jugendblätter wohl tatsächlich nicht allzu weit her ist, hat nicht nur Wolfgang Hund zu spüren bekommen. Auch „Sekten-Info"-Chefin Cammans registrierte einen „gestiegenen Beratungsbedarf", während „Im Bann des Teufels" lief. Und sogar Jugendliche selbst gingen in der RTL-Talkshow „Hans Meiser" den Fotografen der Foto-Love-Story, der die Serie als „eine Art Science-Fiction-Film" verharmlosen wollte, hart an.

Nicht nur in „Bravo" spukt längst mehr als nur der grelle Zeitgeist. Auch „Mädchen", „Bravo Girl" oder „Coupé" machen mit okkult angehauchten Foto-Love-Stories oder obskuren Pseudo-Reportagen wie „Ich bin eine Hexe" Auflage. Die „Mädchen"-Ressortleiterin für Lebensberatung und Aufklärung, Gabriele Ring-Eichler, gibt unumwunden zu, daß Okkultismus für seelisch labile Menschen „tatsächlich gefährlich sein könnte". Allerdings: „Wir sind auch der Meinung, daß solche Themen nicht verschwiegen werden dürfen. Deshalb haben wir zum Beispiel das Kartenlegen zum Gegenstand einer Foto-Love-Story gemacht. Weil wir unseren Leserinnen und Lesern das Thema in unterhaltsamer Form nahebringen wollten. Wie immer Sie dazu stehen, es wird Diskussionen anregen." Immerhin: Am Ende der „Mädchen"-Foto-Love-Story „Verzauberte Herzen" erfüllt sich die negative Prophezeiung der Karten nicht. Die Heldin erobert ihren Traum-Boy trotzdem, durch eigene Initiative.

Hunds Offener Brief scheint zumindest eine Reihe von Politikern und Journalisten auf die Problematik aufmerksam gemacht zu haben. Bei der Bundesprüfstelle für jugendgefährdende Schriften (BPS) in Bonn ist sogar ein Indizierungsverfahren gegen die „Bravo" anhängig, eingeleitet vom Bayerischen Landesjugendamt. Wie viele Eltern mögen den „Bravo"-Konsum ihrer Kinder veständnisvoll-lächelnd zur Kenntnis nehmen, ohne auch nur im Ansatz über die nicht immer ungefährlichen „übersinnlichen" Inhalte des ansonsten eher allem Sinnlichen zugeneigten Heftes im Bilde zu sein? „Journalistisch gar nicht ungeschickt", analysiert der Referatsleiter „Sekten" bei der KSA Hamm, Harald Baer, die Machart von diversen „Okku-Foto-Romanen", „wird an das Hauptmotiv junger Frauen, sich mit Okkultem zu beschäftigen, angeknüpft": an die Sehnsucht nach einem verständnisvollen Partner. „Unaufgeregt" kann man nach Baers Einschätzung als Mutter oder Vater dann reagieren, „wenn die Kinder mit genügend

Ich-Stärke ausgestattet sind, den angeblichen Jenseits-Trost als das zu durchschauen, was er ist: als billigen Schmachtfetzen". Die Erziehungsmaxime „Selbstvertrauen – innere Stabilität – Selbstsicherheit" sei zwar kein Allheilmittel, führe aber zu einer „gewissen Resistenz" gegenüber Okkult-Infektionen.

Mittlerweile hat die „Bravo" dem Okkult-Experten Hund angeboten, mit dem Blatt bei der nächsten Satanismus-Reportage zusammenzuarbeiten. Ob es „Bravo" damit ernst ist oder lediglich ein „kritisches Feigenblatt" gesucht wird (wie Hund nicht ohne Grund argwöhnt), wird sich erweisen müssen.

Exkurs:

Zum historischen Hintergrund des Satanismus

A. Der helle und der dunkle Gott

„Satanismus" ist keine Erfindung des 20. Jahrhunderts. Wo immer in der Geistes- und Religionsgeschichte der Menschheit dualistische Glaubensvorstellungen das Gottesbild bestimmten, wo man also dem hellen Gott des Guten einen in etwa gleichstarken Repräsentanten des Bösen entgegensetzte, lag auch die kultische Verehrung der „dunklen" Gottheiten nahe.

Banal gesprochen: man mußte sich mit allen Seiten gut stellen. Dieses einfache Motiv ist bis heute latent präsent. Höchst aufschlußreich dazu das Interview, das die beiden Journalisten Frauke Hunfeld und Thomas Dreger 1989 mit dem damals 22jährigen Krabat führten: „Warum glaubst du an den Teufel? – Wer sagt, es gibt Gott, muß auch akzeptieren, daß es den Satan gibt. Aber die meisten Leute sagen: Es gibt nur Gott, den Satan gibt es nicht. Oder die anderen, die auch an den Satan glauben, haben Angst vor ihm. Ich glaube an Gott und an den Satan. Am Satanismus fasziniert mich, daß er verboten ist und daß mehr Beweise für den Satanismus da sind als für den Glauben an Gott. Von daher glaube ich eher an Satan" (Hunfeld/Dreger, S.107).

Hier verbündet sich die Kritik an der machtlosen „guten" Religion, die offenkundig nicht in der Lage ist, dem aktuellen Weltgeschehen eine dauerhafte Wende ins Positive zu geben, mit der scheinbaren Ent-

Satan als menschenfressender Moloch

deckung „magischer“ Kraftausstrahlung von seiten der „dunklen“ Religion.

Die christliche Vorstellung eines guten, allmächtigen und gerechten Gottes ist auch einer nachchristlichen Generation noch so verinnerlicht, daß uns kaum mehr bewußt ist, wieviele Kulte und Glaubensformen es in der Religionsgeschichte gab, in denen finstere und grausame Gottesvorstellungen vorherrschten. Die Batak auf Sumatra zum Beispiel töteten im Namen Gottes Kinder, um aus ihren Leibern ein Zaubermittel zu bereiten. Dazu beteten sie: „Wir wollen Leben machen, darum rüsten wir dies zu!“ Jedermann weiß heute auch, daß die Spanier und Portugiesen bei der Eroberung und Plünderung der Neuen Welt nicht etwa die „paradiesischen Wilden“ vorfanden, die sich ein

Jean-Jacques Rousseau erträumte, sondern religiöse Hochkulturen, deren Götter Hektakomben von Menschenblut forderten.

Das Christentum huldigt diesem Dualismus nicht. Der Teufel ist dort nicht der absolute Gegenspieler Gottes oder ein mit ihm rivalisierender „Machthaber". Satan wird als (gefallenes) Geschöpf Gottes verstanden, also nicht auf gleicher Ebene mit Gott angeführt, wie es Denkfigur in mancherlei gnostischen Systemen war. Trotzdem ist es auffällig, daß sich der Satanismus wie ein Schattenspiel auf dem Hintergrund des christlichen, insbesondere katholischen, Ritus entwickelte. Schon der Begriff „Schwarze Messe" verrät: hier wird das zentrale Ritual des Katholizismus zwar blasphemisch in sein Gegenteil verkehrt, aber in der Weise der Nachäffung dennoch zugleich in seiner Macht über die Seelen bestätigt.

Das kann vielerlei Gründe haben. Möglicherweise mußte der Katholizismus alleine durch seine Allgegenwart die negative Bezugsgröße für ein Tun werden, das sich als Frevel schlechthin verstand – und das gar nicht anders konnte, als den Tabu-Bruch schlechthin am „Allerheiligsten" der katholischen Kirche zu vollziehen.

Es kann aber auch sein, daß die Sakramententheologie der katholischen Kirche nicht immer genügend Abstand von einem magischen Verständnis ihrer Kulthandlungen hielt. In der orthodoxen katholischen Lehre wird in einem „Geheimnis des Glaubens" zwar aus Brot und Wein der Leib und das Blut Christi, aber eben nicht in einer Art Zaubertrick. Wie die Theologen sagen, geht es bei diesem Geheimnis um die reale Vereinigung des Glaubenden mit Gott, nicht um den magischen Einfluß, der dem Ding „Hostie" innewohnt.

Der Volksglaube machte zu manchen Zeiten aus der Wandlung einen Zauber und aus dem Priester eine Art Magier. Der Stand der Priester war offenkundig auch nicht immer davor gefeit, diese Einschätzung als heidnisch abzulehnen und zurückzuweisen. Wie sonst ist es zu erklären, daß die Kirche im siebten Jahrhundert Priester maßregeln mußte, die Seelenmessen für noch lebende Zeitgenossen abhielten – in der Absicht, ihren Tod herbeizuführen. Es sind einige Vorfälle bekannt, daß Kleriker – im Glauben an ihre „magische" Macht – Heilige Messen gegen bestimmte Menschen zelebrierten, um ihnen zu schaden. Nicht abwegig, hier einen konkreten Ursprung der „Schwarzen Messen" zu sehen.

Noch eines kommt hinzu: die Desintegration des Sexuellen im christlich-religiösen Kosmos. Wo immer und in welcher Form „Schwarze Messen" inszeniert wurden, spielten zwei Elemente mit: die ritualisierte Legitimation, oft auch orgiastische Zelebration der Geilheit und die Schändung des „Allerheiligsten“, der Hostie. In dieser Form des Anti-Kults manifestiert sich der genannte Dualismus, oder einfach der Glaube daran, daß das Böse eine analoge Wirkmächtigkeit besitze wie das Gute, deren man durch prononcierte Unzucht und durch ein „Opfer“ teilhaftig werden könne. Im Kontext der „Schwarzen Messe“ bedeutete zügellose Sexualität stets der „böse“ Versuch, die Erlösung zu erlangen – als negative Karikatur des „guten“ Weges der sexuellen Abstinenz und der Tugend der Reinheit. Und schließlich: Wenn die Heilige Messe das „unblutige Kreuzesopfer Christi“ ist, wie es die Sakramententheologie der Kirche sagt, so liegt es in der logischen Konsequenz des Systems, daß auch dies in sein Gegenteil verkehrt werden muß: blutige Tieropfer, Menschenopfer. Man wird sehen, daß sich für beides Menschen fanden und schrecklicherweise noch immer finden. Bezeichnenderweise waren es oft auch gescheiterte Priester oder Menschen mit einem nicht zu verwirklichenden Priester-Ideal, denen „Satan“ zum Tröster und Befreier wurde und die als Protagonisten des Satanismus in Erscheinung traten.

B. Liebesmessen, Schwarze Messen, Blutopfer

Sehen wir in einigen szenischen Schlaglichtern auf Stadien der Entwicklung. Der Satanismus und die Rituale, die innerhalb seiner Grenzen Anwindung finden, sind längs der Zeitachse und quer durch die Kulturen zu verfolgen, und zwar jeweils auf dem Hintergrund eines dualistischen Weltbildes. Hervorgetreten ist der beschriebene Dualismus vor allem in der Gnosis (griech.: Erkenntnis), einer schwer zu fassenden Bewegung in den ersten Jahrhunderten nach Christi Geburt. Die ursprünglich rein heidnische Gnosis, die teilweise sogar ins Innere des Christentum eindrang, war die größte Herausforderung der jungen Kirche; sie konnte sich dieser Bewegung nur mit äußerster Anstrengung erwehren. Im gnostischen Milieu gab es nicht nur stark aszetisch orientierte Sekten, deren Angehörige sich als „Wissende“ und Bewohner des „Lichtreiches“ verstanden, sondern auch Gruppierungen, die sich orgiastischer Ausschweifung hingaben und Praktiken ausübten, die später ins Grusel-Repertoire des modernen Satanismus übergehen sollten. So wird von den sogenannten Barbelo-Gnostikern (Petarius‘

etymologische Deutung: in der Vier ist Gott) berichtet, man habe dort zu Opferzwecken gewaltsame Frühgeburten herbeigeführt, den Fötus in einem Mörser zerstampft, ihn mit Gewürzen untermischt und gemeinschaftlich verspeist.

Möglicherweise hat das, was heute unter dem Etikett „Schwarze Messe" praktiziert wird, auch Vorläufer in den Dionysos-Riten im alten Griechenland. Hier zerrissen die Mänaden (griech. = die Rasenden) junge Tiere mit den Zähnen und verzehrten das rohe Fleisch. In Griechenland spielte auch der Priapus-Kult (nach dem in der hellenistischen Zeit verehrten Gott der Fruchtbarkeit, dessen Symbol das erigierte männliche Glied war) eine gewisse Rolle; die Phallus-Verehrung taucht dann in der Geschichte der Schwarzen Messen nicht erst mit Aleister Crowley auf. Immer wieder hingewiesen wird auch auf die orgiastischen Bacchanalien, ritualisiert-tolerierte Exzesse bei den Festen zu Ehren des Gottes Bacchus, der im übrigen weitgehend identisch ist mit Dionysos. Der Kult wurde 186 v. Christi Geburt per Senatsbeschluß im gesamten Römischen Reich verboten.

Zu den Ahnherren der Schwarzen Messe zählt man nicht selten auch die Gruppe der Albigenser, eine nach der südfranzösischen Stadt Albi benannte Sektion der häretischen Katharer, die in der Inquisitionszeit großangelegten Verfolgungen ausgesetzt waren. Von ihnen heißt es, sie hätten ab dem 12. Jahrhundert die „verkehrte Messe" zu Ehren des Zweiköpfigen (Gott und Teufel, Gut und Böse, Geist und Materie) gefeiert.

Als Symbol der Ruchlosigkeit und des widergöttlichen Frevels schlechthin grub sich eine Gestalt in das Bewußtsein der abendländischen Christenheit, die als „Herzog Blaubart" Legende machte und zur Vorlage von Romanen, Filmen, gar einer Oper wurde: der Herzog der Bretagne, Gilles de Laval (1404-1440), auch Gilles de Raiz genannt. Legende und Wahrheit mischen sich wohl bei diesem Mann, gegen den das Parlament der Bretagne einen Haftbefehl wegen vielfachen Mordes ausbrachte und der wegen seiner Vergehen im Oktober 1440 in Nantes bei lebendigem Leibe verbrannt wurde.

Über zweihundert Kinderskelette fand man – glaubt man Eliphas Lévi und seiner „Geschichte der Magie" – auf Machecoul und Chantocé, seinen Wohnsitzen. Handelte es sich um Sadismus (in einer zeitgenössischen Quelle heißt es: „ ... er ergötzte sich mehr beim Töten… und beim Zusehen, wie sie schlaff wurden und starben und beim Anblick ihres Blutes als dadurch, daß er mit ihnen Unzucht trieb" nach Villeneuve:Gilles de Rays, Paris 1955)? Gab es etwa einen rituellen Hintergrund? Oder hat Eliphas Lévi recht, wenn er die Morde mit Magie in Verbindung bringt: „Gier trieb ihn zu dieser ungeheuerlichen Ausschweifung. Er glaubte den Nekromanten (= Wahrsager durch Toten- und Geisterbeschwörung, d.Verf.), daß die universal wirkende Lebenskraft durch die verbundene Wirkung und Gegenwirkung der Schändung der Natur und des Mordes gerinnen müsse"? Mit Gilles de Laval trat das „Mit-dem-Teufel-im-Bunde-Motiv" auf, das dann in der Faustsage auf andere Weise fortlebte.

Manifest wurden satanistische Erscheinungen aber weniger im vermeintlich so „finsteren" Mittelalter als in der Zeit vorreformatorischer Dekadenz und dann im sittlichen Niedergang Frankreichs im 17. Jahrhundert. Es gibt beispielsweise eine Episode aus dem Umfeld Ludwigs XIV. Madame de Montespan, Maitresse Ludwigs XIV. und Mutter einer Reihe seiner Kinder, verpflichtete sich im Jahre 1667 der Hilfe eines ebenso willfährigen wie skrupellosen Klerikers namens Mariette, damit dieser durch das Abhalten von Heiligen Messen – man nannte sie „Liebesmessen" – die Gunst des Königs wieder auf die nachlassenden Reize der Madame de Montespan zurücklenke. Kurios war dabei mancherlei, nicht nur die vorgebrachten Fürbitten: „... daß die Königin unfruchtbar sei, daß der König ihr Bett und ihren Tisch verlasse um meinetwillen, daß ich von ihm all das erlange, um was ich ihn für mich und meine Eltern bitten werde... daß ich geliebt und geachtet werde von den großen Herren... daß, indem die Königin verstoßen werde, ich den König heiraten könnte".

Bei einer dieser Messen wurden in einer magischen Symbolhandlung zwei Tauben zusammengebunden – sie sollten wohl Madame und den König „vertreten" – und in einem Blutopfer vereinigt. Man riß den Tieren die Herzen aus dem Leib und – so nimmt man an – gab das Taubenblut mit in den Meßkelch hinein.

Offenkundig fruchtete dieser Zauber zuletzt nicht in gewünschter Weise, denn es wird berichtet, daß Madame de Montespan schließlich Zuflucht zu „La Voisin" (Catherine Monvoisin) nahm, einer verrufenen Giftmischerin, Magierin und nachgewiesenen Mörderin, die sich erbötig zeigte, eine Schwarze Messe zu arrangieren; es heißt: mit einem realen Menschenopfer. Die Vorgänge wurden bekannt, als der Polizeikommissar von Paris im Jahre 1678 eine ganze Reihe von Leuten festnehmen ließ, denen man okkulte Praktiken zur Last legte. Unter ihnen: La Voisin.

Auch ein alter Priester namens Guiborg, der an der Kirche St. Marcel amtete, befand sich unter den Festgenommenen. Dieser Guiborg war es, den La Voisin für Madame de Montespan in Dienst nahm. Nicholas de Reynie, der Polizeikommissar von Paris, schildert ihn folgendermaßen: „Ein verworfener Mann, der viel gereist ist... Seit zwanzig Jahren hantiert er viel mit Giften, begeht Frevel und alle möglichen Schandtaten. Er hat zahllosen Kindern die Kehle durchgeschnitten und sie auf seinem teuflischen Altar geopfert. Er hat eine Maitresse... die ihm sieben Kinder geboren hat, von denen er ein oder zwei gleichfalls opferte... Das ist kein normaler Mensch, der es für etwas Natürliches hält, Kinder zu opfern, indem er ihnen die Kehle durchschneidet und die Messe über den Leibern nackter Frauen zu zelebrieren".

Damit spielt der Pariser Polizeikommissar auf das Geständnis an, Guiborg habe die Messe auf dem nackten Leib der Madame de Montespan zelebriert. Während der „Liturgie" habe die Tochter der Monvoisin – wie sie beim Verhör in Vincennes am 9.10.1680 selber gestand – ein Kind hereingetragen; Guiborg habe das Kind „...in ein Becken gelegt, ihm die Kehle durchgeschnitten, das Blut zusammen mit der Hostie in den Kelch gefüllt und konsekriert, seine Messe beendet, dann die Eingeweide des Kindes entnommen... " Schließlich sei „der Körper des Kindes durch die Mutter Voisin im Ofen verbrannt worden...". Das umgebrachte Kind wollte Guiborg für den Preis von einem Taler einem Mädchen abgekauft haben. Auch das Gebet ist aktenkundig, das die Bluttat begleitete und sie Dämonen widmete: „Astaroth, Asmodi, Fürsten der Freundschaft, ich beschwöre euch das Opfer anzunehmen, das ich euch darbringe mit diesem Kinde für die Dinge, die ich von euch erbitte...".

Bei dem Verhör der Catherine Monvoisin und des alten Priesters kam, neben den bereits geschilderten Vorgängen, mancherlei zu Tage, so auch, daß Guiborg offenkundig im Auftrag der vom König zuletzt immer brüsker zurückgewiesenen Madame de Montespan eine Schwarze Messe gelesen hatte, mit der der König getötet werden sollte. Das Verhör brachte die Zusatz-Ingredienzien ans Licht, die sich zunächst im Meßkelch befanden – nämlich: Sperma, Menstruationsblut, getrocknete und pulverisierte Fledermäuse – und die schließlich in eine Form gebracht wurden, in der sie dem König unter das Essen gemischt werden sollten.

Die überlieferten Zeugenaussagen lassen insgesamt den Schluß zu, daß von Catherine Monvoisin zur Herstellung von Zaubermitteln und zur Opferung auf Schwarzen Messen etliche Kinder abgetrieben, angekauft, und ermordet wurden. Der Skandal zog damals weite Kreise, obwohl Ludwig XIV. umfangreiche Vorkehrungen traf, ihn einigermaßen unter der Decke zu halten.

Wenngleich man damit rechnen muß, daß Geständnisse in der damaligen Zeit nicht allein dem Fragegeschick der königlichen Behör-

Die „Schwarze Messe“:
Blasphemische Illustration aus der Satanistenszene

den zu verdanken waren und also mit Vorsicht zu genießen sind, so zeigt doch die Anzahl der Delinquenten (216 Verhaftete, 110 Verurteilte) und die Übereinstimmung in vielen Aussagedokumenten, daß es im dekadenten Milieu dieser Zeit eine satanistisch-religiöse Subkultur mit faßbarer organisatorischer „Infrastruktur", gebräuchlichen Ritualen und nennenswerter Verbreitung gab. Offenkundig funktionierte, trotz des harschen behördlichen Eingriffs im Jahr 1678/1679, auch deren Tradition, denn es gibt auch aus dem 18. Jahrhundert eine ganze Reihe von Zeugnissen für das Fortleben dieser Praktiken in Frankreich.

Vollends offenbar wurde eine Vielzahl solcher Phänomene im 19. Jahrhundert: So scharte sich in der ersten Hälfte des Jahrhunderts um einen gewissen Eugene Vintras, der sich für eine Reinkarnation des Propheten Elias hielt, eine Gruppe von Okkultgläubigen. Zu dieser gehörten wiederum einige merkwürdige Priestergestalten, unter anderen ein Abbé Charvoz. Diese Gruppe feierte obskure Liturgien, die auch dann nicht aufhörten, als die katholische Kirche Lehre und Praxis Vintras' und seiner Leute 1843 offiziell bannte. 1851 kam es zum großen Skandal, als ein abtrünniger Vintrasianer den Gründer der „Eliaskirche" offiziell der Zelebration Schwarzer Messen beschuldigte, wobei er das pittoreske Detail nicht aussparte, Priester und Gemeinde seien während der Liturgie völlig nackt gewesen. Schließlich bezeugte einer der Priester, der einst zur Gefolgschaft Vintras' gehörte, der Meister habe ihn dazu verleitet, auf dem Altar zu masturbieren und dabei ein magisches Gebet zu sprechen.

Aus den letzten Lebensjahren des Eugene Vintras rührt eine Verbindung zu einem gewissen Abbé Boullan her, einem exkommunizierten Ex-Priester, „der nicht nur die Schwarze Messe zelebriert, sondern mit ziemlicher Sicherheit auch ein Menschenopfer dargebracht hat" (Francis X. King) und der sich später als Erbe Vintras' und Haupt der „Eliaskirche" ausgab. Bei Boullan ist in Reinkultur diese (lebensgeschichtlich begründete?) Mischung aus dem Bewußtsein priesterlichen Magiertums und kultischer Verehrung des Erotischen zu studieren. Boullan verließ die Pfade des priesterlichen Standesethos, als er um 1855 die Nonne Adèle Chevalier, zu deren Beichtvater er bestellt war, zu seiner Geliebten machte.

Mit ihr, mit der er mindestens zwei Kinder hatte, gründete Boullan einen obskuren Orden, in dem es in der Folge zu haarsträubenden Vorkommnissen kommen sollte. So wird von einem Gruppen-Exorzismus (= Dämonenaustreibung) berichtet, bei dem Boullan eine Mischung aus geweihten Hostien und menschlichen Fäkalien verabreicht haben soll. Es gibt sogar glaubhafte Dokumente, nach denen Boullan und Chevalier am 8. Januar 1860 eine Schwarze Messe abgehalten haben sollen, bei denen ein Kind aus der Liaison Boullan/Chevalier rituell geschlachtet wurde.

Bei Boullan finden sich Gedanken, die wir bei den modernen Sexualmagiern, vor allem aber bei einer der fragwürdigsten Figuren unseres Jahrhunderts – bei Aleister Crowley -, wiederfinden werden: Erlösung durch Sex. Boullan sagte: „... da der Sündenfall durch einen schuldhaften Liebesakt bewirkt wurde, kann durch Liebesakte, vollzogen in religiösem Geiste, die Erlösung der Menschheit erreicht werden".

Boullan wiederum war befreundet mit Joris-Karl Huysmans (1840 – 1907), einem brillanten Schriftsteller des fin de siécle, der sich nach mancherlei Erkundungen im okkulten und satanistischen Milieu – sie schlugen sich nieder in seinen berühmten Romanen „A rebours" und „Là bas" – schließlich zum Katholizismus bekehrte und die letzten Jahre seines Lebens gar als Laienbruder in einem Benediktinerkloster verbrachte. Huysmans stand mit seiner literarischen Affinität zum Thema durchaus nicht allein, man denke nur an die „Fleur du mal" Charles Baudelaires mit der „Satanslitanei".

Huysmans Schilderung einer Schwarzen Messe in Là bas ist – bedenkt man seine Freundschaft mit Abbé Boullan – wohl keine Ausgeburt abseitiger literarischer Vorstellungskraft, wofür auch die Tatsache spricht, daß er Boullan in Gestalt des gelehrten „Dr. Johannes" in seinen Roman hineinwob. Und darum geht es in der Kernszene: Kanonikus Docre, ein abgefallener Priester, präsidiert einer Spottliturgie. Mit ausgebreiteten Armen steht er vor dem Altar und ruft: „... und du, du, den in meiner priesterlichen Eigenschaft ich zwinge, magst du wollen oder nicht, herabzusteigen in diese Hostie, Fleisch zu werden in diesem Brote, – Jesus, kunstreicher Webmeister des Betrugs, Räuber von Huldigungen, Dieb der Neigung, höre du!... " So geht es fort in Kaskaden der Beschimpfung und Lästerung bis zum Höhepunkt der Schwarzen Messe, der obszönen „Wandlung" und dem nachfolgenden „Kommunionempfang"; hier heißt es: „Die Aura der großen Hysterie folgte auf die Schändung und beugte die Frauen nieder; während die Chorknaben die Nacktheit des Priesters beräucherten, stürzten sich Frauen auf das Eucharistische Brot und erkrallten es, platt auf dem Bauche, am Fuß des Altars, zerrissen es in feuchte Stücke, aßen und schlürften diesen göttlichen Kot..."

Die Schwarze Messe, betrachtet man sie nach ihren Strukturmerkmalen, ist wesenhaft blasphemisch; sie ist die polemische Umkehrung und Entweihung der römisch-katholischen Messe, eine kalkulierte Verspottung des Christentums, eine Verhöhnung des „guten“ Gottes, eine schwarzmagische Entheiligung dessen, was Christen das „Allerheiligste“ ist. Vorzugsweise finden Schwarze Messen in den Nächten vor hohen kirchlichen Festtagen statt, so etwa in den Nächten vor Ostern und vor Allerheiligen (31. Oktober = Halloween, das Fest des Biests). Aber auch die Walpurgisnacht, sowie die vier Sonnenwendtage und Tag- und Nachtgleichen, Mariä Lichtmeß (2. Februar) und der „Lammatag“ (1. August) sind bevorzugte Termine. Obwohl es strenge Traditionen, Obedienzien und Rituale gibt, die in unterschiedlichen Gruppen Anwendung finden, ist doch die Schwarze Messe vielfach nichts weiter als eine Kulisse für sexuelle und sadistische Orgien.

Wo die Schwarzen Messen nach strengem Ritual begangen werden, finden sich immer wieder die gleichen Ausdrucksformen: Rückwärtslesen der Meßtexte, Verkehrung christlicher Gebete in ihr inhaltliches Gegenteil, Auspeitschen von Kruzifixen, Schlagen und Bespucken des Abbildes Christi (des „Sklavengottes“), Ausreißen und Wiedereinschlagen der Kreuzesnägel, Verbrennen und Schänden geweihter Hostien (mit Exkrementen, Menstrualblut, Vaginalflüssigkeit, männlichem Samen), Tier- und Menschenopfer, Masturbationen auf Christus- und Mariendarstellungen, eine als Altar dienende nackte Frau und sexuelle Ausschweifungen aller Art. Die Beschreibung Huysmans wird heute auch von der Forschung als Wiedergabe authentischer Vorgänge betrachtet.

Ähnlich wie in Frankreich war auch das geistige Klima zum Ende des 19. Jahrhunderts in England geprägt von der Hinwendung zum Mystizismus, was zur Gründung einer Reihe teils recht seltsamer Gruppierungen, Sekten und magischer Zirkel führte, die sich von Alchimie bis Wahrsagerei ungefähr mit allem befaßten, was höhere Einweihung versprach. Unter ihnen ragte eine Art Ordensvereinigung, die sich „Golden Dawn“ nannte, hervor. In ihr lehrte ein gewisser MacGregor Mathers das, was er die „okkulten Wissenschaften des Mittelalters“ nannte. Mathers hatte viele Schüler, aber keinen, der eine ähnlich verhängnisvolle Rolle spielen sollte wie der 1875 geborene Aleister Crowley. Crowley stammte aus einer Familie, die sich zu einer extrem fanatischen protestantischen Sekte bekannte, und er sollte zu einem der hartnäckigsten Christentumshasser unserer Zeit werden.

Zu diesem Aleister Crowley läuft noch eine andere Linie hin, die ihren Weg über Deutschland nahm. Ende des 19. Jahrhunderts gründete der Industrielle Karl Kellner eine okkulte Geheimgesellschaft, in deren Mittelpunkt (tantrische) sexuelle Riten standen, die Kellner auf seinen Reisen in den Osten kennengelernt haben wollte. Aus Kellners Sekte entwickelte sich 1902 der Ordo Templi Orientis (O.T.O.), dem Crowley ab 1922 vorstand, den er mit düsterem intellektuellem Glanz umgab und zum Faszinosum vieler Bohemiens und Literaten zu machen wußte. Jener O.T.O., der in seinen vielen Zirkeln zum Motor der neo-satanistischen Bewegung werden sollte.

C. Aleister Crowley und der Neo-Satanismus

Mit der englischen Kleinstadt Stratford-on-Avon verbindet sich gewöhnlich der Name William Shakespeares. Wenige Kilometer entfernt, in Leamington/Warwickshire, kam am 12. Oktober 1875 Edward Aleister Crowley zur Welt – was diesem in der ihm eigenen Arroganz rückblickend als „sonderbarer Zufall" dünkte: „...daß eine kleine Grafschaft die zwei größten Dichter Englands hervorbringen sollte". Crowleys Vater, ein wohlhabender Braumeister, war Laienprediger der stark endzeitlich geprägten Quäkersekte Plymouth Brethren. Ungefiltert ätzte er auch seinem Sohn die verschlüsselten Visionen der Johannes-Offenbarung ins kindliche Gemüt. In Crowleys ausgeprägter Phantasie nahmen die biblischen Allegorien wie das „Tier aus der Erde" (Offb. 13), die „große Hure Babylon" oder das „Scharlachrote Weib" (Offb. 17) schon früh konkrete Gestalt an – allerdings völlig anders, als die puritanisch-strenge Erziehung seiner Eltern es beabsichtigt hatte. Bereits vor seiner Pubertät von Sexualität „mächtig fasziniert", identifizierte Crowley sich nach dem Tod seines Vaters mehr und mehr mit den „befreienden" Symbolen der Apokalypse: Alle Frauen, mit denen er sexuelle Beziehungen aufnahm, verklärte Crowley mit dem Titel „Frau in Scharlach" zu Spenderinnen über-sinnlicher Freuden. Er selbst sah sich später in seiner erotomanischen Besessenheit als die Inkarnation des Antichristen, die „Bestie 666".

Seine Mutter, die er als „dumme, bigotte Person" bezeichnete, behandelte Crowley mit flegelhafter Verachtung. Sie erwehrte sich seiner, indem sie ihn in ein Internat nach Malvern schickte. Mit 20 Jahren wurde Crowley als Student der Geisteswissenschaften im angesehenen Trinity College in Cambridge aufgenommen, das er 1898 ohne Abschluß verließ.Über seine wahre Berufung war sich Crowley keinen Moment im Zweifel: „Es ist meine ewige Mission, das Universum zu dem Zustand trunkener Unschuld und spiritueller Sinnlichkeit zu erlösen." (Eisenhauer, S.226) Dieses Credo machte ihn für MacMathers „Hermetic Order of the Golden Dawn" („Hermetischer Orden der Goldenen Dämmerung") interessant, in den er als „Bruder Perdurabo" im gleichen Jahr aufgenommen wurde.

Crowley ließ sich in London nieder und begann als Magier zu praktizieren. Seine mystischen Visionen flogen dem selbsternannten „Seher" indes weniger aus jenseitigen Sphären als vielmehr aus den Hexenküchen der Drogen-Chemiker zu. Opium, Haschisch und Kokain färbten die Flammen der Hölle vor Crowleys geistigem Auge besonders rot. Nach Reisen durch Mexiko, Hawaii, Japan und Ceylon kam der pharmazeutische Geisterbeschwörer 1893 nach Schottland, wo er Rose Kelly, die Tochter eines alten Studienfreundes, heiratete. Die Flitterwochen verbrachte das Paar in Ägypten. Inspiriert von der mythologisch-erhabenen Atmosphäre im Schatten der Pyramiden (oder von den niedrigen Rauschgiftpreisen, wie andere Biographen argwöhnen), verewigte sich Crowley hier endgültig als zentrale Lehrautorität des Neo-Satanismus: Aus einer „Offenbarung", die ihm am 8., 9. und 10. April des Jahres 1904, jeweils mittags zwischen 12 und 13 Uhr, von einem überirdischen Geistwesen namens „Aiwaz" zuteil geworden sein will, formulierte Crowley sein legendäres „Liber al vel Legis" („Buch des Gesetzes"). Darin proklamiert er die Ablösung der „christlichen Sklavenmoral" durch eine „Force-and-Fire"-Religion, deren Kernsatz „Tue, was du willst, soll sein das ganze Gesetz" lautet.

Ohne einer solchen Rechtfertigung zu bedürfen, trachtete Crowley in den folgenden Jahren danach, die Anweisungen des „Liber al" in die

> Die Scharlachrote Frau soll sich hüten! Wenn Mitleid, Bedauern und Sanftmut ihr Herz befallen! Wenn sie mein Werk verläßt: dann wird meine Rache offenbar werden. Ich werde mir ihr Kind erschlagen, ich werde ihr Herz entfremden, ich werde sie von den Menschen ausstoßen. Als sich verkriechende Hure soll sie durch dunkle, nasse Straßen kriechen und Kälte und Hungers sterben.
>
> *Aleister Crowley*

Baphomet, der Bock von Mendes, ist eine der bekanntesten Symbolfiguren des Satanismus.

Tat umzusetzen. 1907 rief er zunächst den Orden „Argentum Astrum" („Silberner Stern") ins Leben, dessen rund 90 Mitglieder sich vorwiegend im kollektiven Beischlaf übten. Während sich der 32jährige rastlos seinen Orgien hingab, verfiel seine Frau der Trunksucht. 1909 ließ er sich von Rose Kelly scheiden, die zwei Jahre später in eine Nervenklinik eingewiesen wurde. Unverdrossen machte sich Crowley, der sein gesamtes Leben auf Kosten seiner Anhänger führte, auf die Suche nach einer wohlhabenden Geliebten, die ihn aller finanzieller Sorgen entledigen sollte.

1912 initiierte ihn Theodor Reuß, das Oberhaupt des „Ordo Templi Orientis" (O.T.O.), zum Leiter des britischen Ablegers des berüchtigten Okkult-Ordens. Später übernahm Crowley als „Bruder Baphomet" die Ober-Leitung der „orientalischen Templer" und erweiterte die dort geübten „magischen" Praktiken um die sexualmagische Komponente. Während des Ersten Weltkrieges hielt Crowley sich in Amerika auf, nachdem die englische Armee ihn wegen „Charakterschwäche" vom Waffendienst ausgeschlossen hatte. Nach der Kapitulation des Deutschen Reiches kehrte „Bruder Baphomet" nach Europa zurück und ließ sich schließlich 1920 auf Sizilien nieder.In der Nähe des ärmlichen Fischerdorfes Cefalu gründete er die Abtei „Thelema" (von griechisch: „Wille"), ein „Gegenkloster der Lebensfreude und Lebensbejahung". Freude kam indes vorwiegend nur beim Meister selbst auf, der das Leben in seinem „Orden" als eine Art endloser Hexen-Sabbat inszenierte und über seine Anhänger ein ebenso hartes wie erbarmungsloses Regiment führte. Getreu seiner Selbstbezeichnung „To Mega Therion" („Das Große Tier 666") ließ Crowley keine noch so abartige sexuelle Erfahrung aus: Sodomie, Homosexualität und die unterschiedlichsten Akte der Sexualmagie. 666, in der Johannes-Offenbarung die „Zahl des Tieres", pervertierte bei Crowley zum Symbol seiner übersteigerten libidinösen Grundstruktur (Sex, Sex, Sex) und zeigte zugleich die pathologische Komponente dieser Triebhaftigkeit an. Das Schicksal derjenigen seiner Gespielinnen, die die zweifelhafte Ehre hatten, bei Crowleys sexualmagischen Praktiken die „Frau in Scharlach" zu mimen, bestand in der Regel entweder aus Irrenanstalt, Alkohol- beziehungsweise Drogensucht oder Selbstmord (Baer, S.10). Daß es in der „Hölle der Hure" (ein Begriff, den Crowley von dem französischen Humanisten Rabelais übernahm) auch zu Menschenopfern gekommen sei, wurde zwar behauptet, konnte aber nie bewiesen werden. Jedenfalls wurden derlei Exzesse bald auch den italienischen Faschisten zuviel: Mussolini ließ den subversiven Schwarzmagier 1923 ausweisen.

Aleister Crowley, der Zelebrant dunkler Mysterien

Zwei Jahre später tauchte Crowley in Thüringen auf. In Leipzig heiratete er am 16. August 1929 Maria Teresa Ferari und zog mit ihr weiter nach Berlin. Obwohl noch immer eine recht wunderliche Erscheinung (fett, kahlrasierter Schädel, stechender Blick), sah sich „Das große Tier“ in der Reichshauptstadt mit einer solchen Vielzahl von noch schrilleren Adepten der „schwarzen Künste“ konfrontiert, daß er enttäuscht das Feld räumte. Der Versuch der deutschen O.T.O.-Sektion, sich den ab 1933 regierenden Nationalsozialisten anzudienen, scheiterte. 1935 verboten die neuen Machthaber den „Orden“ in Deutschland. Die letzten Jahre seines Lebens verbrachte Crowley als Gast eines exzentrischen Lords im englischen Hastings. Auch seine zweite Frau war mittlerweile in einer Heilanstalt gelandet. Vereinsamt, rauschgiftsüchtig und geistig umnachtet starb der „gottloseste Mensch des Jahrhunderts“ am 1. September 1947. Als offizielle Todesursache wurde Herzversagen infolge einer chronischen Bronchitis auf dem Totenschein eingetragen. Der Crowley-Biograph und Satanismus-Insider Ralph Tegtmeier will wissen, daß die Asche Crowleys von dessen Nachfolger als Leiter des O.T.O., Karl Germer, in die Vereinigten Staaten überführt wurde (Tegtmeier, S. 57). Ein nicht-ehelicher Sohn Crowleys namens Aleister Atatürk McAlpin soll in Paris gelebt haben und 1978 gestorben sein (König, S. 177). Eine „illegitime Tochter“ will ein protestantischer Geistlicher in der ehemaligen DDR ausfindig gemacht haben (Tegtmeier, S.231).

Angestrengt-düster blickt Aleister Crowley vom Cover des legendären Beatles-Albums „Stg. Pepper's Lonely Heartclub Band“ – als einer der Leute, „die wir mögen“. Der Ex-Sänger der Rock-Band „Black Sabbath“, Ozzy Osbourne, leitet den Höhe- und Schlußpunkt seiner Live-Auftritte mit den schweren Synthesizer-Klängen des Songs „Mr. Crowley“ ein und ruft im Refrain: „I wanna Know what you meant!“ („Ich will wissen, was Sie gemeint haben!“). Ein halbes Jahrhundert nach seinem Tod ist Aleister Crowley noch immer eine Kultfigur. Künstlern wie zum Beispiel dem Musiker Jimmy Page („Led Zeppelin“) oder dem Filmemacher Kenneth Anger gilt der Schwarzmagier offenbar als unverstandenes Genie, dessen „Botschaft“ die Befreiung der Person von inneren und äußeren Zwängen war. Für zahlreiche neo-satanistische Zirkel und Gruppen ist Crowley zugleich Legende, Inspirator und Bezugsgröße. Nicht nur im Thelema-Orden, von dem noch die Rede sein wird, gilt sein „Buch des Gesetzes“ als „Wort und Buchstaben der Wahrheit und einzige Lebensregel“. Die Drogenabhängigkeit des „Großen Tieres“, seine sexuellen Exzesse und Verbrechen wirken dabei keineswegs abschreckend auf Crowleys moderne Adepten. In der Lesart des Neo-Satanismus wird die destruktive Kreativität seines rhetorisch aufpolierten Brachial-Okkultismus als artifizielles Werk von dunkel funkelnder Schönheit betrachtet. Crowley steht jenseits von Gut und Böse, jedwede ethische Qualifizierung des „Meister“ muß zwangsläufig wie ein Sakrileg erscheinen.

Bei der Suche nach einem „Kernsatz“ des modernen Neo-Satanismus, der alle Gruppen und Überzeugungen auf einen Nenner bringen sollte, wurde auch der 1992 verstorbene Münchner Sektenpfarrer Friedrich-Wilhelm Haack in Crowleys „Buch des Gesetzes“ fündig. Dort heißt es:

„Tu, was Du willst,
sei das ganze Gesetz.
Liebe ist das Gesetz,
Liebe unter Willen." (Al, I, 40)

Die Sentenz klingt harmlos, fast wie eine Aufforderung im Stil des Positiven Denkens: individuelle Selbstverwirklichung mit einem „Schuß" Liebe. Doch was sich auf den ersten Blick so libertinär ausnimmt, wird in der Interpretation der selbsternannten Crowley-Nachfolger zu einem Gedanken-Strom, der die Rechts- und Sittenordnung der Gesellschaft unterspült. Unter Zuhilfenahme der Exegese des deutschen Crowley-Verehrers und Kopfs der „Thelema"-Sekte Michael D. Eschner muß man unter dem kurzen Rätselwort folgendes verstehen:

Tu, was Du willst: Das ist nicht die Aufforderung, sich von Launen treiben zu lassen und nur noch zu tun, was einem gefällt. Denn nach Crowleys esoterischer Lehre weiß der Uneingeweihte gar nicht, was er eigentlich will – folglich kann er auch nicht tun, was er will. Zuerst muß der Mensch seinen „Wahren Willen" erkennen. Eschners Anhänger, die vor dem endgültigen Eintritt in die Gruppe schwören müssen, fortan ihren „Wahren Willen" zu suchen, erklären diesen als „höchst individuelles, persönliches Lebensziel", als das Entdecken der eigenen Identität beziehungsweise Bestimmung. Andersfalls bleiben sie „Sklaven", die nach Crowleys Verständnis „dienen sollen". „Tu, was Du willst" muß der Neo-Satanist also nicht etwa deswegen, weil es Spaß macht, sondern um den „Sinn" seiner Existenz zu finden.

Sei das ganze Gesetz: In die Praxis umgesetzt, führt diese Lehre zu einer Grundhaltung, die in eine Art Individual-Anarchismus mündet. Da der Mensch sein höheres Bewußtsein zugleich als „von oben gegeben" und in sich selbst entdeckt, braucht er keinerlei Weisungen, Gesetze oder moralische Prinzipien mehr zu beachten. Eschner schreibt: „Das Liber al vel Legis ist ein Gesetz, welches von oben, aus einer höheren Ebene des Seins, nach unten wirkt. Es ist deshalb richtig, diesem Gesetz zu folgen. Die heutige Justiz hingegen beruht auf willkürlichen, von Menschen ausgedachten Gesetzen, welche aus diesem Grund nicht Recht, sondern Unecht sind. Kein Mensch muß sich an diese Gesetze halten, denn sie sind ungültig." (Eschner, Netzwerk Thelema, S. 68) Auf diesem Hintergrund pflegt Eschner seinen „Thelema-Orden" auch als „spirituelle RAF" zu bezeichnen.

Aleister Crowley in der Pose des Magiers

Liebe ist das Gesetz, Liebe unter Willen: Hierzu sagt Eschner: „Wille ist sozusagen Richtung und Liebe die Kraft. Liebe unter Kontrolle des Willens bzw. bewußte Liebe. Liebe ist die älteste Urkraft der Welt, die Vereinigung der Gegensätze, das alchimistische Prinzip der Vereinigung der Gegensätze von Mann und Frau“ (Eschner, Netzwerk Thelema, S.55). Weniger prosaisch ausgedrückt geht es bei diesem Satz letztendlich um das Praktizieren „satanischer“ und sexualmagischer Rituale. Da der „Wahre Wille“ die Bewußtseinsstufe ist, auf der der Mensch ganz im Einklang mit seinem Selbst ist, muß er zuvor alle Gegensätze in sich aufheben. Solche Dualitäten sind zum Beispiel Mann und Frau, gut und böse, schön und häßlich, Körper und Geist, Kind und Erwachsener, Haß und Liebe, Mensch und Tier usw. „Liebe“ ist in Crowleys Vorstellung ein magischer Vorgang, der der Integration der genannten Dualitäten und der Selbstbefreiung dient. „Liebe“ meint hier nicht eigentlich „Liebe“, sondern ungezügelten Sex. Der Geschlechtsakt wird zu einer Art übersinnlichem Erlebnis stilisiert, die dabei fließenden „Ekstase-Energien“ seien „dazu fähig, den Menschen zu verändern“ (Eschner, S.30).Crowleys „Sexualmagie“ hat also weniger etwas mit Magie im Sinne von „Zauberei“ zu tun, sondern knüpft an den ostasiatischen Tantra-Kult an. „Liebe unter Willen“ ist mit anderen Worten „Sexualmagie“ in Richtung Aufhebung der Dualität des Menschen. Blickt man indes durchs Schlüsselloch dieses lustbetonten Ideengebäudes, präsentiert sich das neo-satanische Sex-Leben jenseits der hehren Theorie zumeist nur als angestrengtes durch-die Bettenspringen. Eine Aussteigerin: „Eben jeder mit jedem...“ Allerdings: Von dieser „Philosophie“ ausgehend, ist es nicht mehr weit, sich vorzustellen, warum in einigen Satanisten-Zirkeln auch abartige sexuelle Praktiken „geheiligt“ und rituell praktiziert werden. Crowleys unheiliges Patronat schließt auch Vergewaltigung, Inzest, Sodomie, Kindesmißbrauch, Fäkalfetischismus etc. mit ein.

„Es gibt keinen Gott außer dem Menschen“

Der Mensch, der das „Gesetz von Thelema“ für sich verwirklicht, ist nach Eschners Crowley-Interpretation „der enthüllte Gott“. Crowley selbst verwendete zur Bezeichnung des göttlich-absoluten Lebensprinzips, mit dem er sich identifizierte, den Namen des Widersacher Gottes: Satan. Der Begründer des Neo-Satanismus war mithin kein Teufelsanbeter im eigentlichen Sinne (wenn es auch in seinen Schriften von dämonischen Wesenheiten nur so wimmelt), sondern ein Gnostiker. Sein „Weg der Erkenntnis“ (so die Bedeutung des Begriffs „Gnosis“) war freilich eher körperlich denn geistig geprägt und sollte durch ein ungebremstes Sich-Ausleben zur Selbsterlösung führen. Weder Gott noch den Teufel anerkannte Crowley, sondern nur sein autonomes Selbst. Diese Absage an alle transzendenten Heils- beziehungsweise Unheilserwartungen formulierte er plastisch in der sogenannten „Crowley-Charta“:

„Das Gesetz der Starken:
das ist unser Gesetz und die Freude der Welt.
Tu was Du willst, sei das ganze Gesetz.
Du hast kein Recht, als Deinen Willen zu tun. –
Tu dies, und keiner soll nein sagen.
Jeder Mann und jede Frau ist ein Stern.
Es gibt keinen Gott außer dem Menschen.
Der Mensch hat das Recht, nach seinem eigenen Gesetz zu leben,
zu arbeiten, wie er will,
zu spielen, wie er will,
zu ruhen, wie er will,
zu sterben, wann und wie er will.

Der Mensch hat das Recht, zu essen, was er will,
zu sagen, was er will,
zu zeichnen, malen, schnitzen,
ätzen, gestalten und bauen, wie er will,
sich zu bekleiden, wie er will.

Der Mensch hat das Recht, zu lieben, wie er will:
„auch erfüllet euch nach Willen in Liebe,
wie ihr wollt, wann, wo und mit wem ihr wollt!".
Der Mensch hat das Recht, all diejenigen zu töten,
die ihm diese Rechte zu nehmen suchen.
„Die Sklaven sollen dienen.
Liebe ist das Gesetz, Liebe unter Willen."

(*Crowley*, in: LIBER LXXVII „OZ")

„Satan" als Kultfigur einer anderen Art von Lebensauffassung, gegen Gleichförmigkeit und Fremdbestimmung – diese Interpretation von Crowleys Lehre wird nicht nur durch die letzten Verse der „Crowley-Charta" unübersehbar in Frage gestellt. Wenn der geistige Vater des Neo-Satanismus im „Buch des Gesetzes" halluziniert „Nichts haben wir gemein mit den Untauglichen und Verworfenen. Lasset sie sterben in ihrem Elend. Denn sie fühlen nicht. Mitleid ist das Laster der Könige, tretet nieder die schwächlichen Lumpen...", dann nimmt Crowleys gnostischer Satanismus erkennbar eine scharfe Wende ins Faschistoide. In seiner Lehre von der Verabsolutierung des Lebens und der Lust hat weder so etwas wie „Demokratie" Platz, noch auch nur eine Spur von dem, was unter christlicher Nächstenliebe verstanden wird. Der Brachial-Satanist sagte allen traditionellen Religionen, besonders dem Christentum, den Kampf an: „Mit meinem Falkenkopf picke ich nach den Augen von Jesus, da er am Kreuze hängt.“ Mit „Augen“ ist dessen Standpunkt, Jesu „Sichtweise“, gemeint, die zerstört werden muß. Der von vielen Neo-Satanisten verfochtene Unterschied zwischen dem passiven Ignorieren aller Gebote, Institutionen und Autoritäten und dem aktiven Kampf dagegen ist eben nur relativ. Beides geht ineinander über.

3. Die Internationale des Grauens

3.1 Niederlande: „Schwarze Babys haben kein Herz.“

Oude Pekela ist eine malerische Kleinstadt im Nordosten Hollands. Dutzende von Kanälen durchziehen den Stadtkern. Auf dem Wasser dümpeln Enten, Möwen kreisen am Himmel. Doch die Idylle trügt. Unter den 8000 Einwohnern geht die Angst um. Vor allem die Kinder des Städtchens verkriechen sich in den Häusern. Die Spielplätze sind verwaist, vor den Schulen fahren jeden Morgen und jeden Mittag die Autos der Eltern vor, um ihre Söhne und Töchter sicher zum Unterricht zu bringen und wieder abzuholen.

Alles begann im Mai 1987. Eine Mutter bringt ihren vierjährigen Jungen zu dem Arztehepaar Fred und Jetje Jonker. Das Kind hat Blutungen im Bereich des Afters, für die sich keine krankhaften Ursachen finden lassen. Auch die Jonkers können zunächst keine Diagnose stellen. Aber sie nehmen sich Zeit für ihren kleinen Patienten, hören zusammen mit der Mutter dem vierjährigen geduldig zu. Nach und nach offenbart das Kind eine monströs anmutende Geschichte: Es erzählt von spitzen Gegenständen wie Stöcken, die in seinen After getrieben worden seien... und von toten Babys. Beiläufig erwähnt der Junge dabei auch den Namen eines Freundes, der Ähnliches habe erdulden müssen.

Geschockt informiert die Mutter die Polizei. Diese nimmt ihre Ermittlungen auf, die sich über fast eineinhalb Jahre hinziehen sollen. Am Anfang besteht die eigens eingesetzte Sonderkommission aus 17 Beamten, am Ende sind nur noch eine Handvoll mit dem rätselhaften Fall beschäftigt. Insgesamt 64 Kinder werden befragt, die sich untereinander nicht kennen, die in verschiedene Schulen gehen und unterschiedliche Ärzte aufgesucht hatten. Und die doch ein schreckliches Geheimnis miteinander teilen: Sie alle sind offenbar bei satanistischen Ritualen sexuell mißbraucht worden.

Unabhängig von der Polizei beginnen auch die Ärzte Fred und Jetje Jonker, eigene Untersuchungen anzustellen. Auch sie befragen alle betroffenen Kinder und deren Eltern. Sie finden heraus, daß nicht 64, sondern mindestens 87 Jungen und Mädchen im Alter zwischen zwei und acht Jahren rituell mißbraucht worden sind. Sie wurden anal und oral vergewaltigt, sie wurden gezwungen, Tiere und sogar Säuglinge zu töten. Man zwang vor sie vor laufender Kamera zum Geschlechtsverkehr mit Erwachsenen. Tatorte waren eine Kirche und ein altes Haus in der Umgebung der Stadt.

Wir nehmen Kontakt mit den Jonkers auf. Wir werden das Ehepaar während unserer Recherchen immer wieder aufsuchen und es im Laufe der Zeit als gute Freunde gewinnen. Unsere Absicht, verschiedene Fernsehreportagen und ein Buch zum Thema „Ritueller Mißbrauch“ zu erarbeiten, stößt bei ihnen auf offene Ohren. Sie sind bereit, uns zu helfen und Kontakte zu den betroffenen Eltern und Kindern herzustellen.

3.1.1 Protokoll der Ärzte Fred und Jetje Jonker

„Die Kinder wurden entweder gezwungen oder überredet, mitzugehen, zumeist sahen sie andere bereits im Auto sitzen, und so war es nicht allzuschwer, sie zu bewegen, einzusteigen. Man hat sie auch mit Süßigkeiten und Spielzeug gelockt. Oder sie bedroht, wenn sie nicht mitgingen oder irgend etwas erzählen, man würde ihre Eltern umbringen. Sie sprechen davon, einen Videofilm gesehen zu haben, in dem auch ihre Freunde mitspielen. Vermutlich war der Film dafür gedacht, die Kinder auf das Kommende vorzubereiten, ihre Angst zu nehmen, ihren Widerstand zu brechen.

Dann wurden Parties gefeiert, Parties, bei denen die Erwachsenen oftmals als Tiere verkleidet waren. Die Kinder mußten sich ausziehen und wurden gezwungen, Brüste und Genitalien der Erwachsenen zu lecken. Die Jungen sprechen davon, daß sie mit einem Ledergürtel um

Hier in Oude Pekela begann der Alptraum für viele Kinder.

Das Arztehepaar Fred und Jetje Jonker stieß bei Nachforschungen auf 87 Fälle von sexuellem und rituellem Kindesmißbrauch.

den Penis im Kreis herum gehen mußten, daß sie in Pools schwimmen mußten und daß ihre Köpfe längere Zeit unter Wasser gedrückt wurden. Einige erzählten von einem Seil, das um ihren Hals geknotet und so fest zugezogen wurde, bis ihre Augen im Kopf herumrollten.

Sie wurden mit Kot beschmiert, es wurde über sie uriniert, sie mußten Kot aus dem After eines Erwachsenen entfernen und essen sowie Urin und Samen trinken. Zweige und kleine Plastikspielzeuge wurden in ihren Penis oder die Vagina gesteckt. Sie mußten genitalen und oralen Geschlechtsverkehr mit den Erwachsenen ausführen, aber auch untereinander.

Kleine Kinder wurden in Gruppen mißbraucht, ältere allein, Geschwister getrennt voneinander. Sie wurden getreten und mit Gürteln geschlagen, die Haken am Ende hatten. Einige sprechen davon, daß man sie gefesselt und mit Messern beworfen hat, erzählen von Steinigungen und daß man sie in Käfige und Schränke gesperrt habe. Einige der mißbrauchten Kinder erzählen von einer Kirche, in der sie nackt auf einem Tisch – gemeint ist wohl der Altar – liegen mußten, von schwarzen Babys, in deren Rücken sie mit Messern Kreuze schneiden mußten. Ein totes Baby sei in einer Plastiktüte weggebracht worden. Ein anderes schwarzes Baby mußten sie mit Stöcken schlagen.

Aber das war nicht böse, meinten die Kinder, denn schwarze Babys haben kein Herz und kein Blut. So wurde ihnen gesagt.

Die Frage der Ärzte, ob das Baby denn keine Puppe gewesen sei, verneinten sie heftig: Hast Du schon eine Puppe gesehen, die krabbeln oder weinen kann?

Um sie gefügig zu machen, wurden die Kinder bedroht und eingeschüchtert. So wurden ihnen Zigaretten auf der Haut ausgedrückt oder leichte Messerschnitte beigebracht. Falls sie zu Hause darüber sprechen würden, würden ihre Eltern umgebracht oder ihr Haus angezündet werden. Oder die Eltern würden getötet und mit derselben Kreissäge zerstückelt werden, wie eben vor ihren Augen das Kätzchen.

Ende.“

3.1.2 Den Kindern wird nicht geglaubt I: Reaktionen in Oude Pekela

In Oude Pekela will kaum jemand diese Geschichten glauben, am wenigsten die Polizei. Auch manche Eltern nicht, doch viele von ihnen schreiben die Berichte ihrer Kindern wenigstens genau auf. Dies sind die ersten schriftlichen Dokumente zu dem Fall, weitere Einzelheiten werden später von älteren Kindern erzählt.

Manche Eltern versuchen, eine plausible Erklärung für das plötzliche merkwürdige Verhalten ihrer Kinder zu finden. Dreijährige versuchen zu masturbieren, geben den Eltern Zungenküsse, kommen mit blutiger Unterwäsche vom Spielen zurück, schämen sich offenbar ihrer Geschlechtsteile – all dies wird falsch gedeutet oder bewußt tabuisiert.

In akribischer Kleinarbeit machen die Jonkers weiter. Sie erstellen eine Statistik der Berichte der Kinder und erkennen auffällige Übereinstimmungen, obwohl sie die Jungen und Mädchen getrennt voneinander befragt haben. Von 90 Befragten sind 87 Kinder aus 61 Familien betroffen. Sie erzählen von aggressiven, sadistischen und destruktiven „Spielen" mit Menschen und Tieren. Dabei ging es offenbar vor allem um Sterben und Tod. Einige der Kinder fragen die Jonkers immer wieder ängstlich, ob sie bald sterben müßten. Sie singen ihnen fremdartige Lieder vor, äußeren massive Ängste. Angst vor Spinnen, Ameisen, Schlangen, Angst vor dem anderen Geschlecht, Angst davor, sich auszuziehen, Angst vor Fesselungen jeder Art, Angst, daß das Essen vergiftet sein könnte, Angst vor dem Fotografiert-Werden. Wiederholt erwähnen die Jungen und Mädchen, daß sie Tabletten einnehmen mußten, die ihnen von Menschen mit furchterregenden Masken und schwarzen Roben gereicht worden seien. Sie berichten übereinstimmend von Friedhöfen, Leichenhallen, Kellern und Kirchen.

Für die Jonkers wird klar, daß sie es nicht mit „normalem" Mißbrauch, sondern mit einer völlig neuen Dimension des sexuellen Vergehens an Kindern zu tun haben. Aber der Verdacht „ritueller Mißbrauch bei Satansmessen" ist zu bizarr für die Eltern wie für die Justiz. Das holländische Justizdepartment setzt schließlich den Kinderpsychiater Professor Mik ein, der einige der Kinder befragt und ihre Aussagen für authentisch befindet. Dennoch geschieht weiter nichts. Offenbar kann nicht sein, was nicht sein darf. Mik wird von verschiedenen Kollegen und einigen Medien diskreditiert. „Die Mütter, die von den Enthüllungen ihrer Kinder zum Beispiel über die Ermordung von Babys berichtet haben, wurden quasi für verrückt erklärt", resümiert Jetje Jonker. „Ebenso die Ärzte, die die Geschichten ernst genommen haben."

Als die Kinder einen alten Krankenwagen beschreiben, mit dem sie in ein hohes Haus gebracht worden seien und auch mehrere Gegenstände, mit denen sie mißhandelt wurden, wird die Polizei doch noch aktiv. Sie findet das besagte Haus und die Gegenstände und verhaftet zwei Verdächtige. Nach zwei Tagen werden sie mangels Beweisen wieder auf freien Fuß gesetzt.

STATISTIK I

1987 führte die Organisation *Believe the Children* eine Studie über Mehrfachopfer und Mehrfachtäter bei Kindesmißbrauch in Tagesstätten durch. Eltern von Opfern und Experten, die mit Mißbrauchsopfern arbeiten, wurden gebeten, einen Fragebogen auszufüllen, in dem es um die Einzelheiten dieser Fälle ging. 94% der Antwortenden verzeichneten, daß das Kind angab, von einer Gruppe Erwachsener mißbraucht worden zu sein. 78% sagten, das Kind habe angegeben, bei dem Mißbrauch habe man ihm Drogen verabreicht, und 58% berichteten, man habe das Kind gezwungen, bei Verstümmelung oder Tötung eines Tieres anwesend zu sein. In 64% der Fälle sei das Kind mit der Drohung zum Schweigen gebracht worden, man würde seine Eltern umbringen. Einigen Angaben zufolge hatten die Kinder Roben beschrieben (48%), Kerzen (36%) und Messer (36%).

Aus: M. Smith, Gewalt und sexueller Mißbrauch in Sekten, Kreuz Verlag, Zürich 1994, S. 37f. Die genannte Untersuchung heißt: Multi-victim, Multi-perpetrator. Ritalized Abuse Survey, Vorabdruck Juni 1987, Unveröffentl. Ms.

Nach eineinhalb Jahren stellt die Poizei die Ermittlungen endgültig ein. Und das, obwohl die Beamten der Sonderkommission gegenüber den Jonkers einräumen, daß mindestens die Hälfte der Kinder sicher einem sexuellen Mißbrauch zum Opfer gefallen ist.

„Die Gründe für das negative Untersuchungsergebnis", meinen die Jonkers, „liegen im anfänglichen Unglauben der Justiz". Die Befragung der Kinder erfolgte ihrer Meinung nach nicht systematisch, sondern immer wieder durch andere Beamte. Dabei seien die Widersprüche der Kinder von den mutmaßlichen Tätern ganz gezielt herbeigeführt worden: Sie holten ihre Opfer immer wieder an verschiedenen Orten und mit verschiedenen Autos ab und fuhren sie zu wechselnden Treffpunkten.

Das Arzt-Ehepaar wird seitdem ständig anonym telefonisch bedroht. Aber auch bei den Eltern von Oude Pekela ist die Angst wieder eingekehrt, nachdem eines der Kinder den Wagen, mit dem es zu den Schwarzen Messen gebracht worden war, wieder durch den Ort hat fahren sehen. Als wir die Häuser der beiden mutmaßlichen Täter mit einem Kamerateam filmen wollen, ziehen unsere Informanten aus Angst ihre Aussagen zurück.

Die Jonkers wollen sich für die Ausbildung von Fachleuten und Spezialisten-Teams einsetzen, die in Fällen von rituellem Kindesmißbrauch die Ermittlungen übernehmen sollen. Experten, die auch grenzüberschreitend arbeiten. Fred Jonker: „Weiterbildung und der Austausch von Informationen in internationalem Rahmen sind notwendig, um diese Gruppen zu bekämpfen."

Wie recht der Arzt hat, zeigt uns ein ähnliches Geschehen in Deutschland, wenige Kilometer von Oude Pekela entfernt. Ein Fall, der ebenfalls den Ermittlern mehr oder weniger durch die Finger rann, der nicht „justitiabel" ist und aus diesem Grund von uns nur angedeutet werden kann. Die faktischen Aussagen der Kinder indes sind mit dem Fall Oude Pekela so erschreckend verwandt, daß man sich fragen muß: ist hier am Ende von denselben Tätern auszugehen?

3.1.3 Den Kindern wird nicht geglaubt II: Der Bock zum Gärtner gemacht – eine SPIEGEL-Reportage

Warum ist letztendlich keiner der Täter von Oude Pekela vor Gericht gestellt worden? Warum können sich die Zweifler an dem Phänomen „ritueller Mißbrauch" auch nach den Geschehnissen in der holländischen Kleinstadt in ihren Vorbehalten eher noch bestärkt als erschüttert sehen? Hierzu fünf Überlegungen:

1. Die Unterscheidung zwischen einer Schwarzen Messe, während der Kinder sexuell mißbraucht werden, und Kinderpornos, in denen Satanismus nur als sexuell-stimulierendes Beiwerk benutzt wird, ist schwierig.

2. Dennoch scheint es eine Verbindung zwischen Satanisten und Kinderporno-Produzenten zu geben, wovon noch die Rede sein wird.

3. Um die mißbrauchten Kinder zum Schweigen zu bringen, werden diese zugleich auch zu Tätern gemacht, indem sie zum Beispiel gezwungen werden, selbst andere Kinder zu quälen.

4. Weil die Polizei spezielle Hintergründe von rituellem Mißbrauch nicht kennt, verlaufen die Ermittlungen fast immer im Sand.

5. Kinderaussagen wird fast nie gelaubt, das schützt die Täter.

Geradezu exemplarisch für die Ignoranz auch vieler Experten und vor allem der Medien ist die Titelgeschichte „Jeder Mann ein Kinderschänder?“, mit der DER SPIEGEL im Sommer 1994 herauskam. Ein skeptischer Tenor zieht sich wie ein roter Faden durch die Story der SPIEGEL-Gerichtsreporter Gisela Friedrichsen und Gerhard Mauz. Die beiden Journalisten streifen auch den Fall Oude Pekela, allerdings mit eher ironischem Unterton. Mauz und Friedrichsen glauben nicht an rituellen Kindesmißbrauch, weil es ihrer Meinung nach keine Beweise dafür gebe. Statt dessen entwerfen sie ein Szenario, das von suggestiven Einflüssen der Befrager auf die Kinder und Erwachsenen bis hin zu einer quasi-hysterischen „Gruppeninfektion“ mit kindlichen Ängsten reicht. Kinder würden durch suggestive Fragen Unschuldige belasten und so eine „Hexenjagd“ eröffnen.

Zweifellos ist die Problematik „sexueller Mißbrauch von Kindern“ ein hochsensibler Bereich. Und immer wieder gehen Fälle durch die Presse, in denen Familien durch falsche Anschuldigungen übereifriger Sozialarbeiter und Pädagogen auseinandergerissen wurden, die hinter unscheinbaren „Wehwehchen“ der Kinder eine sexuelle Erfahrung vermutet hatten. Kinder sind in der Regel leicht zu manipulieren. Und sie erzählen ihre Geschichten oft so überzeugend, daß auch erfahrene Psychologen manchmal kaum in der Lage sind, wahre und unwahre Erzählungen auseinanderzuhalten. Der amerikanische Psychologe Dr. Steven Ceci spielte in einem Experiment einer Reihe von Psychotherapeuten Videos von drei Kindern vor, von denen nur eines die Wahrheit sagte. Mehr als 60 Prozent der Versuchspersonen machten ein falsches Kind als glaubwürdig aus.

Doch anstatt sachlich den Fall Oude Pekela darzustellen und das Für und Wider abzuwägen, bedient DER SPIEGEL in bekannt hämischer Manier lediglich die Vorurteile der Zweifler. Die Ärzte Fred und Jetje Jonker, die sich seit Jahren mit rituellem Mißbrauch auseinandersetzen und internationale Kontakte unterhalten, werden mit dem Etikett „begehrte Redner“ unterschwellig als populistische Profilneurotiker gebrandmarkt. Ihre Beurteilung der Vorgänge in der holländischen Kleinstadt tut das Blatt lässig als „Verschwörungstheorie“ ab.

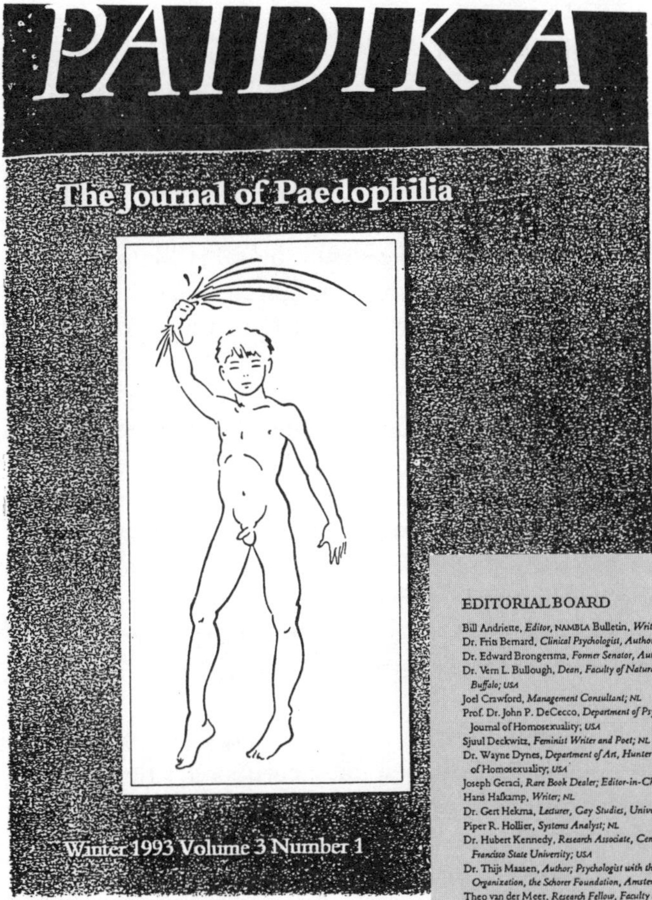

EDITORIAL BOARD

Bill Andriette, *Editor,* NAMBLA Bulletin, *Writer;* USA
Dr. Frits Bernard, *Clinical Psychologist, Author;* NL
Dr. Edward Brongersma, *Former Senator, Author;* NL
Dr. Vern L. Bullough, *Dean, Faculty of Natural and Social Science, State University College at Buffalo;* USA
Joel Crawford, *Management Consultant;* NL
Prof. Dr. John P. DeCecco, *Department of Psychology, San Francisco State University; Editor,* Journal of Homosexuality; USA
Sjuul Deckwitz, *Feminist Writer and Poet;* NL
Dr. Wayne Dynes, *Department of Art, Hunter College (CCNY); Editor-in-Chief,* Encyclopedia of Homosexuality; USA
Joseph Geraci, *Rare Book Dealer; Editor-in-Chief,* Paidika; NL
Hans Hafkamp, *Writer;* NL
Dr. Gert Hekma, *Lecturer, Gay Studies, University of Amsterdam;* NL
Piper R. Hollier, *Systems Analyst;* NL
Dr. Hubert Kennedy, *Research Associate, Center for Research and Education in Sexuality, San Francisco State University;* USA
Dr. Thijs Maasen, *Author; Psychologist with the AIDS Team, Gay and Lesbian Health Organization, the Schorer Foundation, Amsterdam;* NL
Theo van der Meer, *Research Fellow, Faculty of Law, Vrije Universiteit; Associate Editor,* Journal of Homosexuality; NL
Dr. A.L. van Naerssen, *Department of Clinical Psychology, Rijksuniversiteit te Utrecht;* NL
Will H.L. Ogrinc, *Mediaevalist, Author; History Department, Hogeschool Rotterdam & Omstreken (F.E.O.) in Rotterdam;* NL
Benjamin F. Rossen, *Psychologist, Writer;* NL
Dr. Theo Sandfort, *Gay and Lesbian Studies Department, Rijksuniversiteit te Utrecht;* NL
Marjan Sax, *Feminist Sex Activist, Political Scientist, Writer;* NL
Jan Schuijer, *Economist;* NL
Lawrence A. Stanley, Esq., *Attorney at Law; Manuscript Editor,* Paidika; USA
Frank Torey, *Writer, Editor;* NL
Daniel Tsang, *Social Sciences Bibliographer; Writer;* USA

Der SPIEGEL machte den Bock zum Gärtner: ein Propagator der Pädophilen-Szene wird gegen die Glaubenswürdigkeit der Kinderzeugnisse ins Feld geführt.

Und das, obwohl DER SPIEGEL über das tatsächliche Geschehen in Oude Pekela nicht allzugut informiert ist. Friedrichsen und Mauz haben weder vor Ort recherchiert, noch jemals mit den Jonkers persönlich gesprochen, wie Mauz uns gegenüber selbst eingesteht. Der Gerichts-Reporter des Hamburger Nachrichtenmagazins kennt nur ihre Vorträge und Fernsehauftritte. Er glaubt ihnen nicht, weil sie „im Fernsehen dasitzen und vor der Kamera ihre Tabellen addieren".

Zur Untermauerung seiner skeptischen Haltung führt Mauz einen vierjährigen Jungen an, der im Laufe von drei Jahren seine Aussagen „entscheidend geändert" habe. Hat der Journalist noch nie etwas von Drohungen und Einschüchterungen gegenüber den Opfern gehört? Von unsachgemäßen Verhörpraktiken? Von perfekt organisiertem Mißbrauch, der die Kombinationsfähigkeit eines Kleinkindes weit überfordert?

In einem Leserbrief an den SPIEGEL wiesen die Jonkers unter anderem auf die offizielle Presseerklärung der niederländischen Justiz hin, die in dem Artikel ebenfalls keinerlei Würdigung erfuhr. Darin heißt es: „Nach der polizeilichen Untersuchung wurden 98 Kinder befragt, im Alter von 3 bis 11 Jahren. Verwertbare Informationen wurden geliefert von 62 Kindern, hiervon erklärten 48 Kinder, daß sie sexuell mißhandelt worden sind."

Mehr Glauben und Aufmerksamkeit als den Jonkers schenken die SPIEGEL-Redakteure dem Psychologen und Schriftsteller Benjamin Rossen, der sich in seinem Buch „Sittenangst" auch zu Oude Pekela geäußert hat und den Fall als „Massenhysterie" ins Reich der Fabeln verweist. Spätestens an dieser Stelle gerät die SPIEGEL-Story in den Ruch des Skandalösen. Denn der „Kronzeuge" der Mißbrauchsleugner Friedrichsen und Mauz gehört eigentlich selbst auf die Anklagebank. Von ihrem „Spezialisten" Rossen verschweigen die Journalisten, daß dieser ein Pädophiler, sein Sexualtrieb also auf Kinder gerichtet ist.

Unglaublich, aber wahr: Rossen verließ 1987 Australien aufgrund einer Anklage wegen Unzucht mit einem zwölfjährigen Jungen und lebt seitdem in Holland. Noch heute wirkt er aktiv an dem internationalen Pädophilen-Magazin „Paidika" („The Journal of Paedophilia") mit, das in Amsterdam hergestellt und auch in den USA vertrieben wird. In einer der letzten Ausgaben ist Rossen noch im Editorial Board als Mitarbeiter namentlich aufgeführt.

Verbürgt ist von ihm unter anderem die Aussage, Kinderpornographie sei doch nicht so schlimm, denn sie könne „frustrierte Männer abhalten, Kinder zu nutzen..."

Einen ausgewiesenen „Kinderfreund“ adelt DER SPIEGEL zum kompetenten Experten für sexuellen und rituellen Mißbrauch. „Es ist bitter nötig“, schreibt das Reporter-Team zu Beginn seines Artikels, „sexuellen Mißbrauch zu verhindern, ihm vorzubeugen, ihn aufzudecken und zu verfolgen, wenn es zu ihm gekommen ist.“ Wohl wahr. Vielleicht aber sollte das Enthüllungsblatt damit zuerst einmal bei seinen eigenen Informanten anfangen.

3.2 Niederlande: „…Dann mußte ich mein eigenes Baby opfern!“

Irene hat 21 Jahre lang einer niederländischen Satanssekte angehört. Dieser Teufelskult war eine Familiengemeinschaft. Wie viele Generationen vor ihr schon den Teufel anbeteten, weiß Irene nicht. Der Fall „Irene“ ist in gewisser Weise typisch für eine Fülle ähnlich gelagerter: Die Dinge, die sie zu Protokoll gibt, klingen wie alptraumhafte Monstrositäten einer Irren, Phantasmen innerseelischer Zerstörung. Denn wo sind die gerichtsverwertbaren Beweise? Wieder ein Mensch, der „nur“ redet, in Übereinstimmung zwar mit vielen anderen, die aus den inneren Zirkeln des Satanismus auszubrechen wagten. Aber was zählt das schon? Um es vorweg zu sagen: Wir glauben „Irene“ jedes Wort; nicht nur, weil wir mittlerweile authentische Zeugen von Aufschneidern ganz gut zu unterscheiden wissen. Wir wissen auch, daß das Hermetische, die Inexistenz von Zeugen und Beweismitteln, Teil des Systems „Satanismus“ ist.

Bereits als Kleinkind wurde Irene auf ihre Rolle in dem Kult vorbereitet: Sie mußte an Sexualriten teilnehmen und bei Tier- und Kindertötungen zusehen. An ihrem sechsten Geburtstag wurde sie dann vollwertiges Mitglied der Satanssekte.

Die Schwarzen Messen, an die Irene sich erinnern kann, wurden in den Privathäusern der Sektenmitglieder oder im Freien auf Wiesen und Waldlichtungen gefeiert. Irene sagt, daß ihre Familie auch heute noch zum Teufel betet. Beklommen schildert sie den Ablauf einer Schwarzen Messe:

„Als erstes wurden Tiere geschlachtet. Mit dem Tod der Tiere wurde dann das eigentliche Ritual eröffnet: Kinder wurden vergewaltigt, aber

> Du hast Liebe; reiße deine Mutter von deinem Herzen und speie in das Gesicht deines Vaters. Laß deinen Fuß auf den Bauch deiner Frau treten und laß das Baby an ihrer Brust die Beute von Hunden und Geiern werden... Denn wenn du dies nicht mit deinem Willen tust, so werden wir es wider deinen Willen tun. So daß du das Sakrament des Grals erlangst in der Kapelle der Abscheulichkeiten.
>
> *Aleister Crowley*

auch Jugendliche bis zum einundzwanzigsten Lebensjahr. Als ich auf meine erste Schwarze Messe vorbereitet wurde, war ich etwa fünf, denn es war eine Übung zu meinem sechsten Geburtstag. Danach sollte ich ein Teufelskind werden. Dabei sollte etwas mit Babys passieren, doch was genau, wußte ich nicht. Auf dem Altar lagen sechs Katzen, auch meine eigene war darunter. Sie lagen in einem Kreis, und jeweils eine wurde von zwei Menschen nach vorne gebracht. Mein Großvater nahm ein Messer, schnitt den Bauch der Katze auf und nahm das Herz heraus. Ich mußte dann lernen, das Herz der Katze zu essen, weil das gut sei für den Teufel, sagten sie mir. Und damit ich ein gutes Teufelskind würde. Bei der letzten Katze angekommen, meiner eigenen, sagte mein Großvater: ‚Nun hast du es gesehen und mußt es selber machen.' Ich wurde ohnmächtig. Doch die anderen, die zusahen, rüttelten mich und schlugen mich und holten mich auf diese Weise ins Bewußtsein zurück. Alle warteten, was ich tun würde. Da packte mein Großvater meine Hände, legte das Messer hinein und befahl: ‚Schneide die Katze auf!' Und ich tat es und aß das Herz meiner eigenen Katze auf..."

An meinem sechsten Geburtstag bereiteten die Satanisten den Höhepunkt meiner Zugehörigkeit zu dem Kult vor. Alle Familienmitglieder waren zusammengekommen. Und sie hatten drei Babys mitgebracht. Ein Baby mit schwarzer Hautfarbe wurde mit weißer Farbe bemalt, richtig zugespritzt. Das ganze Gesicht mit weißer Farbe zugemalt! Daran erstickte das Baby schließlich, es war vorher nicht tot, es lebte noch.

Das hatte damit zu tun, weil Teufelsanbeter glauben, daß ein schwarzes Baby nicht wert sei zu leben. Unrein, also nicht gut genug, um es für den Teufel zu essen. Nur das weiße Baby wurde auf den Altar gelegt. Mein Großvater sagte, ich solle nun das gleiche wie bei den

Katzen tun. Wieder wurde ich ohnmächtig, wieder wurde ich fürchterlich getreten und geschlagen, damit ich wieder zu mir kommen sollte. Denn es war wichtig, daß ich dieses Ritual bestand! Mein Opa packte also wieder meine Hände, drückte mir wieder das Messer hinein – und ich schnitt den Bauch des Babys auf. Dann wurde das Herz herausgeholt. Eine Hälfte aß mein Opa, die andere Hälfte mußte ich essen. Dabei sangen die anderen Teufelsjünger Lieder, in denen es hieß: ‚Wir wollen unsere Seelen dem Teufel geben, wir wollen zu ihm kommen, wir wollen unseren Meister sehen'. Auf diese Weise war ich zum Teufelskind geworden.

Auf den Schwarzen Messen wurden Babys geopfert, die ich zuvor noch nie gesehen hatte. Aber es kommt noch schlimmer. Zweimal war ich schwanger, das erste Mal, als ich vierzehn Jahre alt war. Kurz vor der Geburt wurde ich in einen Raum gebracht, in dem merkwürdige Geräte herumstanden. Und ein Stuhl wie beim Frauenarzt. Auf den mußte ich mich legen. Sie sagten, daß der Arzt gleich komme. Der Arzt kam auch gleich. Mit einer Tablette wurde die Geburt eingeleitet. Mein Baby kam viel zu früh zur Welt. Danach sind wir einfach nach Hause gefahren, ich erinnere mich noch genau daran. Ja, und dann... dann mußte ich mein eigenes Baby opfern..."

Nach außen hin führt Irene heute ein ganz normales Leben, sie studiert in einer holländischen Großstadt Soziologie. Aber sie wird nie vergessen, was sie einundzwanzig Jahre lang durchmachen mußte. Zweimal hat sie bereits Anzeige wegen Kindestötung erstattet.

Doch jedesmal wurden die Ermittlungen aus Mangel an Beweisen eingestellt. „Es gibt diese Beweise", murmelt Irene leise, fast resigniert. „Die Babys, die während der Schwarzen Messen getötet wurden, haben meine Verwandten im Morast ganz in der Nähe unseres Hauses vergraben. Mein Opa sagte immer: ‚Glaub mir, der Teufel lebt unten im Morast und holt sich all die Babys, die wir ihm opfern'." Und Irene glaubte ihm das alles.

Noch heute sucht sie nach Spuren im Morast. Und sie wird nie aufhören, Beweise für ihre Behauptungen zusammenzutragen.

3.2.1 Hirngespinste?

Irenes Kindheitserlebnisse stehen, wie gesagt, stellvertretend für viele Aussagen von Opfern satanischer Kulte. Ihre Geschichten klingen meist dermaßen unglaubwürdig, daß viele Psychologen und Behördenvertreter sie als Hirngespinste abtun. Auch Diane Core vom englischen Kinderschutzbund „Childwatch" steht immer wieder vor dieser Problematik. Auf Fragen gibt sie bereitwillig Auskunft.

Diane Core: „In der Tat sind satanische und rituelle Kinderschändungen am schwersten aufzuklären. Sie sind die schrecklichste Art von sexuellem Mißbrauch. Die Kinder brauchen lange Zeit, um darüber zu sprechen. Sehr viele werden mit dem Tode bedroht, wenn sie etwas erzählen. Oder man behauptet, daß die Menschen, denen sie es erzählen, sterben werden."

Gibt es denn wirklich keine Beweise?

Diane Core: „Das Problem ist, daß auch bei den Sozialdiensten, bei der Polizei und anderen Behörden große Ängste erzeugt werden. Denn die Taten sind so entsetzlich, so phantastisch, daß alle, die damit konfrontiert werden, Angst bekommen. Das ist das größte Problem: Alles wird offiziell geleugnet, und dennoch werden Kinder und Erwachsene weiterhin mißbraucht."

Wurden denn bisher keine Leichen gefunden, die darauf schließen lassen, daß Kinder auf Schwarzen Messen mißbraucht, gefoltert, getötet wurden?

Diane Core: „Viele dieser Kulte gehen sehr geheim vor. Häufig werden Kinder in diese Geheimkulte hineingeboren und nie amtlich gemeldet, also existieren sie auch offiziell nicht. Was die Leichen angeht, die nie gefunden wurden, so berichten uns beteiligte Kinder und Heranwachsende, daß Säure eingesetzt oder die Leichen einfach verbrannt wurden. In England hatten wir kürzlich erst den Fall eines Mannes und seiner Frau, die über viele Jahre hinweg fast ein Dutzend Leichen versteckt hatten. Es ist also durchaus möglich, daß es irgendwo Babyleichen gibt..."

Also sind es nicht nur Hirngespinste von Leuten, die zu viele Horrorvideos sehen?

Diane Core: „In den meisten Fällen wird die Wahrheit gesagt. Ich selbst habe mit sehr vielen Betroffenen gesprochen, darunter auch Kindern und kleinen Kindern, die keine Videos gesehen haben. Die haben wirklich die Wahrheit gesagt, als sie mit mir sprachen. Und ich denke, daß viele alleingelassene Opfer darauf warten, von uns Hilfe zu bekommen. Darauf warten, daß man ihre Erlebnisse als wahr akzeptiert!"

3.3 Hamburg, Sydney: „Ich habe mich so geekelt."

Endlich haben wir den „Flandrischen Hof" im Labyrinth der Kölner Einbahnstraßen gefunden. An diesem milden, sonnigen Januartag macht das Hotel in der Innenstadt einen noblen Eindruck. Wir sind hier mit Heike verabredet, mit der wir über Tausende von Kilometern seit eineinhalb Jahren korrespondieren. Heike ist in ihrer Kindheit rituell mißbraucht worden. Den Kontakt zu ihr bekamen wir durch eine Therapeutin vermittelt.

Heike ist in Deutschland aufgewachsen, lebt allerdings seit einiger Zeit in Australien.

Wir treffen sie in Köln. Auf den ersten Blick täuscht ihr robuster Körperbau und das äußerlich zur Schau getragene Selbstbewußtsein über ihre Verletzlichkeit hinweg. Diese zeigt sich erst nach längerem Gespräch. Hinter den Brillengläsern der heute Neununddreißigjährigen liegen Augen, die das Grauen gesehen haben.

Wir ziehen uns in eine Ecke der Hotel-Lounge zurück, weit ab von jeder Betriebsamkeit. Stockend kommt Heike auf ihre Vergangenheit zu sprechen.

Bereits im Alter von zweieinhalb Jahre hat sie ihr Vater zu diversen Kinderpornogruppen in und um Hamburg mitgenommen. Manchmal war auch ihr fünfjähriger Bruder dabei. Heike erinnert sich noch ganz genau an eine Lagerhalle in der Nähe des Hafens, in der sadomasochistische Filme mit Kindern gedreht wurden, an die Fotografen, die Bilder machten, während sie sexuelle Handlungen mit ihrem Bruder ausüben mußte. Auch andere Gebäude sind ihr in Erinnerung, in denen Männer unter Hakenkreuzfahnen und in gestellten Verhörräumen Kinder mißbrauchten. Zum Teil, erinnert sie sich, geschah das unter Hypnose.

Plötzlich erzählt sie von ihrem Großvater, einem eifernden Alt-Nazi, der Hitlers Propaganda mit einer Zeitschrift unterstützte und selbst Bücher über Geheimbünde schrieb. Der arisch-okkulte Thule-Orden ist Heike ein Begriff.

Von einer Verbindung zwischen Neo-Satanismus und faschistischen, rassistischen Ideologien haben wir bereits erfahren. Wir denken auch an die Aussage, wonach schwarze Kinder mit weißer Farbe beschmiert wurden, ehe man sie opferte. Auch eine ehemalige „Satanspriesterin" berichtete uns von Vorfällen in diesem nationalsozialistisch-okkulten Umfeld.

Heike hat sich eine Kleinigkeit zum Essen kommen lassen, doch bisher noch nichts davon angerührt. „Die Mutter meines Vaters muß schizophren gewesen sein", meint sie plötzlich unvermittelt, „persönlichkeitsgespalten, weil sie sich manchmal wie ein dreijähriges Mädchen verhalten hat."

Dann kommt Heike auf den „Magischen Zirkel" zu sprechen, dem ihr Vater als „Hobbyzauberer" angehörte. Sie vermutet, daß dies lediglich ein Vorwand für okkulte Betätigungen war. „Auch Anton La-Vey, der Begründer der ‚First Church of Satan', nannte sich in den sechziger Jahren so."

Sie erinnert sich an eine weißgestrichene Kirche, neben der ein kleiner Friedhof lag. Auf der Wiese zwischen Kirche und Friedhof waren Feuerstellen errichtet, die von brennenden Kerzen kreisförmig umstellt waren. „In jedem der Kreise wurden Kinder sexualmagisch mißbraucht", erzählt Heike. Und schaudert: „Die Handlungen liefen mechanisch ab, hatten nichts mit Lust zu tun." Die Kinder wurden mit schwarzen Eisenstäben anal gequält, mit einem Schnitt durch die Kehle wurde ein Pferd geopfert. „Ich wurde, im Blut des Pferdes liegend, mit Gegenständen sexuell mißbraucht und dann an Händen, Füßen und Brust an ein Kreuz gefesselt." Und auch am Kreuz wieder mißbraucht. „Das Kreuz, an dem ich hing, wurde verkehrt herum aufgestellt, am Rand eines Erdlochs, an einer Grube." Heike vermutet, daß es sich dabei um ein Grab handelte.

„Viele meiner Erinnerungen sind wie abgetrennt, als ob die Dinge jemand anderem passiert seien", erklärt sie. „Vieles liegt für mich noch im dunkeln." Erst langsam fange die Erinnerung an, sich zu lichten.

Wir erfahren von engen und kalten Kellerräumen mit Holzbänken und in die Wand eingelassenen Eisenringen, an denen die Kinder gefesselt wurden, um ein sogenanntes „Ekeltraining" mit Spinnen und anderen Kleintieren über sich ergehen zu lassen; von Bestrafungen, bei denen ihr Kopf in einen Eimer Kot gedrückt wurde; oder von Demütigungen derart, daß sie Fäkalien essen mußten; oder von Sex mit Tieren.

Heike erinnert sich an einen Bauernhof, der von Verwandten bewirtschaftet wurde. Über das Wochenende wurde sie mit anderen Kindern dahingebracht und mit den Füßen nach oben im Brunnen aufgehängt. Im Hühnerstall und in der Scheune wurde sie von Männern mit schwarzen Kapuzen vergewaltigt.

„Ich wurde auf eine Streckbank gebunden, festgezurrt. Jedesmal, wenn ich den Schmerz nicht mehr aushalten konnte und schrie, haben sie irgendwas mit meinen Ohren gemacht“, flüstert Heike. „Als ich sechs war, ist in dieser Hinsicht viel gelaufen. Leute in weißen Kitteln haben mir in einer Art Laboratorium Elektroschocks verpaßt, mich an Seilen aufgehängt, Doktorspiele gemacht. Und immer haben sie mir eingebleut, mit niemandem darüber zu sprechen. Niemandem zu vertrauen, weil ich zu schwierig sei und sich sowieso keiner meiner annehmen würde.“

Wir sind schockiert von den Erzählungen. Heike selbst kämpft mit der Fassung. Aber es sollte noch schlimmer kommen.

„Ich war bei der Verbrennung eines dreijährigen Mädchens dabei“, meint Heike mit einer Stimme ohne jeden Ausdruck. Ihre Pupillen sind leicht erweitert, sie hält einen Augenblick inne, bevor sie die ganze Geschichte erzählt. „Ich erinnere mich noch an eine abgelegene Baracke in einem Fichtenwald bei Hamburg. Ich bin ganz allein in einen Raum gesperrt worden. Durch die vergitterten Fenster sah ich auf das Grundstück, auf dem sich wohl zwischen vierzig und fünfzig Personen aufhielten. Die Erwachsenen waren mit Roben bekleidet, spitze, schwarze Kapuzen verdeckten die Gesichter.“

Assoziationen an den Ku-Klux-Klan gehen uns durch den Kopf.

„Aber auch braune Kapuzen waren zu sehen, tief in die Gesichter gezogen. Auf dem Gelände waren auch viele Kinder, ich war damals fünf Jahre alt.“ Heike meint, daß man das „Fest des Biestes“, Halloween gefeiert habe. „Auf dem Grundstück war eine Art Galgen aufgebaut, unter dem ein Feuer brannte. An diesem Holzgestell hing ein Kind mit dem Kopf nach unten in den Flammen. Ich habe es gekannt, denn ich mußte oft auf es aufpassen...“

Der Lärm in der Lobby und von der Staße verschluckt fast Heikes letzte, leise gesprochenen Worte. Noch einmal nimmt sie sich zusammen.

„Ich wurde dann in einen anderen Raum gebracht, der nur für Rituale genutzt wurde. Dort mußte ich mich auf den Altar legen, wurde mit Lederriemen über Stirn, Brust und an Händen und Füßen gefesselt.“ Mit einem Band um den Hals würgte man sie, wenn sie nicht tat, was man ihr sagte. Aus Angst vor dem Schmerz, vor dem Würgen, konnte man alles mit ihr machen, gesteht Heike heute. Auch sei sie gezwungen worden, flüstert sie jetzt nur noch hohl, „ein Stück verbrannten Fleisches von dem toten Mädchen zu essen. Ich habe mich so geekelt…" Ein Mann mit einer Teufelsmaske habe sie danach vergewaltigt. Dann artete alles in eine wüste Orgie aus.

Heike quält sich heute noch damit, eventuell an der Tötung eines Mädchens beteiligt gewesen zu sein. Natürlich hat sie psychische Probleme, über die sie offen und mit bemerkenswerter analytischer Klarheit spricht. Zum Beispiel darüber, daß sich aus einer Art psychischem Selbstschutz heraus, um nicht wahnsinnig zu werden, zeitweise Dutzende verschiedener Persönlichkeiten in ihr gebildet hatten. Sie sagt dies, obwohl sie sehr genau weiß, daß sie mit diesem Bekenntnis ihrer Umwelt schon wieder einen Grund liefert, sie in die Ecke der Psychopathologie zu verweisen und ihr nicht zu glauben. Seit mehr als zwanzig Jahren ist sie in therapeutischer Behandlung. Sie fährt fort:

„Es kam damals zu rituellen Morden an Babys, Kindern und Erwachsenen. Ihre Körper wurden zerstückelt. Organe und andere Körperteile sind verzehrt worden. Ich war vier Jahre alt, als ich an einer Leiche rumschneiden mußte. Hinter mir stand ein Mann in schwarzer Robe, der meine Hand mit dem Messer führte. Bei den Knochen hat er mir geholfen. Kopf, Hände und Füße des Leichnams wurden abgetrennt, um das Blut rauslaufen zu lassen." Das Blut sei aufgefangen und für Rituale benutzt worden.

Wir kommen auf Videofilme zu sprechen, die während kultischer Handlungen gedreht werden, wie uns aus mehreren Quellen bekannt ist. Der amerikanische Star-Journalist Ed Sanders bezeugte bereits Ende der Sechziger, Anfang der Siebziger Jahre in seinem Buch „The Family" (dt. Ausgabe:Reinbeck 1972), daß im Milieu kultische Dokumentarfilme gedreht werden, die aktenkundig sind und die unter anderem auch Menschenopferungen zeigten. Horst Knaut, der mit Sanders sprach: „Sanders hat Leute kennengelernt, die diese Filme produziert haben,Leute, die heute noch damit handeln, und Leute, die solche Filme für ihre Parties beschaffen…" (Knaut, S.104). Auch Heike kann das bestätigen. „Alle Rituale, auch rituelle Tötungen, werden gefilmt. Die Videos werden sogar in Japan gehandelt."

Bis zu ihrem dreizehnten Lebensjahr ist Heike rituell mißbraucht worden. Sie ist eines der wenigen Opfer, die den Schritt an die Öffentlichkeit wagen. Heute leitet sie zusammen mit einer Freundin in Australien die „Ritualistic Abuse Consultance", eine Beratungsstelle für Therapeuten sowie vor allem für die Opfer und Überlebenden von satanisch-rituellem Mißbrauch.

Heike erzählt von einer Satansloge in Sydney, die an die dreißig Grundstücke und Gebäude in der Stadt und auf dem Land besitzen soll. Sie erzählt von einer Frau, die sieben- oder achtmal schwanger ge-

STATISTIK II

Lynda Driscoll und Cheryl Wright führten 1991 eine Untersuchung an der Universität von Utah über die Erfahrungen von erwachsenen Mißbrauchsopfern durch. Die erwachsenen Überlebenden von rituellem Mißbrauch, die sich freiwillig zu dieser Untersuchung meldeten, waren wegen der erlittenen Kindheitstraumata zum Zeitpunkt der Untersuchung in Therapie. 37 Personen füllten den Fragebogen aus. 36 der überlebenden Opfer waren weiblich. Auch hier konnte man wieder viele Parallelen feststellen.
Wie die Kinder gaben 89% der erwachsenen Überlebenden an, sie seien von einer Gruppe Erwachsener belästigt worden, und 57%, sie seien während des Mißbrauchs fotografiert worden. 78% gaben an, unter Drogen gesetzt worden zu sein. 84% waren gezwungen worden, an Menschenopfern teilzunehmen. 57% habe man gedroht, man würde die Eltern oder Verwandte umbringen, wenn man jemandem von dem Geschehenen erzählte. Den Angaben von 95% bzw. 60% zufolge hatten die Täter Roben und Masken getragen. 64% waren im Haus von Gruppenmitgliedern mißbraucht worden, 64% in Wäldern, 47% auf Friedhöfen, 47% in Kirchen und 43% im eigenen Zuhause.

Aus: M. Smith, Gewalt und sexueller Mißbrauch in Sekten, Kreuz Verlag, Zürich 1994, S. 40f. Die genannte Untersuchung heißt: Lynda N. Driscoll/Cheryl Wright: „Survivors of Childhood Ritual Abuse: Multi-generational Satanic Cult Involvement". Treating Abuse Today (23.4. 1991, S. 5–13)

wesen ist, und jedesmal von Ärzten, die der Loge nahestanden, krankgeschrieben wurde, ehe man die Schwangerschaften bemerkte. Die Geburten wurden dann künstlich eingeleitet.

Heike spricht schließlich von nicht angemeldeten Geburten, also nicht registrierten Kindern, etwa von Obdachlosen, die dann bei Ritualen getötet werden. Von Informanten aus Norddeutschland und den Niederlanden wissen auch wir, daß nicht registrierte Babys von Asylbewerbern aus Rumänien oder dem ehemaligen Jugoslawien für Rituale benutzt werden.

„Viele Geburten werden nicht angemeldet", berichtet Heike. „Außerdem haben die Kulte sogenannte ‚breeding farms', Orte, Häuser, Baracken, wo Frauen heimlich gebären." Zumeist sind es abgelegene Plätze auf riesigen Grundstücken. Heike weiß zudem von Kindern australischer Satanisten, die unregistriert sind und die Nachfolge von Hohepriestern eines Teufelskults antreten: „Die kommen mit gefälschten Papieren nach Deutschland, um irgendwo irgendwelche Nachfolgen anzutreten."

Heike deutet Verbindungen zwischen deutschen, britischen und australischen Satanisten an, nennt Namen und Herkunftsorte (auch von deutschen) Teufelsanbetern, die an Halloween nach Australien geflogen sind, um satanische Feste zu feiern, darunter ein britischer Medienboß.

„Der Kreis der Satanisten ist sehr groß! Selbst Wirtschaft und Politik sind davon nicht ausgenommen. In Sydney sind mir drei Polizeibeamte, ein Landtagsabgeordneter und der Manager eines großen amerikanischen Automobilunternehmens bekannt." Ähnliche Fälle sind uns auch aus Holland geläufig.

„In Australien", führt Heike weiter aus, wobei wir nicht wissen, ob sie in ihrer Erbitterung hier nicht den Satanisten allzuviel logische Konsequenz zutraut, „in Australien werden Kinder von Satanologen daraufhin gedrillt, später einmal sozialtherapeutisch zu arbeiten. Solche Szene-Therapeuten werden dann im Fall von rituellem Mißbrauch die Faktizität leugnen und die Entscheidungen wichtiger Leute beeinflussen, damit keine Gelder für die Aufklärung dieser Mißstände freigegeben werden und gezielte Untersuchungen ausbleiben."

Uns fällt auf, wie nachdrücklich Heike auf die Verbindungen gewisser Freimaurergruppen mit dem Kindersatanismus hinweist. Auf unsere verwunderte Nachfrage, beharrt sie darauf: Etwa fünfzehn Prozent der Opfer, die sie in Sydney betreut, verweisen bei der Angabe des Tat-Umfeldes auf freimaurerische Bezüge. „Innerhalb der Freimaurer gibt es eine Gruppe, die sich ‚Magische Freimaurer' nennt. Und die arbeitet rituell mit Kindern. Eine 21jährige, die ich betreue, behauptet, daß ihr Vater sie in einem Freimaurertempel mißbrauchte."

Welches Verhältnis hat Heike heute zu ihrem Vater? Sie stockt einen Moment. Sie weiß, daß er in der Nähe von Stuttgart wohnt. Vor eineinhalb Jahren hat sie ihn mit der Vergangenheit konfrontiert. „Als ich plötzlich vor der Haustür stand, war er total perplex, hat mich dennoch reingelassen. Ich habe ihm alles entgegengeschleudert, was sich in den Jahren bei mir aufgestaut hatte. Er saß nur ruhig da, völlig beherrscht, doch seine Hände haben gezittert."

Heikes Bruder war Alkoholiker und Mitglied der Motorrad-Gang „Hell's Angels". Noch heute vermutet sie, daß auch er Verbindungen zu satanistischen Kreisen hatte. Auch er ist vom Vater mißbraucht worden. Mit neunzehn hat er sich das Leben genommen. Heike zuckt die

Schultern, ratlos: „Ich glaube, mein Bruder war weniger Opfer als Täter. Immer wieder wurde uns eingetrichtert, wenn du vom Opfer zum Täter wirst, dann wirkt Saturn durch dich. Und du hast Macht.“

Exkurs:

Das System des Bösen

In der geistigen Welt der Neo-Satanisten erlebt ein überwunden geglaubtes magisches Weltbild seine wenig fröhliche Auferstehung. Es geht um Macht, individuelle Power, und um die Frage, wie man sie erlangt.

A. Magie

Die Antwort lautet: Macht zu erhalten, ist auf dem Weg magischer Einweihung in bestimmte Geheimnisse möglich. Wer weiß, wie es geht, kann sich angeblich die Welt der Geister und Dämonen dienstbar machen. Crowley definiert: „Magie ist die Kunst und die Wissenschaft, im Einklang mit dem Willen Veränderungen herbeizuführen." Und Anton LaVey, der Gründer der „Church of Satan" in Amerika, fügt hinzu: „...die sich unter Verwendung von normalerweise akzeptierten Methoden nicht verändern ließen..." Im Duden „Die Religionen" finden wir unter „Magie": „Zusammenfassende Bezeichnung für Praktiken, mit denen der Mensch seinen eigenen Willen auf die Umwelt in einer Weise übertragen will, die für ein naturwissenschaftliches Verständnis irrational erscheint..." Für die magisch arbeitenden Satanisten gilt jedenfalls: alle höheren Mächte um den Magier/Satanisten herum müssen unterworfen und nutzbar gemacht werden.

> Das höchste Ziel des schwarzen Magiers ist es, die absolute Macht über das ganze Universum zu erlangen und damit Gott gleich zu werden.
>
> *R. Cavendish*

Wer den intellektuellen Einstieg in das „System des Bösen“ sucht, ist gut beraten, wenn er ihn über das Stichwort Magie sucht und auch Aleister Crowley unter dem Aspekt betrachtet, daß er sich als Magier verstanden hat. „Ich mag vielleicht ein Schwarzmagier sein, aber dann bin ich ein verdammt großer“ (Crowley in seinem Tagebuch). Richard Cavendish, der Autor von „Die Schwarze Magie“, sagt: „Das höchste Ziel des Schwarzen Magiers ist, die absolute Macht über das ganze Universum zu erlangen und damit Gott gleich zu werden...Um zu diesem Ziel zu gelangen, muß er alle Dinge meistern, das Böse und das Gute, Grausamkeit und Barmherzigkeit, Schmerz und Lust“ (Cavendish, S. 9 und 11).

Der große Leitsatz der Magie lautet: „Was oben ist, ist wie das, was unten ist, fähig die Wunder des Einen auszuführen.“ Abgekürzt: „Wie oben, so unten“, also – das Vaterunser paraphrasierend – „wie im Himmel, so auf Erden.“

Im Hintergrund steht der magisch-mystische Gedanke, der Mensch sei „das winzige Ebenbild Gottes“ (Mikrokosmos) und Gott „das ins Riesenhafte projizierte Bild des Menschen“ (Makrokosmos). Ereignisse und Taten auf der Erde entsprechen somit denen in höheren Sphären und umgekehrt. „Wie der Magier sich unten verhält“, also in seiner Welt, „so werden sich auch die Kräfte des Universums oben verhalten“ (Cavendish, S. 26). Ein Gesetz der Analogie. Wenn also der Magier Ereignisse „unten“ manipuliert, kann er damit die Ereignisse „oben“ beeinflussen. Der Einzelmensch erscheint als ein im Mysterium der Gottesebenbildlichkeit verkleinertes Abbild Gottes, dessen Seele schöpferische und umgestaltende Macht und kosmische Kreativität besitzt. Eliphas Lévi sieht das so: „Im Bereich der Taten verfügt der Mensch über die Allmacht Gottes, er kann schöpfen und verwandeln...Das große Geheimnis, das unaussprechliche, gefahrvolle, unbegreifliche, kann endgültig so gefaßt werden: dies Geheimnis ist die Göttlichkeit des Menschen.“

Das große Geheimnis, oder das große Werk, ist ein Zustand des „Equilibrium“, des vollkommenen Gleichgewichts mit der Allmacht des Unendlichen, eine harmonische Verbindung der Gegensätze, z.B. von Gut und Böse, von Materiellem und Spirituellem, von Körper und Geist zur Einheit, die Gott ist. Um „Gottwerdung“ geht es also!

Traditionellerweise unterscheidet man zwischen weißer und schwarzer Magie. Einige sprechen auch von einer dazwischenliegenden „Grauzone“. In dieser „grauen“ Magie agieren diejenigen, die weder Gutes noch Böses mit ihrem Handeln vollbringen wollen. Oftmals wird auch Crowley dieser Grauzone zugerechnet. Doch die meisten, die sich mit ihm beschäftigt haben, ordnen ihn als Schwarzmagier ein, wie wir selbst auch.

Schwarze Magie zielt darauf ab, Lebewesen negativ zu beeinflussen, bis hin zum Verderben von Menschen, Tieren oder Pflanzen, und anderen in jedweder Form zu schaden, meistens zum Nutzen des Schwarzmagiers. Schwarze Magie wird auch der „Pfad zur linken Hand“ genannt, weil Bewegungen, die nach links gerichtet sind, das Böse aktivieren, und die Macht des Bösen als Rebellion gegen das Gute (Gott) symbolisieren.

Dem gegenüber steht die Weiße Magie, der „Pfad zur rechten Hand“, die zur Heilung, Verbesserung von Beziehungen oder zur Abwehr des Bösen eingesetzt wird. Wenn also der Weißmagier versucht, durch sein Handeln und Wirken das „Equilibrium“, das vollkommene Gleichgewicht anzustreben, um Gott gleich zu werden, dann will der Schwarzmagier dies auch – jedoch um Satan gleich zu werden. Denn, so Eliphas Lévi: „Das große Geheimnis der schwarzen Magie besteht darin, den Satanas zu erschaffen und zum Satanas zu werden…“

Bei der Magie geht es also grundsätzlich um eine metaphysische Problemstellung: um die Aufhebung der dualen Zerrissenheit unserer Wirklichkeit. Während die christliche Tradition die Wirklichkeit des Bösen üblicherweise für ein „Nichts“, für eines Mangel am Guten erachtet, sieht die magische Tradition das Böse als ein Etwas an, dem Tribut gezollt werden muß, das ins Ganze hereinzunehmen ist. Daher auch die Hinwendung zum Ekelerregenden, Unausprechlichen, Abartigen. Richard Cavendish sagt hierzu treffend: „Viele magische Rituale haben daher den Zweck, die tierischen Triebe in den Tiefen der menschlichen Natur zu wecken und ihnen freien Lauf zu lassen. Der ganze Mensch soll sich zu unendlicher Machtvollkommenheit erheben, nicht nur der Mensch als kultivierter Denker oder der Mensch als brutale Bestie, sondern der Mensch im Zusammenspiel beider Seiten seines Wesens“ (Cavendish, S. 19).

Der Mensch als Tier, das sich zügellos, wild und grausam auslebt im Gegensatz zum normalen, nüchternen Verhalten. Nach Aufhebung dieser Diskrepanz ist der Mensch Tier und Mensch in Einem (mit „Tier“ sind hier die dunkelsten Tiefen des menschlichen Geistes gemeint).

Dies zum theoretischen Hintergrund für die teilweise unvorstellbar grausamen Rituale wirklich satanistisch-magisch arbeitender Logen und Orden.

B. Sexualmagie

Wie kann nun der Magier/Satanist eine konkrete Verschmelzung der Gegensätze zwischen Mann und Frau, Gut und Böse, Freude und Leid, Bewußtem und Unbewußtem, herbeiführen? Die Antwort darauf lautet: „Erst die Verbindung zwischen Magie und Sex führte eigentlich zum Konzept der ‚Schwarzen Magie'" (Wilson). Die Ursprünge der kultischen Magie, die später zur okkulten Sexualmagie wird, schreibt man im allgemeinen den gnostischen Strömungen zu, wie etwa der Ketzersekte der Adamiten, die religiös-sexuelle Handlungen und ausschweifende Orgien vollzogen, um „paradiesische Unschuld zu dokumentieren" oder den Barbelo-Gnostikern (etwa 2. Jh. n. Chr.), die sich der Verehrung des Spermatikos-Logos hingaben.

Der legendäre „magische" Großmeister Gregor A. Gregorius (Fraternitas Saturni) sagte über die Gnostiker: sie „sind in ihrer Ausartung und ihren absonderlichen Riten sicher Ursprung gewisser satanistischer Sekten, welche noch heute existieren... sie pflegten in jeder Beziehung die Wollust und die Schwelgerei... sich mit Gott verbinden, heißt bei den Gnostikern, sich mit seinem Samen, mit der Zeugungssubstanz des Weltalls, in eins zu verschmelzen..."

Auch die Stedinger, eine enthusiastische Bewegung im 13. Jahrhundert in Nordwestdeutschland, denen Teufelsverehrung und Hostienfrevel vorgeworfen wurde, frönten der Sexualität mit Unzucht und Homosexualität als Ausdruck ihres satanistischen Kultes. Kultisch-libidinöse Riten spielten auch auf den Orgien des „Hexensabbats" im Mittelalter ihre Rolle. Der „actus purus", der Sexualakt mit dem Teufel, wird in der Literatur als Höhepunkt dieser Dionysime angeführt.

Geschlechtsverkehr mit dem Satan? Man darf wohl annehmen, daß der Teufel in Tiergestalt nichts anderes als ein mit Tierfellen behängter, verkleideter Mann war. Bei den Opfern, den Hexen selbst, wurden von der Inquisition Geständnisse erzwungen, nämlich, daß sie mit dem Teufel Beischlaf hatten.

Immer wieder wird darauf hingewiesen, daß Hexentum (eines der großen dunkel-tragischen Kapitel in der Christentumsgeschichte!) und Satanismus nicht in einen Topf zu werfen seien. Allerdings sollte man bei aller sozialgeschichtlichen Rehabilitierung des Hexenwesens doch beachten, daß Hexenkulte mancherorts Züge der Teufelsverehrung integriert haben mochten – dort nämlich, wo der Gott dieser Frauen als personalidentisch mit dem Teufel der Christenheit kultisch verehrt wurde. Beim orgiastischen Treiben mancher Hexenzusammenkünfte ist es – ohne daß man es den Akten der Inquisition entnehmen müßte – zu sexuellen Ausschweifungen bis hin zu perversen Grausamkeiten gekommen. Auch der berühmte „Templerorden" des 12. und 13. Jahrhunderts wurde von seinen Gegnern der Anbetung eines Dämons (Baphomet) beschuldigt, in Verbindung mit unzüchtigen und homosexuellen Beziehungen, sowie der Ausübung der Promiskuität (= häufig wechselnder Geschlechtsverkehr).

Sicherlich gibt es eine wechselseitige Beziehung: Wo man Gott irrigerweise für Sexualverdrängung und -verneinung hergenommen hatte, lag es nahe, Satan als Symbol der unbeschränkten sexuellen Bejahung und Wollust zu installieren. Es gibt seit jeher eine enge Verbindung zwischen kultischer Religiösität, Okkultismus und Sexualität, die sich mit allen Abarten bis in die heutige Zeit hinein bei den Neo-Satanisten und ähnlich gelagerten Gruppierungen gehalten hat.

Der Wegbereiter der neo-satanistischen Sexualmagie ist zweifellos Aleister Crowley, auch wenn er Elemente aus Theodor Reuss' „Ordo Templi Orientis" übernommen hat.

Aber was ist diese okkulte Sexualität überhaupt, und welchen Zweck soll sie erfüllen?

Sexualmagie will durch praktische Übungen den „Urgrund des Seins" erforschen; sie versteht sich als esoterische Übung zur Erlangung okkulten Wissens. Es ist die monologische sexuelle Ekstase, die zu dieser Erleuchtung führt, nicht die interpersonale Begegnung – ähnlich den tantrischen Lehren in Indien, die sexuelle Intensität als Stufenleiter zu immer höheren Graden der Einweihung verstehen. „Sex ist für Adepten die kosmische Vereinigung entgegengesetzter Pole, wodurch die ursprüngliche Energie, aus der alles geschaffen wurde, freigesetzt wird" (Eschner, Die geheimen sexualmagischen Unterweisungen des Tieres 666). Das Ziel des Magiers/Satanisten ist es, Gott gleich zu werden. Gott erschuf den Menschen nach seinem Bilde, also muß er zweigeschlechtlich (Mann und Frau) sein. Es wird also eine Aufhebung des Widerspruchs von Mann und Frau angestrebt, um die mystische Verwandlung zu „Einem" zu vollziehen.

Der Mensch, der diese entgegengesetzten Pole verschmilzt, ist, laut Crowley, „der enthüllte Gott“, weil er auch den Zustand des Widerspruchs in sich selbst aufgehoben hat.

So ist für Crowley diese rituelle und magische Sexualität – ähnlich den Drogen – ein Schlüssel zur Transzendenz, zum Überschreiten der Erfahrungen des Bewußtseins. Hier geschieht Transformation; hier wird der Übende zum „Seher“.

Crowley schreibt in seinem Tagebuch, REX DE ARTE REGIA, über die Macht dieser Sexualmagie: „Das so erzielte Wissen befähigte mich, weitere Forschungen mit mehr Scharfsinn und Zielgerichtetheit durchzuführen, so daß ich fähig war, definitiv zu bestätigen, daß ich gewisse Resultate entsprechend meinem Willen produziert hatte... Ich erlangte so starke ‚sexuelle Kraft und sexuelle Anziehung‘, daß ich noch Monate danach nie in Verlegenheit war. Zudem war ich fähig, meine künstlerisch-kreative Kraft und meine magische Intuition so auszuüben, daß viel von der in diesem Sommer ausgeführten sehr umfangreichen Arbeit vollständig und auf diese Kunst zurückgeführt werden muß.“

Der magisch kontrollierte Orgasmus spielt bei der Ausübung der Sexualmagie eine bedeutende Rolle, wie Eschner in DIE GEHEIMEN SEXUALMAGISCHEN UNTERWEISUNGEN DES TIERES 666 ausführt: „Beim magisch kontrollierten Orgasmus wird die Energie nicht in ein zwanghaftwerdendes Bild... die ‚Tendenz zur Lust‘... geleitet, sondern durch den Willen darauf gerichtet, in einer speziell für sie vorbereiteten Form (Imagination) zu inkarnieren... Wird die natürliche Wirkung des Sexuellen (Kindeszeugung) verhindert, so ist die entladene Energie nicht verloren, sondern sie fließt einem anderen Ziel zu.“

Hans-Jürgen Ruppert von der Evangelischen Zentralstelle für Weltanschauungsfragen in Stuttgart, den wir um eine Stellungnahme baten, meint zu Crowleys sexualmagischem System: „Wenn man das gelesen hat, dann stellt man eigentlich erst fest, wie unmenschlich das ist. Man konzentriere sich nicht auf seinen Partner, sondern auf ganz andere Dinge, die man eben mit magischen Kräften erreichen möchte. Nicht die Ganzheitlichkeit, die es anzustreben gilt, wird erreicht, sondern von vornherein ‚zerstört‘, durch solche magischen Überlegungen oder Effekte, die man sich davon verspricht.“

Michael D. Eschners „Befreie dich von deinen sexuellen Hemmungen, denn nur dadurch kann aus den sexuellen Emotionen sexuelle Energie werden“, mit der er den Crowley-Impuls seiner Schnörkel entkleidet, hat nach wie vor seine Gültigkeit in satanisch operierenden Kreisen – mit welchen Folgen, wird gleich zu zeigen sein.

Eschner warnt davor, im Moment des Orgasmus „anderes im Geiste zu sein", als diese Imagination, dieses Bild als Ziel und Ausdruck magischen Willens.

Die crowleyanische Sexualmagie kann jedoch erst nach bestimmten psychischen und physischen Vorbereitungen praktiziert werden.

Als erstes wird „Körperbeherrschung" (Asana) proklamiert, dann folgt die „Beherrschung der Emotionen und Energien" (Pranayama), die „Umkehrung der Sinne" und schließlich die „Wahl des geeigneten Partners".

Mit der „Umkehrung der Sinne" wird auch eine Anleitung zur Destruktion natürlicher Gefühlsschranken, quasi eine Gebrauchsanweisung zu psychischer Zermürbung, gegeben, wie sie sich auch beim rituellen Mißbrauch von Kindern findet.

Eschner erklärt, daß es im Chaktra-Tantra zum „gewohnheitsmäßigem Einnehmen von widerwärtigen und lästigen Dingen, solchen wie Urin – Exkrementen – von Kuh oder Mensch, Menstrum (Menstrualblut) und Bindu (männl. Samen) kommt. Durch das Tun extrem unkonventioneller, sogar ekelhafter Dinge, soll, so Eschner, Prüderie und vorgetäuschte Sittlichkeit beseitigt werden. Wegbereiter dieses „Ekel-Trainings" war Crowley selbst: „Das, was dich anwidert, das, was dich anekelt, mußt du in diesem Weg der Ganzheit assimilieren" (Eschner, S. 61).

Eschner, den die Szene offenbar umso ernster nahm, je widerwärtiger er sich verstieg, propagierte schließlich in seinem Ekel-Kult: „...Freude finden an ekelhaften, aber wertvollen Dingen, wie Urin und Exkrementen, und dadurch, Gerüche dort zu suchen, wo sie am kraftvollsten sind, wie in den Furchen und Sekretionen von Frauen" (Eschner, S. 63). Man fügt an dieser Stelle am besten hinzu, daß Michael D. Eschners neo-satanistischer „Thelema-Orden" unter anderem auch aufgrund solcher subanimalischer Deprogrammierungen, mit denen Würde und Selbstachtung von Menschen zerstört werden, die nichts weiter sind als Anschläge auf die menschliche Persönlichkeitsstruktur, von den Behörden „ausgehebelt" worden ist, und er sich mehrfach vor Gericht verantworten mußte.

In der nach Crowley konzipierten Sexualmagie unterscheidet man die drei aktiven Grade:

VIII° = Anbetung des „Heiligen Phallos", des „Vertreters der lebensspendenden Sonne", mit ritueller Masturbation und oralem Sex. Wird vom Priester/Priesterin alleine oder auch zu zweit durchgeführt.

IX° = Verehrung der „Großen Göttin" (Vulva) als Operationen der „Sonne" mit heterosexuellem Koitus nach tantrischen Lehren. Es gibt noch eine geheime Instruktion dieses Grades, „De Homunculo Epistola", worin es um die sexualmagische „Erschaffung" eines lebenden Wesens, das „in der Form dem Menschen ähnelt", geht.

XI° = Operationen des Mondes, als religiöse Befriedigung und Feier der „speziellen satanischen Mysterien", gemeint sind die „verkehrten Mysterien", in denen der männlichen Anus im Mittelpunkt steht. Es geht also um homosexuellen Koitus, der „per vas nefandum", also anal, vollzogen wird. Crowley-Anhänger sprechen von diesem Grad als einem „homoerotischen" Grad.

Sex ist für viele das Entreebillett in den Satanismus. Einige Psychologen sind sogar der Auffassung, daß es den Mitgliedern von Satans-Kulten mehrheitlich nur um Sex gehe. So sieht etwa der Frankfurter Diplom-Psychologe Werner Gross einen Zusammenhang zwischen „Satansmessen" und der steigenden Nachfrage nach „Dominas" und „Sklavinnen" auf dem Porno-Markt. In der Tat scheint es im Satanismus alles zu geben, „was die Mode streng getrennt": sexuelle Befreiung und Ausleben abnormaler Wünsche, schrankenloser Freiraum für Frustrierte, Verklemmte und psychisch Gehemmte. Gewiß ein Hauptgrund, weshalb die Hemm-Schwelle für den Eintritt in satanistische Logen, Orden und Zirkeln so niedrig geworden ist! Der quasi-religiöse Ritus bei okkulten Sexmessen dient als subtiler „Entsündigungsmechanismus" für Perversionen und sexuelle Entgleisungen. Wir zitieren aus einem Brief einer satanistischen Gemeinde aus Kiel, die Crowleys Ideen recht nahestand „Wir alle beten die Lust und das Geschlecht an… Nicht die sexuellen Alltagsfreuden interessieren uns so sehr, sondern die Wonnen der Perversität zelebrieren wir mit Hingabe…" Einzelne Beschreibungen ungewöhnlicher heterosexueller Praktiken folgen. Und weiter: „Ein Film über einen Hund und eine Frau hat in uns den Wunsch geweckt, selbst Hunde als Lustpartner zu verwenden. Das scheint für die Brüder ein besonders aufregendes Schauspiel zu sein… Wir schätzen äußerste Demut bei zahlreichen Lustkombinationen sehr und als pikante Würze sind Peitschenspiele für uns ein Hochgenuß… für uns gibt es nur Steigerungen, wir bemühen uns um immer raffiniertere Abwechslungen und ergötzen uns an unseren intimsten Perversionen…"

Uns liegen noch weit drastischere Zuschriften vor, in denen vermeintlichen „Newcomern" in schwülen Metaphern und fäkaleroti-

Ein Gespräch mit dem Sektenexperten Joachim Müller

Der Spätsommer zeigt sich von seiner schlechten Seite, als wir an diesem regnerischen Septembermorgen 1993 Konstanz am Bodensee erreichen. Von dort fahren wir sogleich über die Grenze ins schweizerische Kreuzlingen, lassen Romanshorn, Rosach und Heiden hinter uns und schlagen über steile und enge Gebirgsstraßen die Richtung nach Heerbrugg ein. In der Kantonsschule sind wir mit Kaplan Joachim Müller verabredet, einem Fachmann auf dem Gebiet des Satanismus. Müller gehört der ökumenischen Arbeitsgruppe „Neue religiöse Bewegungen in der Schweiz“ an, ist Berater der schweizerischen Bischofskonferenz und des schweizerischen Evangelischen Kirchenbundes. Er kommt sogleich zur Sache: „Im St. Gallischen, Appenzellerischen und im Zürcher Raum“, bestätigt er uns, „gibt es satanische Kreise.“ Als Beispiel nennt er den „Ritualmord in St. Gallen“, der in der Presse breit behandelt wurde.

Auch Beziehungen zur „Church of Satan“ gebe es, meint Müller. „Man kann davon ausgehen, daß es Verbindungen zur ‚Church of Satan‘ in Amsterdam gibt, die über Zürich und Genf laufen.“ Dafür hat Müller Hinweise von Leuten aus der Szene.

In der Tat laufen in Amsterdam internationale Fäden zusammen. So steht fest, daß das Rotlichtetablissement „Bananenclub“, wo eine Prostituierte bestialisch gequält wurde, den gleichen Besitzer hatte wie die Satanskirche „Diabolo“. Der Einstieg in die satanistische Szene soll über diesen „Bananenclub“ gelaufen sein, dessen Besitzer nach Frankreich geflohen ist.

Müller erzählt uns von einer Kinderleiche im Gebiet Vorarlberg (Österreich), die man ausgegraben hatte, um sie zu Ritualen zu benutzen. Darüber soll es auch Gerichtsakten geben, deren Einsicht uns jedoch nicht gelingt.

Müller meint, daß die meisten Leute über den sexualmagischen Bereich in den Satanismus einsteigen. Schwierig sei der Kontakt zu Einsteigern und Aussteigern, weil die Sektenmitglieder einer scharfen Arkandisziplin unterstünden: „Die Leute haben Angst und wissen sich bedroht in ihrer privaten und beruflichen Existenz.“ Zudem hätten sie Angst vor strafrechtlicher Verfolgung, „andererseits Angst vor jenen in den Gruppen, die Aussteiger bestrafen.“

Es sei wichtig, meint der Theologe, bewußt zu machen, daß das magische Weltbild lange von den Aussteigern verinnerlicht bleibt: „Wenn sie durch ein Zeichen, etwa an der Tür herausbekommen, daß ein Fluch gegen sie erwirkt ist, fürchten sie, daß der Fluch auch wirkt.“

Es ist also dieses magische Denken, das sich tief in die Psyche eingräbt, das diese Angst bewirkt. Zudem sei der innere Zirkel der Logen und Kulte sehr klein, jeder kenne jeden. Sehr rasch würde man Informanten anhand der Geschichte, die sie erzählten, identifizieren können. Deswegen funktioniere die Geheimhaltung so perfekt.

Alle, die von der Szene loskommen wollten, bräuchten jahrelange therapeutische Betreuung, die sich deswegen als schwierig erweise, „weil es in diesem Bereich sehr wenig Fachleute gibt.“

Müller jedenfalls will diejenigen schützen, die er als Aussteiger kennt, weil sie unter enormem psychischen Druck stünden. Manche von ihnen würden im Rahmen ihrer Therapien immer wieder Rückschläge erleiden, weil sie nicht gelernt hätten, zu ihren negativen Erfahrungen zu stehen. Ein Problem sei auch hier die Glaubwürdigkeit der Betroffenen.

Müller: „Es ist dringend notwendig, daß die Behörden eine andere Grundeinstellung einnehmen. Ich persönlich sehe auch noch andere Probleme auf uns zukommen, die nicht mit dem europäischen Satanismus verbunden sind,“ meint er in bezug auf die aus dem karibischen Voodoo-Bereich entstandenen Rituale.

Müller: „Das gesamte magische Weltbild siedelt sich wieder bei uns an und gewinnt auch an entsprechender Bedeutung!“

schen Wortkaskaden, in einer Mischung aus kultischen Begriffen, Four-letter-words und gossenhaftem Genitaljargon beschrieben wird, was ihm beim Mitmachen „blüht“. Wir verzichten auf den Abdruck solcher Passagen, weil wir den Informationswert geringer einschätzen als die Gefahr, einem verbal-erotisch fixierten Personenkreis willkommene Anregung zu vermitteln.

Dies ist jedenfalls genau die Szene, in der der Drift nach immer grelleren Varianten die Anhänger zu immer groberen Grenzüberschreitungen treibt. Sie liegen in der Logik der Praxis und sind in der Crowley-Eschner-Tradition auch theoretisch gefordert. In diesem Umfeld, zwischen Katzenblut und Menschenkot, gehen die Kinder vor die Hunde. In einem Brief aus dem Milieu, der uns vorliegt, heißt es: „Der Wunsch nach ganz jungen Opfern ist nicht leicht erfüllbar. Da hatte es de Sade leichter.“

Sex und Satanismus üben eine wechselseitige Anziehungskraft auf bestimmte Menschen aus. Auch auf Prominente. Die wohl bekannteste Teufelsanbeterin, und das wissen nur wenige, war die amerikanische Filmschauspielerin Jane Mansfield, der Busenstar der fünfziger und sechziger Jahre. Sie verstand sich nicht nur als „Missionarin des Satans“, sondern war sehr interessiert an Okkultismus und ausgefallenem Sex sowie an der crowleyschen Sexualmagie. In Anton LaVeys „First Church of Satan“ stand sie auf der Mitgliederliste. Jane Mansfield verunglückte (als Beifahrerin) tödlich bei einem Verkehrsunfall.

Nur am Rande möchten wir hier auch auf die beträchtliche Aids-Gefahr hinweisen, der sich die Teilnehmer dieser satanistischen Sex-Orgien aussetzen.

C. Drogen

Außer Frage steht die Verbindung zwischen Satanskult (welcher Richtung er sich auch verpflichtet fühlt) und dem Gebrauch bewußtseinsverändernder Drogen.

Beinahe zu allen Zeiten benutzten Zauberer und Medizinmänner – neben anderen Trance-Techniken – bestimmte Pflanzen und Kräuter, um jenseits der Grenzen des Bewußtseins in Kontakt mit Göttern oder Geistern zu gelangen. John Coopers diesbezügliche Einschätzung ist:

„Der Reiz von Drogen ist wahrscheinlich das mächtigste Werbemittel des heutigen Satanismus. Experimentierfreudige, abenteuerlustige und entfremdete junge Leute ‚probieren' Drogen jeder Art, von Alkohol über Haschisch bis hin zu den gefährlichsten synthetischen Drogen" (Cooper, The black Mask, New Jersey 1990, S. 89).

Was immer sonst Menschen veranlassen mag, Drogen zu nehmen – im Satanismus erfährt dieses Tun eine quasireligiöse Überhöhung und Rechtfertigung; es wird zum integralen Bestandteil eines vermeintlichen Initiationsprozesses. Der Weg in das Geheimnis der Macht – so suggeriert man den Leuten – führt über Drogen. Der satanische Drogen-User ist nicht der erbarmungswürdige Junky, sondern er darf sich als Zelebrant eines Rituals fühlen, das zu einer geheimnisvollen inneren Entdeckungsreise führt.

Theoretische Würdigung erfahren: Haschisch, Meskalin, Kokain, Opium (die „Dame der Träume", wie Crowley sich ausdrückt) und Heroin.

Der große Mentor des kultischen Drogengebrauchs ist kein anderer als das „Tier 666", Aleister Crowley, der schon früh „magische" Dorgenexperimente mit einem Gleichgesinnten vollzog. Seine Heroinabhängigkeit soll mit vierundvierzig Jahren begonnen haben. Bis zu seinem Tod im Jahre 1947 hat er sich der Drogensucht nicht entziehen können. Immer wieder dienten ihm Drogen als „Sprungbrett in die geistige Welt", mit denen er „geistiges Schauen, Visionen" erlangen konnte, die „Erkenntnisse höherer Welten" ermöglichten. Über diese Thematik verfaßte er sogar zwei Abhandlungen („The Psychology of Hashish" und „Cocaine") und den Roman „Diary of a Drug Friend".

Manche zeitgenössischen Verehrer Crowleys verteidigen seinen Drogenkonsum damit, daß er ein wirkungsvolles Mittel gegen sein starkes Asthma-Leiden suchte. Tatsächlich aber betrachtete er in seinen Schriften die Rauschmittel als „wertvolle Instrumente seiner Magie", die ihm auf der „Suche nach der ultimativen Ekstase" (Tegtmeier, S. 202,203) helfen sollten. Es tiefer zu sehen, ist nicht verboten. Hinter Crowleys Magier-Fassade stand eine monströse Hatz nach Befriedigung; und was dahinter war, weiß niemand. Wir vermuten: abgründige Hilflosigkeit.

Der Satanismus braucht auch Drogen, und dies in zweifacher Hinsicht. Zum einen ist die unvorstellbare Grausamkeit, in der man am laufenden Band Dinge tun muß, die allen menschlichen Empfindung zuwiderlaufen, für die Teilnehmer – seien sie aktiv oder Zuschauer – kaum zu ertragen, ohne daß man ihnen die Möglichkeit verschafft, partiell „wegzutreten"; sie ist im übrigen auch nicht in personaler Authentizität zu „verantworten“, ohne daß sich die Beteiligten zuinnerst sagen könnten: „Das war ja eigentlich nicht ich; ich stand ja unter Drogen“. Zum zweiten – und dies ist das traurigste Kapitel – braucht der Satanismus Drogen, um Minderjährige für das reibungslose Mittun im dreckigen Spiel zu „präparieren“. Nahezu alle Opfer, die wir gesprochen haben, stimmten darin überein, daß man ihnen „etwas zu schlucken“ gegeben hat.

Zweifellos bewirken Drogen fremdartige Bewußtseinszustände; es gibt Drogen, die ruhigstellen, friedlich-stumpf machen und betäuben; es gibt solche, die hypermobilisieren, enthemmen, aufputschen, aufgeilen; es gibt solche, die den Konsumenten Farbensymphonien und innere Pastellwelten vorgaukeln. Eines ist ihnen allen gemeinsam: sie schalten die normalen Gefühle aus, sie sind mehr oder weniger destruktiv. Aus dem anfänglichen Rausch der Befreiung von Hemmungen wird der schrittweise Verlust des psychischen und physischen Gleichgewichts, mit all seinen Folgeerscheinungen, der bei regelmäßigem Konsum keineswegs zur „Erleuchtung“, was immer man darunter verstehen mag, führt, sondern geradewegs zur Selbstzerstörung.

D. Gewalt

Faktum ist auch die wachsende, zumeist sogar propagierte Gewaltbereitschaft von Anhängern satanistischer Logen, Orden und Kulte.

Durch die Entfremdung, durch „Umkonditionierungen“ der Werte unserer Gesellschaft (religiös, sozial, ethisch und politisch), durch Drogen, Alkohol, hemmungsloses Ausleben des Sexualtriebes, Selbstsucht und Machtstreben, kann eine Faszination am Quälen entstehen (ob sich selbst oder andere), die bis hin zum Töten von Lebewesen reicht.

„Hasse deinen Feind von ganzem Herzen, und wenn dich jemand auf die eine Backe schlägt, schlage ihn auf die andere! Schlage ihm auf die Hüfte und Schenkel, denn Selbsterhaltung ist das höchste Gesetz“, heißt es da in der „Satanischen Bibel“ von Anton LaVey. „Vergelte Schlag mit Schlag, Verachtung mit Verachtung, Verdammung mit Verdammung – mit reichlich Zinsen freigiebig versehen! Auge um Auge, Zahn um Zahn, ja vielfältig, hundertfältig! Mache dich deinem Feind zum Schrecken…“

Crowley steht dem nicht nach, wenn er in seinem Liber al vel Legis, dem „Buch des Gesetzes“, befiehlt: „Ich werde im Kampf bei eueren Waffen sein, und ihr werdet Lust am Töten haben.“ Oder: „Gnade laßt beiseite; verdammt die Mitleidigen! Tötet und quält, schont nicht. Auf sie!“

Wer über die Gewaltproblematik im Satanismus nachdenken möchte, sollte dies unter zweifacher Hinsicht tun: Im Satanismus gibt es Gewalt nach innen und Gewalt nach außen. Das „Tu, was du willst“ Aleister Crowleys hat keineswegs dazu geführt, daß man sich straff organisierte satanistische Gruppen (also nicht der okkulte Operetten-Satanismus) nach Art einer Gesellschaft von „Freien“ vorzustellen hat. Grade der Einweihung bedeuten Grade der Mitwisserschaft und Verflochtenheit in eine Gruppenidentität, gegenüber der ein Einzelner nur noch sehr bedingt frei agieren kann. Insbesondere Frauen sind starken Pressionen ausgesetzt; Vergewaltigung etwa gehört zum Standardverhaltensrepertoire einiger satanistischer Gruppen. Frauen, die in solchen Gruppen mitmachen, wissen das, haben aber oft genug nicht die Kraft, sich rechtzeitig aus dem finsteren Beziehungsgeflecht zu lösen – von Kindern ganz zu schweigen.

> Daher schlage hart und tief
> und zur Hölle mit ihnen,
> Herrsche!
>
> *Aleister Crowley*

Neue Mitglieder müssen nicht selten durch Ausübung und Vollzug krimineller Akte ihre Treue beweisen (z.B. Einschlagen von Schaufenstern, Demolieren von Fahrzeugen, Vergewaltigung bis hin zum Mord). Das Gewaltpotential der Anhänger richtet sich aber auch gegen Verräter innerhalb der Gruppe.

Wird das „Wisse-Wolle-Wage-und-Schweige“ gebrochen, die „Tugend des Schweigens“ verletzt, so drohen härteste Strafen, mitunter auch der Tod.

Ein internes Papier („Neophitentum – notwendige Vorstufe zur Meisterschaft“) der Fraternitas Saturni-Loge liegt uns vor: „Wer Logengeheimnisse preisgibt, ist ein Verräter an dem, was den anderen Logenbrüdern das Heiligste ist. Wer die Schweigepflicht verletzt, muß nach dem Gesetz der ‚mitleidlosen Liebe‘ die Konsequenzen in ihrer ganzen Härte tragen. Vergessen wir nicht, daß wir dem großen Demiurgen Satan unterstehen. Wer sich ihm gegenüber schuldig macht, kann nicht auf Mitleid hoffen; seine Liebe ist Härte…“

E. Rituelle Opfer

Ein besonders wichtiges rituelles Element im Satanskult ist das Opfer. Das kann der Satanist selbst sein, dem Schmerz zugefügt wird (oder der sich selbst Schmerz zufügt), auch ein Tier, lebend oder tot, oder ein Mensch. Mit Hilfe der Opfer soll der Kontakt zu dunklen Mächten heraufbeschworen werden, sollen Dämonen gefügig gemacht und Macht erlangt werden.

Unterscheiden lassen sich in dunkler Analogie zum Katholizismus: Bitt-, Dank-, Huldigungs-, Weih-, Schuld- und Sühneopfer. Das „Blutopfer" spielt jedoch in den meisten hart operierenden satanistischen Denominationen die zentrale Rolle. Kein Satanismus ohne regelmäßige Blutopfer in der einen oder anderen Form, aber mindestens in Form von Tieropferungen.

„Das Blut ist das Leben", meint Aleister Crowley in „Magick", als wollte er an die Ehrfurcht des Alten Testaments vor dem Blut und dem Blutvergießen anknüpfen. Jedes Lebewesen sei eine „Vorratskammer von Energie", die sich beim Tode (z.B. eines Tieres) plötzlich freisetze. Deshalb sollte auch „innerhalb des Kreises, oder des Dreiecks getötet werden, so daß seine Energie nicht entfleuchen kann" (Crowley, Magick, S. 394).

Ferner spricht sich Crowley für warmblütige Tiere als Opfer aus. Bei der Methode des Tötens wird er genauer: „Das Tier sollte ins Herz gestochen werden, oder die Kehle durchgeschnitten, beide Male mit dem Messer. Alle anderen Tötungsmethoden sind weniger effektiv, selbst im Falle der Kreuzigung wird der Tod durch Erstechen herbeigeführt" (Crowley, Magick, S. 399). Crowley selbst hat dies so praktiziert, in der Regel mit Katzen und Ziegen. Unter anderem hat er auch einen Affen mit dem Kopf nach unten gekreuzigt.

Das „höchste Mysterium in der praktischen Magie" wie Crowley sich ausdrückt, ist die Selbstverwundung des Magiers oder eines Gehilfen bei gleichzeitiger Freisetzung sexueller Energie, die die Kräfte im magischen Kreis steigert. Das Opfer hat auch eine psychische Komponente für den Magier/Satanisten: „Der grausame Akt des Schlachtens und der Anblick des aus der Wunde hervorquellenden Bluts erhöht die Ekstase..." (Cavendish, S. 287).

Satanisten verweisen gerne darauf, daß die Anstiftung zum ersten menschlichen Kultopfer und seiner ersten Ausführung – einem Ritualmord! – der jüdisch-christliche Gott selbst gegeben habe, als er in Genesis 22,2 zu Abraham sprach: „Nimm Isaak, deinen einzigen Sohn, den du lieb hast, und geh hin in das Land der Morija und opfere ihn dort zum Brandopfer auf einem Berge, den ich dir sagen werde." Wenn das Thema „Ritualmord in Okkultisten- und Satanistenkreisen" angesprochen ist, dient dieses Beispiel oft als Rechtfertigung. Liest man den biblischen Text aber zuende, kann man die Argumente schnell entkräften, denn der biblische Gott hat Abraham auf seinen Glauben und seine Hingabe an den Herrn geprüft. Der Ritualmord wird nicht ausgeführt, das menschliche Opfer nicht dargebracht: „Da rief ihn der Engel des Herrn vom Himmel und sprach: Abraham, Abraham... Lege deine Hand nicht an den Knaben und tu ihm nichts, denn nun weiß ich, daß du Gott fürchtest..." (Gen 22,11ff.). Religionsgeschichtler verweisen darauf, daß hier – im Menschenopfer, das Gott nicht will – ein singulärer Einschnitt in der religiösen Entwicklungsgeschichte der Menschheit markiert sei: die Verabschiedung des Menschenopfers als gottgewollter Kultform. Insofern ist der Satanismus ein Atavismus; er fällt in vorabrahamitisches Denken zurück.

Dennoch proklamierte Aleister Crowley in seinem „Liber al vel Vegis": „Opfere Vieh, klein und groß: nach einem Kind!" (Kapitel III, Vers 12). Crowley fährt fort: „Das beste Blut ist vom monatlichen Mond; dann das frische Blut eines Kindes oder das, welches vom Wirt des Himmels tropft, dann das von Feinden, dann das des Priesters oder Anbeters, zuletzt von einem Tier, egal von welchem" (Kapitel III, Vers 24). „Für die höchste spirituelle Arbeit muß man dementsprechend das Opfer wählen, das die größte, reinste Kraft in sich birgt. Ein männliches Kind von vollkommener Unschuld und hoher Intelligenz ist das befriedigenste und geeignetste Opfer" postuliert Crowley in „Magick" (Band I). Und: „Aber das Blutopfer ist, obschon gefährlicher, wirksamer; für fast alle Zwecke ist das menschliche Opfer das Beste."

In einer Sammlung aus Aleister Crowleys „Magischen Ritualen" finden wir auch das „Liber Stellae Rubeae". Darin lautet der Vers 22: „Auch soll er ein junges Kind auf dem Altar töten, und das Blut soll den Altar mit Geruch wie von Rosen bedecken". Ähnlich diese Stelle: „Dies soll er Dir bringen, ohne welches alles umsonst ist; eines Menschen Leben, vergossen für Deine Liebe und auf Meinen Altären " (Crowley, Die Heiligen Bücher vonThelema, S.133).

Solche Hinweise, ja Aufforderungen zu rituellen Tötungen, finden sich in der gesamten neo-satanistischen Literatur. Der „Meister" Crowley selbst wurde 1924 aus Italien ausgewiesen, weil die Regierung von rituellen Blutopfern Wind bekommen hatte und zwei Kinder im Umkreis des „Klosters" von Crowley verschwunden waren.

In der unüberschaubaren Zahl von Teufelskulten in Deutschland, Europa, den Vereinigten Staaten und Australien – 1985 sprach man allein in den USA von 135 000 Zirkeln – sind es sicher nur die verschwiegendsten und geheimsten, die rituelle Menschenopfer darbringen oder Ritualmorde begehen. Einerseits wird diese Thematik von den verantwortlichen Stellen bei Polizei und Justiz heruntergespielt, andererseits von den Medien aufgepuscht. Die Wahrheit liegt wohl in der Mitte.

Tatsache jedenfalls ist, daß es rituelle Morde im satanistisch geprägten Umfeld einiger Logen, Orden, Zirkel und Kulte gibt und gegeben hat. So etwa bei der „Four Movement" („Four P. Society")-Gruppe in Kalifornien. Die bekanntesten Kultopfer der letztgenannten Gruppe waren Sharon Tate, die Schauspielerin und Ehefrau von Regisseur Roman Polanski.

„Ritualmord" und „Ritualopfer" gehen Hand in Hand und sind schwer voneinander abzugrenzen. Fälle von regelrechten „Hinrichtungen" von Aussteigern und Kritikern sind bekannt. Weil solche Vorkommnisse sich stringent „religiös" herleiten lassen, muß man sie ebenfalls in die Kategorie Ritualmord einordnen, statt sie soziopathologisch zu klassifizieren.

Uns liegt ein schriftliches Interview vor, das der Journalist Horst Knaut mit einem Großmeister der „Fraternitas Saturni" geführt hat. Da äußert sich der Neo-Satanist wie folgt: „Ich bin für die Opferung von Menschen. Es sollten sowohl Tiere als auch Menschen geopfert werden." Diese Aussage steht für sich.

Die gesamte Logik des satanistischen Gedankengebäudes läuft mit einer geradezu mechanischen Konsequenz auf das Menschenopfer als höchster und eigentlicher Erfüllung hinzu. Wie der Heilige zur Logik der „guten" Religionen gehört, so gehört der Skrupellose zur Logik der „bösen" Religion Satanismus. Auch die Hierarchie innerhalb der satanistischen Gruppe verheißt Führung nur dem am skrupellosesten Agierenden, d.h.: demjenigen, der in der Skala der Frevel möglicherweise vor dem Menschen- und dabei auch dem Kinderopfer nicht zurückschreckt. Die Opferung eines Tieres bleibt nur Ersatz. „Wenn es auch nicht das Blut eines Kindes war, welches sich auf dem Rücken eines nackten Weibes ergoß – es war das eines Lammes -, so war es doch ein grandioses Schauspiel", notierte sich – leicht enttäuscht – am 27.1.1970 ein gewisser Erich J. B. als Zeuge eines satanischen Sexualrituals, das auf Sri Lanka stattfand.

Eine junge, ehemalige Satanistin, die es gewagt hat, anonym in einem Buch über ihre Erlebnisse zu berichten und die heute beim Essener „Sekten-Info“ mitarbeitet, berichtet ebenfalls davon, daß zu ihrem Kult auch Tötungen von Tieren und Menschen gehörten und daß Verräter „dran glauben müssen“ (Ricarda. S., Satanspriesterin, S. 55).

„Bis Satan noch ein stärkeres Opfer wollte – einen Menschen“, erzählt uns Heide-Marie Cammans, die Leiterin der Sekten-Info in Essen, einen weiteren Fall aus ihrer Beratungspraxis: „Am achtzehnten Geburtstag von X. sollte ihre Freundin für Satan geopfert werden. Der genaue Hergang war exakt geplant: Fesseln, Knebeln, Erstechen.“

In Deutschland existiert keine Statistik, die Ritualmorde oder Kultopferungen im religiösen Untergrund erfaßt. So muß man sich auf Vermutungen und Schätzungen verlassen oder die vage Operation mit Zahlen ganz unterlassen. Wir entscheiden uns für letztere Lösung. Der Avantgardist der Satanismus-Exploration, Horst Knaut („Das Testament des Bösen“), hat sich wegen der Fülle der Fälle, mit denen er konfrontiert wurde, auf das Spiel mit Zahlen eingelassen; so vermutete er vor sechzehn Jahren, daß jeder fünfte Mord in Deutschland ein nicht erkannter Ritualmord und jeder fünfte Selbstmord ein kultischer Freitod im sektiererischen Wahn sei. Bestätigen können wir nur: es sind sehr viele. Leider hat niemand Horst Knauts vielleicht doch ein wenig kühne Angaben ernst genommen. Knaut: „Nur Sensationen aus religiösen, mystischen und okkultistischen Bereichen, die uns ab und zu bekannt werden, schrecken auf. Daß zur gleichen Zeit, zu jeder Stunde, aber ähnliches oder Schlimmeres, vielleicht gleich im nächsten Stadtviertel, passiert, das erfahren wir nicht. Und da beginnt das wirklich Unheimliche…“ (Knaut, S. 23).

Nebenbei bemerkt: Die Informanten leben nicht ungefährlich. Es ist nicht nur Erfindung oder Sensationshascherei von Journalisten, wenn sie von Menschenopfern und Morden an Abtrünnigen in den Reihen der Satanisten sprechen, lauten doch die Schlußworte des geheimen Einweihungsgrades des sogenannten „Gradus Pentalphae“ im 18. Grad des „Ordo Templi Orientis“ (O.T.O.): „Gehen Sie in Frieden, meine Brüder und Schwestern, und verschließen Sie den Mund und hüten Sie die Zunge! Tod dem Verräter!“

Der amerikanische Journalist Maury Terry schrieb in seinem 1987 erschienenen Buch „The ultimate Evil – An Investigation into a Dangerous Satanic Cult“: „Zu Beginn jeder Schwarzen Messen muß Satan gnädig gestimmt werden, durch die Vergewaltigung einer Jungfrau, ein Brandopfer oder einen Ritualmord an einem Tier oder einem Menschen“. Im April 1988 berichtete das US-Magazin „Time“ von den Überresten von mehr als einem Dutzend Männern in Matamoras/Mexiko, in der Nähe der Grenze zu Texas. Sie alle waren Opfer von Ritualmorden geworden. Am 29. Juli 1993 erwähnte die Schweizer Presse einen Ritualmord. Demzufolge soll ein Jahr zuvor in St. Gallen ein aus Südamerika eingeschmuggeltes Kleinkind in einem geheimen Ritual geopfert worden sein. Das berichtete jedenfalls ein in die psychiatrische Klinik Wil zwecks Drogenentzugs eingelieferter Patient, der an diesem Ritual teilgenommen haben will. Für das ärztliche Personal der Klinik jedenfalls stand fest, daß der „Patient dieses unmöglich alles erfunden hat." Am 2. August desselben Jahres hingegen erklärte der Kantonale Untersuchungsrichter in einer Pressemitteilung in dieser Angelegenheit: „Die in der Folge eingeleiteten Untersuchungen haben keinerlei zusätzliche Indizien, welche nebst den Aussagen des Informanten auf eine Kindestötung hätte schließen lassen, zu Tage gebracht. Zusätzlich hat der Informant seine vormals gegenüber dem ärztlichen Betreuungspersonal gemachten Angaben bei den Untersuchungsbehörden als nicht der Realität entsprechend bezeichnet und bemerkt, daß er sich zum Zeitpunkt seiner Aussagen in einer psychisch problematischen Phase befunden habe", mithin „...die Geschichte mit der ‚rituellen Kindestötung' in St. Gallen keinen realen Hintergrund hat".

Tod dem Verräter! Der Patient, so meinen wir, hat möglicher- und legitimerweise sein eigenes Leben retten wollen. Der Kantonalrichter erklärte auch, daß die Ermittlungen noch nicht ganz abgeschlossen seien und man noch „gewissen Informationen" nachgehen wolle. Vergebens haben wir versucht, auf Reisen durch die Ostschweiz diesen Patienten ausfindig zu machen.

Lassen wir Josef Dvorak, einen früheren katholischen Theologen, zum Thema Ritualmord zu Wort kommen. Dvorak ist nicht nur einer der besten Kenner der satanischen Szene der Neuzeit, sondern sympathisiert sogar mit ihr. Zu Crowleys Auslassungen über Kindesopfer meint er: „Der Terminus ‚Kindesopfer' hat im modernen Satanismus eine sexuelle Bedeutung: Er meint die Verwendung des männlichen Spermas zu magischen Zwecken" (Dvorak, S. 92). An anderer Stelle setzt er den Ausdruck „Kind" mit der „heterosexuellen Vereinigung im Ritus IX°" gleich.

Bei einer Fernsehdiskussion über das Thema „Satanismus" lernten wir Josef Dvorak persönlich kennen. Auf die Frage, ob er nicht auch glaube, daß es viele satanische Gruppen gebe, die Crowleys Worte nicht nur als sexualmagische Symbolismen, sondern durchaus direkt auffassen – sie also so interpretieren, wie sie geschrieben stehen – stimmte er uns zunächst zu, distanzierte sich aber sofort von solchen Leuten.

4. Kindersatanismus, Satanismuskinder

„... du rettest die Ehre von Familien durch Abtreibung in Bäuchen, die im Vergessen schöner Erschütterungen fruchtbar werden; du gibst den Müttern die Hast der Frühgeburten ein, und deine Geburtshilfe erspart den Kindern, die vor der Geburt sterben, die Ängste des Reifens, den Schmerz der Abstürze!"

(aus: Joris Karl Huysmans, Là bas, 1891)

Der Begriff „Kindersatanismus" ist bislang in Deutschland nicht gebräuchlich. Auch in den Vereinigten Staaten, in England oder Australien spricht man eher von rituellem bzw. satanischem Mißbrauch von Kindern, als daß dafür eine eigene Wortschöpfung geprägt wurde.

Jugendsatanismus ist dagegen auch bei uns allgemein bekannt. Jungen und Mädchen im Alter von zwölf bis achtzehn Jahren kommen mit Okkultischem und Satanischem in Berührung: Die Palette reicht vom Gläserrücken bis hin zur Schwarzen Messe. Daß Kinder jedoch schon vor dem zwölften Lebensjahr auf ungemein brutale und perverse Weise mit dem Satanismus Berührung haben, wird, zumindest in unseren Breiten, kaum wahrgenommen. Hierbei handelt es sich um Kinder, manchmal noch Babys, die von Erwachsenen unter psychischen und physischen Qualen in die Rolle des Opfers, in einigen Fällen sogar in die des Täters, gedrängt werden.

„Kindersatanismus" definieren wir somit als Verwicklung von Kindern, gleich welcher Art (sexuell, rituell, psychisch oder physisch), in satanische Rituale, bei deren Ausführung die Kinder als Zuschauer, Opfer oder Täter mißbraucht werden. Im Kindersatanismus finden wir satanisch-rituelle, kannibalische und sexualpermissive Elemente.

4.1 Was ist Kindesmißbrauch?

Um zu verstehen, wie sich ritueller Kindesmißbrauch im Gesamtspektrum gewaltsamen Tuns an Kindern ausnimmt, zeigen wir dieses Spektrum hier auf. Nicht zuletzt mit dem dringenden Wunsch, das Klassifizierungsschema möge dringend ergänzt werden um einen Täterkreis, der allzu lange im Dunkeln blieb: den rituellen Kindesmißbraucher.

1992 wurden in Deutschland 16 381 Kinder sexuell mißbraucht, 1575 mißhandelt, 3975 schwer verletzt, 30 totgeschlagen, 42 ermordet. Es handelt sich dabei um die vom Bundeskriminalamt (BKA) erfaßten Fälle, die Dunkelziffer ist weitaus höher. Vermutlich werden jährlich bis zu 300 000 Kinder in Deutschland mißbraucht; Kinder werden noch häufiger vergewaltigt als erwachsene Frauen, vermutet das BKA.

Jedes Jahr sterben 1000 Kinder an den Folgen von Mißhandlungen, die Zahl der Mißbrauchten steigt ständig an. Laut BKA-Statistik setzen sich die Täter vorwiegend aus Erwachsenen (77 Prozent) zusammen, drei Viertel der Opfer sind Mädchen. Jungen werden meist nicht von ihren Müttern verführt, sondern von Homosexuellen. Fast 80 Prozent der Taten werden in der eigenen Wohnung oder der des Täters verübt.

Was treibt Menschen dazu, sich an Kindern oder Babys zu vergehen? Väter an ihren Töchtern, Lehrer an ihren Schülern – beispielsweise. Aber auch selbst Ärzte, Therapeuten, Pfarrer zählen zum Täterkreis.

In den letzten Jahren hat es vielfältige Bestrebungen gegeben, Kindesmißbrauch nicht allein auf den allerengsten sexuellen Bereich einzuengen. Denkt man an die psychische Deformation, die Kinder im Bereich des rituellen Mißbrauches allein durch Zuschauen erleiden, kann man es nur begrüßen, wenn das furchtbare Phänomen des körperlichen Mißbrauchs nicht dadurch verwässert wird, daß „Mißbrauch“ plötzlich alles ist: von der „Watschen“ bis zum Ritualmord.

Gesetz 87-1167 des amerikanischen Bundesstaates Illinois vom 1. Januar 1993

Ritueller Mißbrauch von Kindern – Ausschlüsse – Strafen – Definition

a) Eine Person ist eines Verbrechens schuldig, wenn sie eine der folgenden Handlungen mit einem Kind oder in Gegenwart eines Kindes als Bestandteil einer Zeremonie, eines Rituals oder ähnlichen Brauchs ausführt:

1. entweder tatsächlich ein warmblütiges Tier oder einen Menschen foltert, verstümmelt oder opfert oder dies simuliert;
2. das Schlucken, Einspritzen oder andere Verabreichung einer narkotisierenden Droge, eines Halluzinogens oder Betäubungsmittels erzwingt, um die Empfindsamkeit, Wahrnehmung oder Erinnerung zu beeinträchtigen oder den Widerstand gegen eine kriminelle Handlung reduzieren;
3. das Schlucken oder äußere Anwendung von menschlichem oder tierischem Urin, Fäkalien, Fleisch, Blut, Knochen, Körperausscheidungen, nicht verschriebenen Drogen oder Chemikalien erzwingt;
4. ein Kind in einer gespielten, widerrechtlichen oder ungesetzlichen Hochzeitszeremonie mit einer Person, der Darstellung einer Macht oder Gottheit einbezieht, worauf sexueller Kontakt mit diesem Kind erfolgt;
5. ein lebendiges Kind in einen Sarg oder offenes Grab legt, in dem sich ein menschlicher Leichnam oder Überreste davon befinden;
6. ein Kind, seine Eltern, Familie, Haustiere oder Freunde mit dem Tod oder schweren Verletzungen bedroht, welches in dem Kind eine begründete Furcht hervorruft, daß diese Drohung auch ausgeführt wird;
7. ungesetzlicherweise einen menschlichen Leichnam seziert, verstümmelt oder verbrennt.

aus: M. Smith, Gewalt und sexueller Mißbrauch in Sekten, Kreuz Verlag, Zürich 1994, S. 29

Das Strafgesetzbuch (StGB) definiert Kindesmißbrauch als dann gegeben, „wenn ein Kind durch Zutun oder Unterlassung eines anderen Menschen einen Schaden davonträgt oder verletzt wird". Es handelt sich also um eine Rechtsverletzung und eine Straftat.

Aber diese Definition ist uns zu knapp, eine wesentlich umfassendere hat das Kinderschutz-Zentrum-Berlin formuliert: „Kindesmißhandlung ist nicht allein die isolierte gewaltsame Beeinträchtigung eines Kindes. Die Mißhandlung von Kindern umfaßt vielmehr die Gesamtheit der Lebensbedingungen, der Handlungen und Unterlassungen, die dazu führen, daß das Recht der Kinder auf Leben, Erziehung und wirkliche Förderung beschnitten wird. Das Defizit zwischen ihren Rechten und ihrer tatsächlichen Lebenssituation macht die Gesamtheit der Kindesmißhandlungen aus." Die beiden Soziologen Uwe Wittenhagen und Reinhart Wolff bieten folgende Definition an: „Kindesmißhandlung ist eine gewaltsame Zurichtung eines Kindes, um ein bestimmtes Handlungsziel zu erreichen" (Wittenhagen/Wolff, S. 8).

Bei einer Kindesmißhandlung ist das Kind immer unschuldig, die Verantwortung für den sexuellen Mißbrauch liegt immer beim Erwachsenen. Zwar hat jedes Kind Bedürfnisse nach Sicherheit, Geborgenheit, Schutz, Zärtlichkeit, Berührung und Wärme, doch diese werden von den Kinderschändern selten erfüllt, aber sehr oft ausgebeutet. Sexuelle Gewalt ist also nicht Ursache, sondern Symptom für gestörte Familienstrukturen. Tatsächlich sind 95 Prozent der Täter Väter oder vaterähnliche Bezugspersonen, Verwandte oder nahe Bekannte. Die meisten Mißbrauchsfälle kommen in der Familie vor.

Motive:

Die sexuelle Ausbeutung von Kindern ist in allen sozialen Schichten anzutreffen. Motive sind Macht, Überlegenheit, Gewalttrieb. Wir fügen hinzu, was bislang in den meisten Analysen fehlt: Gruppendruck, kultische Gründe. All diese Motive lassen sich an Kindern am leichtesten ausagieren, denn sie sind wehrlos. Wird ein Kind Opfer sexueller Gewalt durch eine ihm vertraute Person, kann dies über Jahre hinweg andauern. Dabei wird selten körperliche Gewalt eingesetzt, meist genügt die Autorität als Erwachsener, das Vertrauensverhältnis, die Abhängigkeit oder einfach das Bedürfnis des Kindes nach Zärtlichkeit. Auch beziehungsdynamische Störungen und innerfamiliäre Konflikte können die Motive sein.

Täter:
Neben Vätern und Verwandten sind die Täter oft beruflich mit den Opfern verbunden – als Sozialarbeiter, Erzieher, Ärzte, Lehrer und Therapeuten. Sie scheinen meist als vertrauenswürdig, sympathisch, hilfsbereit und ordentlich. Doch sie sind mit einem geringen Selbstwertgefühl und einer gestörten Geschlechtskontrolle ausgestattet.

Bisher werden im Wesentlichen drei Typen beschrieben, denen wir einen vierten hinzufügen.

Der Pädophile. Er ist sexuell auf Kinder fixiert, wird durch erwachsene Partner nicht erotisch erregt und ist häufig in der eigenen Kindheit selbst mißbraucht worden. Er sehnt sich in die Kindheit zurück, erotisiert die Übergangsphase vom Kind zum Erwachsenen. Pädophile lieben die Kinder tatsächlich. Sie fühlen sich unter ihnen wohl, verwöhnen sie, hofieren sie. In Deutschland gibt es bis zu 15 000 Pädophile, jährlich zwischen 1000 und 3000 Opfer.

Der regressive Kindesmißbraucher. Er fühlt sich in seiner Sexualität unsicher, ist unreif, kann jedoch eine Beziehung zu einer erwachsenen Frau haben. Seine Tat geschieht aus einem Impuls heraus, etwa nach einem Streit oder in einer Problemsituation. Er schämt sich oft seiner Tat, scheut sich jedoch nicht, sie zu wiederholen.

Der inadäquate Kindesmißbraucher. Er ist möglicherweise geistesgestört oder geistig behindert. Er kann keine Beziehung zu Kindern aufbauen, weil es ihm an geistiger und seelischer Reife fehlt. Er benutzt Kinder, die er nicht kennt, noch nie gesehen hat.

Der rituelle Kindesmißbraucher: Er mißbraucht Kinder innerhalb eines religiös-ideologischen Kontextes, in dem der Mißbrauch von Kindern als integrales Element der in der Gruppe angeordneten Übungen, Rituale und Liturgien vorgesehen ist. Ritueller Mißbrauch reicht vom Zwang des Zusehenmüssens über die Opferrolle, sexuellen und psychischen Mißbrauch, bis hin zur Zurichtung von Kindern als Täter ritueller Bluthandlungen.

Folgen:
Kindern fällt es schwer, den Mißbrauch anderen mitzuteilen. Die Täter verlangen meist Stillschweigen. Kinder können die schrecklichen Erlebnisse oft nicht ausdrücken oder sie schweigen aus Schuld- oder Schamgefühlen.

Die Gesellschaft steht meist auf der Seite des Erwachsenen und beschuldigt das Kind oft noch für das, was ihm angetan worden ist. So hat es keine andere Wahl, als das Trauma zu verdrängen oder den Täter gar zu idealisieren, was zu Neurosen, psychosomatischen Störungen oder Psychosen führen kann. In der Psychose verwandelt das Kind die Mißhandlung in eine Wahnvorstellung. Durch Phantasien kann es die unerträgliche Belastung artikulieren, verbergen oder verharmlosen. Viele Zeichnungen bestätigen dieses Verhalten.

Die Folgen des Mißbrauchs sind bekannt, werden aber selten wahrgenommen: Vertrauensverlust, Sprachlosigkeit, Schuldkomplexe, übertriebene Schamgefühle, Ohnmacht, Zweifel an der eigenen Wahrnehmung, Angst und Rückzug auf sich selbst.

4.2 Crowley, O.T.O. und die Kinder

Daß in der Geschichte der Schwarzen Magie immer wieder Kinder zu satanistischen Ritualen herangezogen, daß sie dabei gefoltert, mißbraucht, ermordert wurden und kannibalistischen Riten zum Opfer fielen, ist nicht zu bestreiten. Immer wieder wird allerdings von Protagonisten des Neo-Satanismus – beispielsweise von dem Wiener Satanismus-Spezialisten Josef Dvorak – so getan, als sei der Neo-Satanismus inzwischen ein aufgeklärtes, quasi psychoanalytisches Spiel mit mythischen Versatzstücken, das dazu diene, sich mit den Nachtseiten der menschlichen Psyche auseinanderzusetzen.

Es ist unerläßlich, bei solchen Fragen immer wieder auf den „Propheten" des Neo-Satanismus, Aleister Crowley, zu rekurrieren. Man sollte meinen, daß der veritable Kriminelle und Schreibtischtäter Crowley längst im Giftschrank des Geisteslebens verschwunden sein müßte, dort, wo faschistische, antisemitische, rassistische und andere Menschheitsverführer am besten aufgehoben sind. Aber Crowley übt nach wie vor eine eigentümliche Faszination, gemixt aus Abscheu und Bewunderung aus. Besonders manche Möchtegern-Jungianer (Schüler des Schweizer Psychologen C.G.Jung), die sich mit den „im kollektiven Unterbewußtsein gegenwärtigen Archetypen" befassen, wissen nicht recht, was sie von dem monströsen Magier halten sollen.

Dabei ist lebensgeschichtlich längst der Nachweis geführt, daß

Crowley sich an Kindern vergangen hat. Und auch seine Schriften sind in dieser Hinsicht höchst aufschlußreich. Schon die Überschrift zum 69. Kapitel seines Buches „The Book of Lies“ läßt bei einigem Hintergrundwissen über die Bedeutungsnuancen der Crowleyschen Sprache aufhorchen: „Little Children love one another!“ Weiter postuliert er in seinem „Liber al vel Legis“ das, was zum höchst fragwürdigen Gemeinplatz einer inzwischen ergrauten Sexuellen Revolution wurde: „daß alle Kinder, vom Säuglingsalter an, daran gewöhnt werden sollen, Zeugen jeder Art des sexuellen Aktes zu sein, wie auch des Prozesses der Geburt. Damit nicht Falschheit ihre Geister vernebele und ein Geheimnis sie verwirre, denn diese Fehler können sonst das Wachstum ihres unbewußten Systems des Seelensymbolismus vereiteln und fehlleiten“.

Der Crowley-Vertraute und spätere Biograph des „Meisters“, John Symonds, merkt zur „Kindererziehung“ in Crowleys „Thelema“-Kloster auf Sizilien an: „Man beobachtete die Kinder der Abtei genau, um zu sehen, zu welcher Art von Bürgern sie sich entwickeln würden. Man ließ sie ihren eigenen Weg oder ihren eigenen Wahren Willen finden... Es war den Kindern freigestellt, den Sexualriten der neuen Religion beizuwohnen. Tatsächlich waren sie privilegierte Zuschauer, da Crowley meinte, daß dies es dem Kind erleichtern würde, die Schwierigkeiten der „Unterdrückung“ zu umgehen... Wenn man Alma Hirsig glauben kann, fanden die zwei kleinen Buben Hansi und Howard, die in der Abtei herumrannten und ihren Wahren Willen suchten, diesen niemals... Von Leahs Kind erzählt sie: ‚Mit fünf Jahren schon fing er zu rauchen an und wurde so süchtig, daß man ihn niemals ohne Zigarette sah...‘“ (Symonds, Aleister Crowley – Das Tier 666, Basel 1983, S. 359).

Crowley vertrat eine grenzenlose sexuelle Libertinage: „...wann, wo und mit wem ihr wollt“ (Liber al vel Legis, S. 145). Michael D. Eschner, der sich selbst als der berufene Ausleger Crowleys inszeniert und als solcher von vielen Neo-Satanisten anerkannt wurde und wird, gab zu dieser Crowley-Weisung folgenden vielsagenden Kommentar: „Wann, wo und mit wem ihr wollt... Man braucht nicht mehr zu tun, als zu unterscheiden, daß der erste Ausdruck alle Arten von Akten erlaubt, der letztere alle möglichen Partner... Dieser Ausdruck beseitigt das 11. Gebot, ‚nicht erwischt zu werden‘, indem Inzest, Ehebruch und Päderastie autorisiert werden“ (Liber al vel Legis, Kommentar von Eschner, S. 149). Oder an anderer Stelle: „Was immer deine sexuellen Vorlieben sein mögen, du bist durch das Gesetz von Thelema frei, der Stern zu sein, der du bist, deinen eigenen Weg des Erfreuens zu gehen“ (Liber Al Vel Legis, S.156). Dem ist wohl nichts mehr hinzuzufügen.

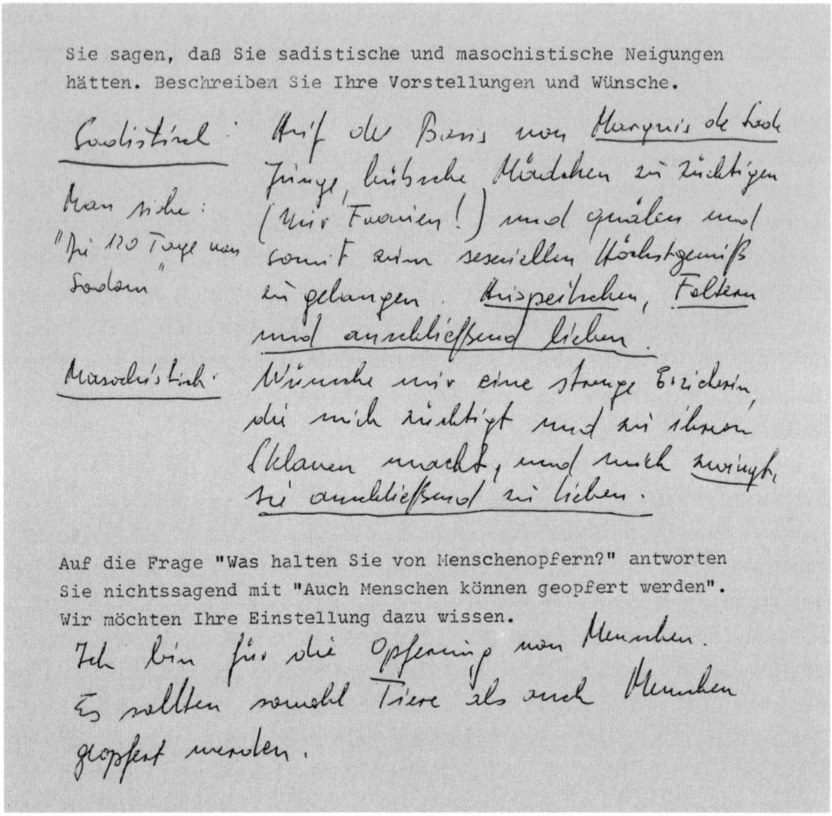
Sie sagen, daß Sie sadistische und masochistische Neigungen hätten. Beschreiben Sie Ihre Vorstellungen und Wünsche.

Sadistisch: Auf der Basis von Marquis de Sade Junge, hübsche Mädchen zu züchtigen (nur Frauen!) und quälen und somit zum sexuellen Höchstgenuß zu gelangen. Auspeitschen, Foltern und anschließend lieben.

Man siehe: "Die 120 Tage von Sodom"

Masochistisch: Wünsche mir eine strenge Erzieherin, die mich züchtigt und zu ihrem Sklaven macht, und mich zwingt, sie anschließend zu lieben.

Auf die Frage "Was halten Sie von Menschenopfern?" antworten Sie nichtssagend mit "Auch Menschen können geopfert werden". Wir möchten Ihre Einstellung dazu wissen.

Ich bin für die Opferung von Menschen. Es sollten sowohl Tiere als auch Menschen geopfert werden.

Interview mit einem früheren Ordensgroßmeister der Fraternites Saturni

Michael D. Eschner und sein „Thelema-Orden des Argentum Astrum" gelangte mit seiner Forderung nach Akzeptanz aller nur denkbaren Formen sexueller Gewalt (auch der Vergewaltigung) „als Mittel zum Zweck der Befreiung oder Einweihung" in die Schlagzeilen. Der geistige Urheber solcher Wahn-Phantasien ist indes nicht Eschner, sondern Crowley.

Dies erinnert zwangsläufig an den Marquis de Sade, der bereits 1795 meinte: „Achtet keine Gesetze mehr als die eurer Neigungen, keine andere Moral mehr als die der Natur, schmachtet nicht länger in den barbarischen Vorurteilen, die diese Reize verdorren ließen… fürchtet keine absurden Vorhaltungen mehr… man wird euch auch nicht mehr über eure reizenden Auschweifungen erröten sehen…" (Foral, S.222).

Wer sich die Mühe macht, sich auf die verrätselte Sprache Crowleys einzulassen, wird bald erkennen, worum es in den beiden folgenden textlichen „Kostproben“ geht: „Mein Wein ist vor ihnen ausgegossen, welche Wein niemals geschmeckt haben. Die Dünste davon sollen sie berauschen und die Kraft meiner Liebe soll mächtige Kinder von ihren Mädchen zeugen“ (Liber VII des „Liber Liberi vel Lapidis Lazuli“). Oder diese Stelle: „Mein Herr! Mein geheimes Selbst... Du Bock auf der Erde in Lust erhöht, du Schlange auf der Erde im Leben ausgedehnt! Heiliger Geist! Weisester Same! Unschuldiges Kind! Unversehrte Maid! Erzeuger des Seins!“ (Liber Samekh des Evangelii Textus Redactus). Immer wieder überkreuzen sich bei Crowley die Motive orgiastisch-bockhafter Geilheit mit kindlicher Unschuld. Das ist nicht neu; das gehört zum traditionellen satanistischen Repertoire in Schrift und Tat.

Und wie steht es mit dem O.T.O., Crowleys Ziehkind, der nach außen hin so unschuldig tut in Hinsicht auf die Arbeit mit Kindern, obwohl Insider der Szene, mit denen wir gesprochen haben, rituellen Mißbrauch in den inneren Zirkeln dieser heute sehr versprengten, aber nach wie vor aktiven Vereinigung angedeutet haben? Immerhin gelang Horst Knaut in seinem 1979 erschienenen Buch „Das Testament des Bösen“ schon einmal der Nachweis, daß in der Schweizer O.T.O.-Zentrale eine Schwarze Messe unter Beteiligung von Kindern bzw. Jugendlichen gelesen wurde, deren Augenzeuge er wurde: „Auch während unserer Messe sind zwei Jugendliche als Meßdiener anwesend. Hier sollte man wohl die Sittenpolizei der Kantonshauptstadt das Jugendamt einschalten. Ein 16jähriger Junge und ein 13 oder 14jähriges Mädchen stehen am Altar mit der aufgespießten Rose. Sie tragen Meßgewänder und müssen eine Hostie als ‚Sperma‘ schlucken...“ Es handelte sich hierbei wohl um die sogenannte ‚Gnostische Messe‘. Was bei einer solchen Messe vorgeht, kann man sich anhand eines Dokumentes vor Augen führen, das uns in einer theosophischen Buchhandlung in Melbourne in die Hände fiel: „Gnosticae Catholicae Canon Missae“, herausgegeben vom O.T.O. Es handelt sich also um Meßtexte, auf denen die Riten der „Gnostisch-Katholischen Kirche“ basieren. An anderer Stelle wird davon zu reden sein, welche Querverbindungen es zwischen dieser und anderen bzw. anders etikettierten satanischen Gruppen gibt.

Doch zurück zu unserem Meßtext: Gefordert sind: „...Two children. They are clothed in white and black... The priestess, the negative child on her left, the positive on her right, ascende the steps of the High Altar“. Im Verlauf der Liturgie entledigt sich die Priesterin ihrer Kleider: „Der Priester präsentiert die Lanze, welche sie elfmal küßt. Sie hält sie dann an ihre Brust, seine Arme sind entlang ihren Schenkeln ausge-

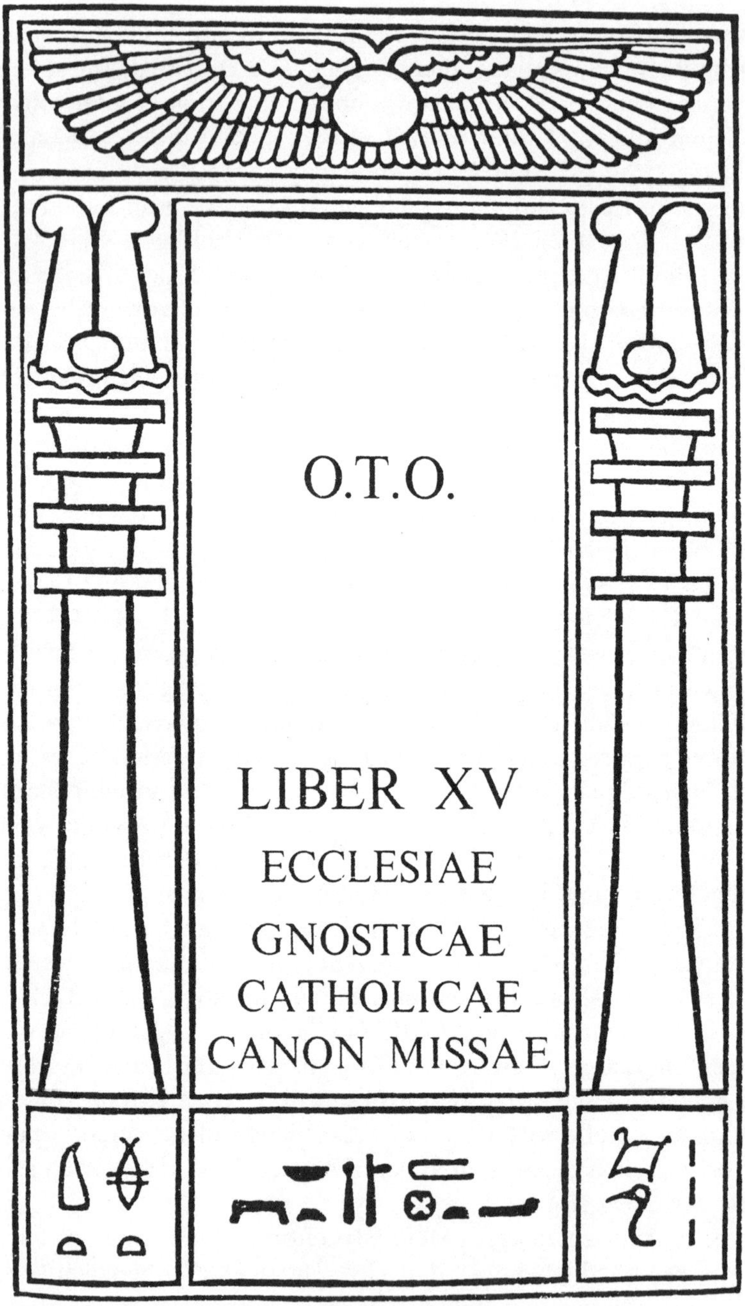

Der „gnostisch-katholische“ Meßritus fiel uns in einem theosophischen Buchladen in Melbourne in die Hände.

streckt... Der Priester reicht die Lanze der Priesterin, welche sie küßt; er berührt sie dann zwischen den Brüsten und auf dem Körper... Er schließt seine Hände, küßt die Priesterin zwischen ihre Brüste..." Die Vorgänge werden von Worten begleitet wie: „Dies ist mein Samen. Der Vater ist der Sohn wie der Heilige Geist... Tu, was du willst, sei das ganze Gesetz. Liebe ist das Gesetz, Liebe unter Willen." Und wenn es dann zur „mystischen Hochzeit", zur „Vereinigung mit Gott" – auf gut deutsch: zum Geschlechtsverkehr – kommt, sind die Kinder zumindest hier in Reichweite.

Immer wieder haben wir Leuten, die in unterschiedlichen Graden der Einweihung mit der neo-satanistischen Bewegung in Kontakt waren, auch die Frage nach dem Alter der Beteiligten gestellt. Ein Neosatanist aus Kiel gewährte per Brief Einblick: „Wir möchten nur einfach sichergehen, daß keine Unbefugten unsere Kreise stören. Der große Meister Crowley hätte sicher Verständnis für unser Bemühen... Unsere Gemeinde setzt sich aus Schwestern und Brüdern verschiedenen Alters zusammen, von ‚sehr jung' bis 56 Jahren." Noch deutlicher wurde er bei der Beschreibung der Liturgie. „Ein Bruder ‚kann' nur, wenn er weiß, daß eine bestimmte Schwester ihre Brüste als Ziel für den Erguß bereithält, während er mit einer anderen sehr jungen Schwester erst Koitus und dann Fellatio hat."

Und da ist noch die Erzählung einer Aussteigerin, die innerhalb einer satanistischen Gruppe die Funktion einer „Priesterin" innehatte. Sie berichtet von einem Dialog, der sich im Zusammenhang ihrer eigenen Schwangerschaft in der Gruppe zugetragen hatte: „Krischan brauchte eine ganze Weile. Dann sagte er: ‚Es gibt nur zwei Möglichkeiten. Entweder läßt Ricky es sofort wegmachen, oder aber... wir lassen sie das Kind austragen und opfern dann statt eines Tieres das Kind auf einer Schwarzen Messe'." Ihre Empfindungen bei diesem Vorschlag schilderte sie so: „Aber der Gedanke, ein unschuldiges Kind, ein Kind, das mir nichts getan hatte, einfach zu schlachten, das war zuviel. Ja, ich wollte Blut, und ich wollte mich auch rächen. Aber an einem Kind? Wie konnte ich mich an einem Kind rächen?"(Ricarda S., S. 103). Sie ließ sich das Kind schließlich von einem Arzt „wegmachen".

Immer wieder werden wir mit rätselhaften Fällen konfrontiert, so mit dem des Schweizer Geschäftsmannes René Osterwalder, über den wir uns mit unseren niederländischen Kontaktleuten lange und intensiv ausgetauscht haben. Deren (und auch unser) Urteil: das ganze „riecht" nach einem satanistischen Drehbuch. Vorderhand aber sind nur die dürren, hintergrundlosen Fakten zu sehen: René Osterwalder – selbst Vater von drei kleinen Kindern – zog im Juni 1992 nach Amsterdam und kaufte dort zwei Häuser, darunter eines der ehemaligen „Satanic Church“. Aufgrund des Verdachtes der Entführung, Mißhandlung und Ermordung mehrerer Kinder wurde seine Wohnung durchsucht. Einer der ermittelnden Beamten erklärte daraufhin, es sei „völliger Wahnsinn und das Scheußlichste, was mir in meiner 25-jährigen Laufbahn je passiert ist“: Sechs Videofilme stellten die Beamten sicher, auf denen Folterszenen mit Kindern zu sehen waren, auch die Folterung eines Säuglings mit Elektroschocks. Ferner wurden Handschellen, Knebel und ein Koffer mit Luftlöchern gefunden, sowie ein Aquarium mit Piranhas, an die der Schweizer offensichtlich Leichenteile verfüttert hatte. In seinem Ferienhaus in St. Ursanne im Schweizer Kanton Jura entdeckte man im Herbst 1992 eine Folterkammer, in der sich zwei Plastikfässer mit Salzsäure befanden. Auch dort konnte man Spuren von aufgelöstem Fleisch nachweisen.

4.3 Elemente des Kindersatanismus

Im folgenden wollen wir uns mit einzelnen Aspekten des „Kindersatanismus“ befassen. Wie schon anhand geschichtlicher Details festgestellt werden konnte, geht es um die Einbindung von Kindern in destruktive Zeremonien, die bis zum Ritualmord reichen können. Ritueller Mißbrauch von Kindern ist stets Bestandteil eines Kults oder der Teufelsverehrung.

Roland Summit, ein kalifornischer Kinderpsychiater, hat 1985 die Öffentlichkeit als einer der ersten auf Aspekte des rituellen Mißbrauch aufmerksam gemacht. Drei Jahre später vorgenommene Untersuchungen in amerikanischen Kindergärten führten etwa dreizehn Prozent der Fälle sexuellen Mißbrauchs auf rituelle Vergehen zurück; so entnehmen wir es einem Vortrag der Jonkers bei der 5. Internationalen Konferenz über Inzest vom 12. bis zum 14. August 1991 in Biel/Schweiz.

Bei einer genaueren Definition des rituellen Mißbrauchs an dieser Stelle stützen wir uns überwiegend auf Erkenntnisse des holländischen Ärzteehepaars Fred und Jetje Jonker. Grob fixiert als „der wiederholte und systematische sexuelle, körperliche und psychologische Mißbrauch von Kindern durch Erwachsene als Teil eines Kults oder einer Teufelsanbetung", unterschieden sie im einzelnen drei Gruppen:

- die traditionelle/orthodoxe Gruppe: Auf kultischer, spiritueller Grundlage basierend, ist nicht der Mißbrauch das eigentliche Ziel. Vielmehr geht es um eine Bestärkung des Satans-Glaubens, die sich aus bei Ritualen gemachten Erfahrungen gewinnen ließe. Diese Form des Kults ist hoch organisiert. In ihr sehen wir das Modell satanischen Mißbrauchs.
- die Gruppe des pseudorituellen Mißbrauchs: Kleine Kultgruppen, manchmal auch Einzelpersonen, rekrutieren Kinder, ohne im Besitz einer eigentlichen Ideologie zu sein. Die Religion wird dazu benutzt, eigenes kriminelles Verhalten zu rechtfertigen, um somit Schuldgefühle abbauen zu können.
- die Gruppe des psychopathologischen Ritualismus: Für einzelne oder kleine Gruppen ist ritueller Mißbrauch Bestandteil eines Zwangs- oder Wahnsystems; sie haben dazu keine wirkliche Ideologie entwickelt.

Zu unterscheiden ist auch zwischen „Überlebenden" („survivors"), die in der Vergangenheit mißbraucht worden sind, und „Opfern" („victims"), die diesen bis zum gegenwärtigen Zeitpunkt erleiden müssen. Überdies gibt es sowohl den intra- als auch den extrafamiliären Mißbrauch.

Allen Formen gemeinsam sind Merkmale und Methoden, deren wichtigste hier analysiert werden sollen. Ihnen liegen Untersuchungen von Therapeuten und Berichte von Beteiligten zugrunde. Danach existieren folgende Varianten:

- Kinder werden bei Kultzeremonien von Gruppen in sexuelle Handlungen mit Erwachsenen verstrickt; letztere sind dabei oft verkleidet (tragen Roben, Masken, Kostüme).
- Kinder werden ungewöhnlichen/satanischen Ritualen unterworfen.
- Kinder werden zur Einnahme von Drogen (durch Spritzen oder Süßigkeiten) gezwungen, die zur Beruhigung dienen oder aber Halluzinationen hervorrufen; man hypnotisiert sie beziehungsweise kontrolliert ihr Bewußtsein mittels Auslösercodes. Kinder werden zum Verzehr von Exkrementen, Samen und Blut gezwungen.
- Kinder sollen Kannibalismus ausüben, also menschliches Fleisch verzehren.
- Kinder werden dazu veranlaßt, an Folter, Verstümmelung oder Opferung von Tieren (zumeist Welpen oder jungen Katzen) und sogar von Menschen (oftmals andere Kinder desselben Alters oder Erwachsene im Alter von Vater/Mutter) teilzunehmen, die Taten zu be-

obachten oder bei ihrer Ausübung mitzutun. („Da waren auch kleine Tiere bei“, erzählte ein vierjähriger Junge. „Da war da ein Onkel, der hat gesagt, ich soll die Köpfe abschneiden... Da habe ich so einen Kopf genommen und hab‘ ihm so den Kopf abgerissen. Das war alles so komisch und eklig.“)

- Kindern wird durch verschiedenste Mittel körperlicher Schmerz zugefügt. (Beispielsweise führt man Stöcke, Vibratoren, Spielzeuge in Körperöffnungen auch des Genitalbereichs ein oder steckt Nadeln in Penis und Gesäß.)
- Kindern werden Erlebnisse bereitet, die den Tod versinnbildlichen. (Sie müssen sich in ein geöffnetes Grab oder in einen Sarg legen.)
- Kindern wird ihr Selbstwertgefühl zerstört (beispielsweise durch Aussagen wie „Deine Eltern lieben dich nicht!“), und sie werden zu einer Ideologie hingeführt, die auch rassistisch sein kann (etwa: „Schwarze Babys sind böse...“).
- Kindern wird Angst eingeflößt, indem man ihnen droht, sie selbst oder von ihnen geliebte Menschen würden umgebracht, wenn sie jemandem verraten, was ihnen widerfahren ist.
- Bei den kultischen Zusammenkünften, die oftmals an abgelegenen Orten, Friedhöfen zum Beispiel, stattfinden, wird zum Teil gesungen, werden Symbole und Verkleidungen verwendet, z. T. Fotos angefertigt oder sogar Videofilme gedreht.
- Bei rituell mißbrauchten Kindern – auch wenn die jüngeren sich darüber nicht äußern können und die älteren es aus Angst und Scham zumeist unterlassen – zeigen sich Symptome, die in jedem Fall auf erforderliche Hilfeleistung hinweisen.

Solche Anzeichen sind:

- körperliche Merkmale: Schnittverletzungen, Verbrennungen, Markierungen, blaue Flecke besonders im Genitalbereich.
- emotionale Merkmale: häufiger Stimmungswechsel, exzessive und ungewöhnliche Ängste (vor Autoritäten oder Tieren, vor Eingesperrtsein, vor dem Ausziehen oder vor körperlichem Kontakt, vor dem Anzünden des Hauses, davor, daß Vater oder Mütter getötet würden).
- weitere Merkmale: extrem schreckhafte Reaktionen, Anzeichen für tendenziell mißbräuchlichen Umgang mit sich selbst, Veränderungen der Persönlichkeit (das Kind war kontaktfreudig und zieht sich jetzt zurück), unangemessene Verhaltensweisen wie Zungenküsse, aggressiver, teils sadistischer Umgang mit anderen Menschen, mit

Tieren oder Gegenständen, eine übersteigerte Beschäftigung mit Sterben/Tod, abnormes Verhalten beim Gang zur Toilette, zwanghaftes Sprechen darüber und/oder Nachspielen.

4.3.1 Woher kommen die Opfer?

Zu den charakteristischen Methoden und Merkmalen rituellen Kindesmißbrauchs wollen wir nachfolgend die Ursprünge und die Verbindungen zum Satanismus herausarbeiten.

Immer wieder wurden wir mit der Frage konfrontiert, wieso auch in Deutschland Tötungen von Kindern möglich sind. Es müsse doch bemerkt werden, wenn Kinder verschwinden, meinten nicht nur Teile der Bevölkerung, sondern auch Angehörige von Polizei und Justiz.

Es gibt verschiedene und nicht nur in der satanistischen Szene angewandte Methoden, sich illegal Kinder zu „beschaffen". Deren Verschwinden fällt deshalb niemandem auf, weil die betreffenden Kinder von keiner staatlichen Behörde jemals registriert worden sind. Eigentlich kennt man sie auch nur innerhalb der verschwiegenen satanistischen Gruppierungen.

In solchen Kreisen werden – wie vielfach belegt – weibliche Mitglieder geschwängert und später zumeist Frühgeburten erzwungen. Auch unsere Informantin Heike erwähnte künstlich herbeigeführte Geburten bei einer Frau, die sieben- oder achtmal schwanger gewesen sei und von sekteninternen Ärzten krankgeschrieben wurde, bevor ihre Schwangerschaften bemerkt werden konnten. Heike sprach darüber hinaus von nicht angemeldeten Geburten sowie von „Breeding Farms". Das sind Plätze, Höfe und Baracken, in denen Frauen gebären.

Die Londoner Tageszeitung „The Independent" schrieb bereits vor vierzehn Jahren, daß innerhalb satanistischer Zirkel Geburten verheimlicht würden, amtlich unerfaßt blieben und somit Babys unbemerkt verschwinden könnten. Ebenfalls in der englischen Presse wurde über ein vierzehnjähriges Mädchen berichtet, das bis zu seinem 19. Lebensjahr von einem Hohepriester immer wieder vergewaltigt und geschwängert wurde. Zum Zwecke der Ermordung der Föten auf Schwarzen Messen sind deren Geburten jeweils vorzeitig eingeleitet worden. Damals nahm man in England an, daß jedes Jahr „mehrere hundert Kinder von Teufelsanbetern getötet werden". In den USA wird ihre Zahl von Experten sogar noch weit höher geschätzt. Doch

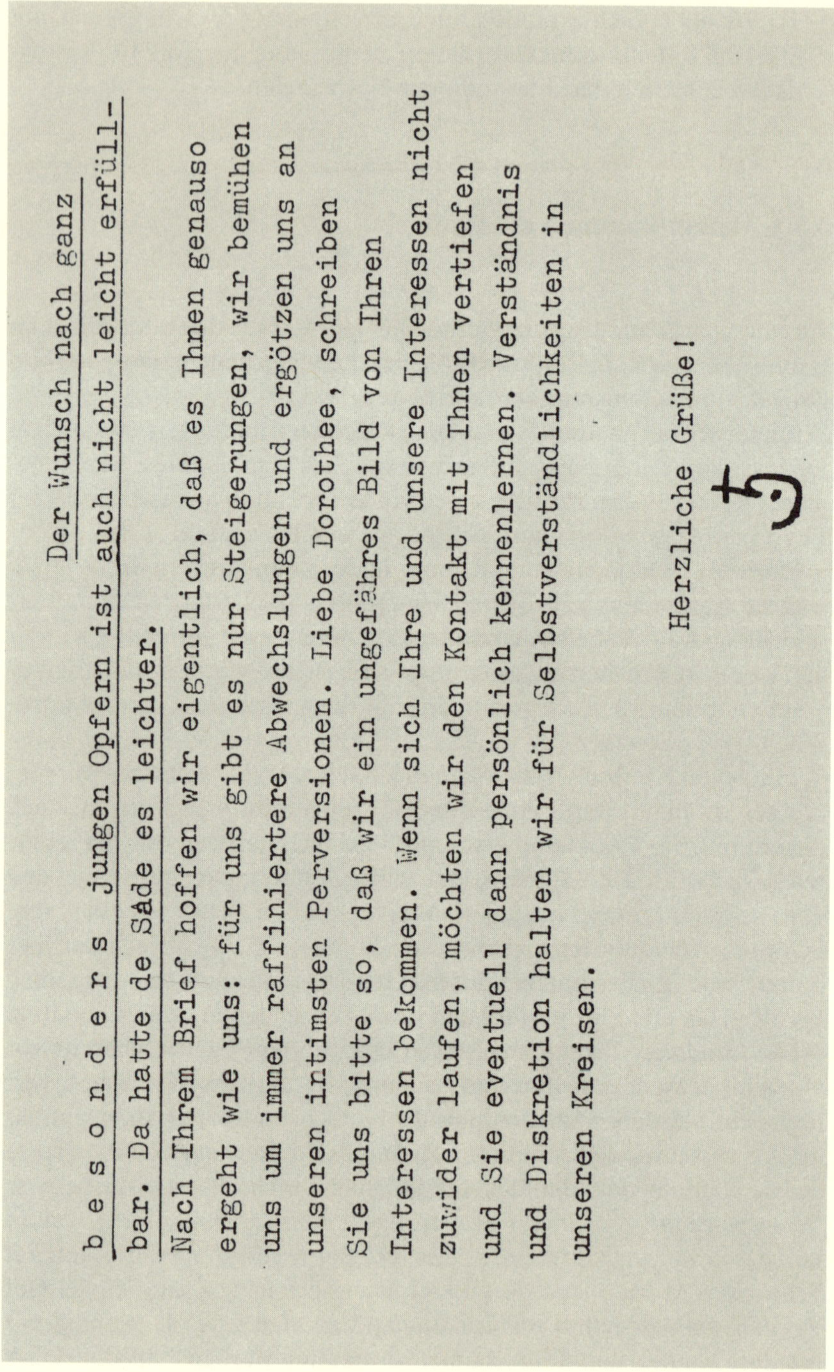

Der Wunsch nach ganz b e s o n d e r s jungen Opfern ist auch nicht leicht erfüllbar. Da hatte de Sade es leichter.

Nach Ihrem Brief hoffen wir eigentlich, daß es Ihnen genauso ergeht wie uns: für uns gibt es nur Steigerungen, wir bemühen uns um immer raffiniertere Abwechslungen und ergötzen uns an unseren intimsten Perversionen. Liebe Dorothee, schreiben Sie uns bitte so, daß wir ein ungefähres Bild von Ihren Interessen bekommen. Wenn sich Ihre und unsere Interessen nicht zuwider laufen, möchten wir den Kontakt mit Ihnen vertiefen und Sie eventuell dann persönlich kennenlernen. Verständnis und Diskretion halten wir für Selbstverständlichkeiten in unseren Kreisen.

Herzliche Grüße!

Irgendwann wird der Briefwechsel verräterisch…

woher will man das so genau wissen? Dennoch sind die Zahlen unserer Einschätzung nach zumindest nicht gering.

Entspricht es also der Wahrheit zu behaupten, junge Mädchen würden als „Zuchtstuten“ und „Gebärmaschinen“ mißbraucht, sie trügen Kinder aus, die Satan zum Opfer gebracht werden? Und existieren die oben erwähnten „Breeding Farms“ tatsächlich?

Theoretische Hinweise darauf lassen sich durchaus finden, etwa bei Michael D. Eschner, der 1985 im Verlag „Stein der Weisen“ das Buch „Die Sexualmagischen Unterweisungen des Tieres 666“ herausgab. Darin macht er in esoterisch-verbrämter Rede auf „Homunculi“ aufmerksam, auf „künstlich erzeugte Kreaturen, welche aus dem Sperma, unabhängig vom weiblichen Organismus, geschaffen werden“. Was wie abgehobene Spintisiererei anmutet, mündet an anderer Stelle in sehr handfeste Rede, wie man gleich sehen wird.

Orientieren wir uns direkt an der „Geheimen Instruktion des IX°“, die in Eschners Buch „unter dem Siegel des Eides des IX°“ nachgelesen werden kann, und untersuchen wir die folgenden Ausführungen insbesondere im Hinblick auf die Fragen nach der Existenz von „Breeding Farms“ und der Einleitung vorzeitiger Geburten:

Es wird darauf abgezielt, daß eine Frau, die willens ist, bei „diesem Werk zu helfen“, und ein geeigneter Mann – bestimme, „wenn angebracht dich selbst oder irgendeinen anderen initiierten Bruder der Gnosis“ – zusammenkommen. Beide sollen „kontinuierlich kopulieren“, dabei den „Erfolg des Werkes wollen und andere Wünsche leugnen“. Auch Ort und Zeit für die auf zeremonielle Weise vollzogenen Akte sind festgelegt: ein vorbereiter Tempel und die jeweils astrologisch günstigen Stunden. „So fahre fort“, wird schließlich verlangt, „bis die Befruchtung resultiert.“

Auf „Breeding Farms“ weisen die nächsten Vorkehrungen hin: „Jetzt soll die Frau zurückgezogen und zu einem vorbereiteten Platz weggeschafft werden.“ Um sie herum wird ein großer Kreis gezogen, den sie nicht verlassen darf. Ferner wiederum soll sie in einem großen Dreieck plaziert werden, Anrufungen und Bannungen folgen. „Und das erste Regen des Fötus soll ein Fest der Empfängnis des Geistes sein.“

Später erfolgt der wohl deutlichste Hinweis auf die Manipulation von Geburten: „Und die Entbindung der Frau soll verzögert oder beschleunigt werden, soweit es möglich ist, um ein für solch ein Kind geeignetes Zeichen zu sichern.“

Die weiteren Bemühungen gelten dem Neugeborenen: „Das Kind muß nach der Geburt gewidmet, gereinigt und geweiht werden...“ Denn: „Nun hast du ein Wesen von vollkommener menschlicher Form, mit allen Kräften und Privilegien der Menschheit, aber mit der Essenz einer besonderen gewählten Kraft und mit allem Wissen und der Macht seiner Sphäre, und dies Wesen ist deine Schöpfung, für es bist du der einzige Gott und Herr und es muß dir dienen. Daher ist alles von dem Teil der Natur, zu welchem es gehört, unter deiner Herrschaft und du bist der achtfache Meister." Zum Schluß die Aufforderung: „Sei achtsam, Bruder Adept, und wähle dein Objekt gut, und spare weder Leid noch Arbeit am Beginn deiner Operation..."

Als weitere potentielle Opfer müssen wohl die sozialen Randgruppen der „Straßenkinder", Drogenkids und Obdachlosen herhalten. Bekannt geworden ist auch, daß drogensüchtige Eltern nicht selten ihre Kinder für Rituale oder Videoaufnahmen „vermieten" oder verkaufen. Schließlich wurde uns von nicht registrierten Asylantenbabys berichtet, sowie von Kindern aus Rumänien, dem ehemaligen Jugoslawien und aus Südamerika, die über die deutsche Grenze geschmuggelt würden. Die letzte „Beschaffungsvariante" war immer wieder auch Gegenstand der Medien. Es konnte ermittelt werden, daß in Kreisen der Pädophilen ein regelrechter Kinderhandel entstanden ist. Laut holländischer Presse hatte der Schweizer René Osterwalder ebenfalls bei einer „mafiaähnlichen Organisation" für 13.000 $ zwei Waisenkinder aus Osteuropa (Rumänien) bestellt.

Klaus Meyer-Andersen, Journalist, und Ann Thönnissen, freie Autorin, mit der wir mehrfach Informationen und Erfahrungen ausgetauscht haben, wußten in ihrem vielbeachteten Buch „Kinderschänder" von „kriminellen Syndikaten aus Amerika, Europa und Japan" zu berichten, die beispielsweise auf den Philippinen Straßenkinder „verschieben, verkaufen und drogenabhängig machen" (Meyer-Andersen/Thönnissen, S. 62). Wie sehr sich die Grenzen zwischen Kinderpornographie, bei der immer gewalttätigere Videos produziert werden, sowie Kinderhandel und satanischem Mißbrauch junger Menschen verwischt haben, wird noch aufzuzeigen sein.

4.3.2 Kannibalismus

Als der unglaublichsten Facette des rituellen Mißbrauchs wenden wir uns nun dem Kannibalismus zu. Finden kannibalistische Ausschweifungen, von denen überlebende Opfer vielfach berichtet haben, ihre Begründung im satanischen Schrifttum und Glauben?

Der Blick in die Geschichte zeigt, daß Kannibalismus im Zusammenhang mit kultischen Zeremonien eine nicht unbeträchtliche Rolle spielte. Auch Abbé Guibourg und seine Mittäter standen auf einer „kannibalisch-primitiven Stufe des Blutglaubens“, wie Gerhard Zacharias es bezeichnete. Mit der Destillation der Eingeweide von Kindern wurde versucht, „satanischen ‚Geist‘ einzufangen, um ihn magisch wirksam werden zu lassen“.

In der Neuzeit ist vor allem der satanischen „Four P Society“ („Four Movement“) in den USA nachgewiesen worden, daß Menschen getötet und während eines Kultmahls die Herzen verzehrt wurden.

Der Neo-Satanismus enthält eine Vielzahl kannibalistischer Elemente. Wir wollen uns nicht nur auf Aussagen von Informanten, Opfern und Insidern verlassen, sondern schenken zunächst wiederum den Worten Crowleys selbst Gehör. Dieser erwähnte einen „Anbeter“, welcher mit „Bedachtsamkeit Grausamkeiten praktiziert“. Bezog er sich dabei auf die im „Liber Al, Unterkapitel vel Capricorni Pneumatici““ beschriebene Szene?

„Diese Tiere sind mir geweiht; die Ziege und die Ente und der Esel und die Gazelle, der Mann, die Frau und das Kind.“ Und weiter: „Alle Leichname sind mir geweiht; sie sollen nicht berührt werden, außer in meiner Eucharistie.“ Der letzte Satz läßt vermuten, daß ein kannibalistisches Ritual in Erwägung gezogen wurde – immerhin ist die Eucharistie im Katholizismus das Sakrament des Mahles. Bemerkenswerterweise ist Crowley nicht nur der Sodomie, der Verführung Minderjähriger und des Mordes verdächtigt worden, sondern auch des Kannibalismus.

Konkretere Aussagen machte er in der geheimen Instruktion des achten Grades, im Kapitel „von gewissen, geheim in Russland praktizierten Riten“: „Wenn... die Priesterin... empfängt und gebärt, dann wird das Kind durch seinen Vater, den Priester... getauft und für die Weihung durch Feuer wird es geröstet und unter die Mitglieder zum Gebrauch als ein Sakrament als ein Talisman und als eine Medizin gegen alle Krankheiten aufgeteilt. Dies wird auch von den Rittern unseres eigenen Heiligen Tempelordens gesagt. Daß der Abkömmling von irgendeinem von ihnen durch eine Jungfrau geröstet wurde und aus seinem Fett eine Salbe gemacht wurde, um die magische und unaussprechliche Figur von Baphomet zu salben. Bedenke dies.“

Ungern würden wir eine Fortführung dieser Traditionen annehmen; und doch sind die Zeugnisse alleine derjenigen, mit denen wir gesprochen haben, so übereinstimmend (Wer klagt sich schon selbst des Kannibalismus-Vergehens an?), daß wir – ganz vorsichtig formuliert – sagen müssen: Aller Wahrscheinlichkeit nach wird bis heute unter Satanisten ein zeremonieller Kannibalismus praktiziert. Am 28. und 29. Juni 1993 berichtete beispielsweise der holländische TV-Sender NOVA über einen Fall von rituellem Mißbrauch in den Niederlanden. Eine Frau sagte in der Sendung aus, sie habe ein Kind geboren, das später getötet wurde, und sie selbst sei gezwungen worden, Teile des Babys zu essen. („...forced to eat pieces of the baby.“)

4.3.3 Hinter einer Maske

Nicht selten werden rituelle Akte, bei denen Kinder mißbraucht werden, von Erwachsenen in Verkleidung vollzogen. So beschrieben die Kinder oft Menschen in Tier-, in Clowns- , Geister-, Ritter, Cowboy- oder in Comicfiguren-Kostümen. In einem uns vorliegenden Tagebuch des Vaters dreier Kinder in Norddeutschland, die durch die geschiedene Ehefrau mit satanistischen Kreisen in Berührung gekommen sein sollen, sind die Aussagen eines der Kinder wiedergegeben: „Der dicke Onkel, der hat sich ein schwarzes Kleid angezogen, das war schwarz, richtig schwarz.“ Weiter: „Mama ist ein Geist, tanzt in einem Kleid und Kugeln und einer Kette, dann ist es dunkel, mit Kerzen... Messer mit Blut... Der Geist hat ein Kleid an, wenn er das Kleid auszieht, dann ist man wieder ein Mensch.“

In einem anderen Fall sprachen Kinder von dem TV-Zauberer „Pan Tau“, der alles sehen und hören und durch Wände gehen könne.

Kinder sind relativ einfach in Spiele und Rituale einzubinden. Wenn dabei an ihnen bekannte Figuren und Verkleidungen angeknüpft wird – zu „Pan Tau“ finden sie gewiß leichter Zugang als etwa zu Satan -, schützen sich die Täter zugleich davor, erkannt zu werden. Denn Kinder, die von Cowboys und Indianern oder Tieren in Menschgröße erzählen, werden von Eltern oder Untersuchungsbeamten kaum ernstgenommen.

Es ist altes heidnisches Brauchtum, sich bei bestimmten Ritualen und Festen in ein Tier zu verwandeln. Bei den Hexensabbaten legten Männer und Frauen oft Tierfelle an, setzten Tierköpfe auf oder trugen Masken. Der Teufel selbst erschien in Tiergestalt; sein Darsteller verkleidete sich als Ziegenbock oder gehörnter Hund, als Katze, Stier, Schaf, Pferd, Bär, Hirsch oder Eber. Die Kirchenväter lehrten schließlich, daß Dämonen und Teufel sich als Mischwesen oder Tiere zeigen würden.

Nach Richard Cavendish teilten Hexen, die zugleich Magierinnen und Teufelsanbeterinnen waren, die heidnische Auffassung, das Animalische im Menschen besäße einen hohen Stellenwert: „Wenn sie als Tiere verkleidet tanzten und Feste feierten und bei ihren Orgien einen Tiergott verehrten, dann entfesselten sie damit ihre eigenen animalischen Triebe – eine wesentliche Stufe auf dem Wege zur Vollkommenheit und zur Verwirklichung der Gottheit im Menschen." Auch im Neo-Satanismus arbeitet man bei „Operationen masturbatorischer und oraler Art" im VIII° mit „Wehrmasken" (Eschner, Die geheimen sexualmagischen Unterweisungen des Tieres 666, S. 83).

Hat also die Maskerade beim satanistischen Mißbrauch nicht nur die Funktion, dem Wesen von Kindern zu entsprechen sowie die Täter vor ihrer Identifizierung zu schützen, sondern folgt sie vielmehr einer überlieferten Traditon? Eine solche Vermutung liegt nahe, zumindest bei Gruppierungen, die ihrem Glauben ernsthaft anhängen. Und ist nicht auch der von Crowley verehrte Gott Pan ein Zwitterwesen zwischen Ziegenbock und Mensch?

Was das rituelle Instrumentarium angeht, so gibt es immer wieder Überschneidungen in den Schilderungen der Kinder, auch über nationale Grenzen hinweg. Holländische Kinder berichteten von einem „Handschuh mit Messern dran", der zur Tötung von Altersgefährten benutzt worden sei. Später beschrieben – unabhängig von den Holländern – auch deutsche Kinder ein solches „Tötungsinstrument", einen Handschuh aus Eisen; sie sprachen von: „Herz ausschneiden und dann spritzt das Blut. Das ist ganz weich, das tut gar nicht weh, wenn man schneidet." Nur kindliche Phantasie? Von Informanten erfahren wir, daß es in der Nähe von Enschede ein Geschäft geben soll, in dem unter dem Ladentisch dergleichen abartiges Kultwerkzeug erworben werden kann.

4.3.4 Psychische Zurichtung von Kindern

Lange Zeit – nachdem wir bereits mit einer Vielzahl von Opfern gesprochen hatten – blieb uns unklar, wie es den Satanisten gelingen konnte, Kinder so gefügig zu machen, daß sie offenkundig willenlos dazu bereit waren, ihre „schönste Puppe" zu zerstören, Fäkalien zu essen, ihr Lieblingstier zu schlachten, Blut zu trinken, an Menschenopfern teilzuhaben. Klar war da immer wieder die Rede von Drogen, von

Trance – aber wer mit Kindern umgeht, weiß, daß man bei ihnen auch mit Gewalt durchaus nicht alles erreichen kann.

Tieferen Aufschluß gab uns eine sehr intelligente Frau, die selbst Kultopfer war und seither nicht müde wird, verstandesmäßig zu ergründen, warum sie dies alles mitgemacht hatte. Warum sie die abscheulichsten Dinge für normal hielt. Und warum sie nicht reden konnte, nicht reden wollte. Diese Frau L. brachte uns auf die Namen der Verhaltensforscher Pawlow und Skinner.

Der russische Nobelpreisträger Pawlow (1849-1936) erforschte zu Beginn unseres Jahrhunderts die „bedingten Reflexe" im menschlichen Zentralnervensystem und lieferte mit seiner bekannten Theorie vom „Schlüsselreiz" wichtige Anregungen für eine mechanistisch denkende Psychologie und den sogenannten Behaviorismus (=der Mensch ist das, was Lernen und Erziehung aus ihm macht). Pawlow'sche Ergebnisse spielten eine Rolle bei der sogenannten „Umkonditionierung von Menschen"; der KGB und andere Geheimdienste waren daran interessiert, wie man Menschen so „umpolen" kann, daß sie nach neuen, inneren Gesetzen handeln. Die Umerziehungslager sind unter anderem ein Ergebnis solcher Gedankenspiele

Ausgangspunkt ist der berühmte Hundeversuch Pawlows, anhand dessen er den „Schlüsselreiz" beschrieben hat: Vor jeder Fütterung des Hundes ertönt ein Klingelzeichen. Der akustische Reiz wird zeitlich mit dem Anblick und dem Geruch von Futter verbunden. Nach mehrfacher Wiederholung (dem „Lernen") führt schon allein das Klingelzeichen – ohne daß Duft und Anblick von Futter da wären – zur gewünschten Reaktion: dem Speichelfluß.

Der Vater des Behaviorismus, der Amerikaner J.B.Skinner (* 1904), betrachtete die Psychologie als die Wissenschaft, die sich mit der Suche nach den richtigen Auslösern für erwünschtes Verhalten befaßt; Skinner spricht von der „operanten Konditionierung". Gemeint ist: aus Konsequenzen lernen.

Ein gewünschtes Verhalten wird dadurch erlernt, daß alle Reaktionen, die als Vorstufe des gewünschten Verhaltens gelten, immer wieder durch bestimmte Verstärker bekräftigt werden. Dadurch wird die Wahrscheinlichkeit des Auftretens der gewünschten Sequenz sehr groß. Als Hilfsmittel hierfür dienen Belohnung und Bestrafung.

Satanisten wollen in den Kindern, die sie für ihre Rituale mißbrauchen, chronische Gedankenverbindungsstörungen und die Ablösung des Willens hervorrufen. Auslöser („reinforcements") dafür sind Worte (z.B. „Gott", „Himmel"), Zahlen, Handzeichen und Musikstücke. Hier wird die Pawlow'sche Konditionierung angewendet.

Frau L. erklärt uns, wie die Satanisten mit der „operanten Konditionierung“ arbeiten: „Ein Kind bekommt eine Zeichnung, die ein Menschengesicht darstellt, mit der Aufforderung, die Augen auszustechen. Weigert es sich, wird es bestraft. Das Verhalten wird nun gesteigert. Es folgen Tiere, Leichen und zum Schluß...lebendige Menschen. Es geht dem Kind nur um das Schmerzverhindern. Dafür würde es alles tun. Nennt ein Satanist nun auf einem Spielplatz oder auf der Straße eines der Auslöserworte oder macht ein bestimmtes Handzeichen, wird das Kind bedingungslos mitgehen, weil es so konditioniert worden ist.“

Dann sagt sie uns, daß den Kindern auch das Gefühl des absoluten „Ausgeliefertseins“ gegeben wird. So werde ihnen zum Beispiel eingeredet, alle Menschen mit blauen Hosen seien Satanisten. Dadurch hat das Kind das Gefühl, der Kult sei überall und es könne niemals entkommen.

Die multiple Persönlichkeit

„Multiple Persönlichkeit“ nennt die Psychologie das Phänomen eines Bewußtseins mit mehreren Persönlichkeitsanteilen. Diese übernehmen zeitweilig die volle Kontrolle über den Körper und das Verhalten. Der Übergang kann sich innerhalb von wenigen Sekunden vollziehen. Es ist ein ständiger Wechsel zwischen dem dominierenden Ego und den anderen Persönlichkeiten; jede verfügt über ihre eigene Stimme und Körpersprache.

Ein Kind, das gequält, gefoltert und mißbraucht wird, kann weder fliehen noch kämpfen. Es versucht sich dadurch zu retten, daß es „Stellvertreter“ erschafft, die an seiner Stelle diese Qualen erleiden sollen.

Der niederländische Psychotherapeut Nijenhuis vergleicht diesen Prozeß mit einem Fluß, der sich teilt, sobald unüberwindbar erscheinende Hindernisse auftauchen: Die Persönlichkeit spaltet sich, um zu überleben, und es entstehen voneinander unabhängige Ströme mit eigenen Erinnerungssystemen. Andere Ichs übernehmen wichtige Funktionen im Überlebenskampf. Auf bestimmte Signale hin erscheinen sie dann. Manche multiple Menschen tragen verschiedene Brillen, wechseln vom Links- zum Rechtshänder, vom Nichtraucher zum Kettenraucher.

Frau L. nennt uns einige Beispiele dafür, wie Satanisten es schaffen, daß sich die Persönlichkeit eines Kindes spaltet. Sie selbst ist umkonditioniert worden, hatte die Empfindung, sich zeitweise in mehrere

Persönlichkeiten aufzuspalten, und ist seit über zwanzig Jahren in psychotherapeutischer Behandlung. Erst jetzt ist es ihr möglich, über all das Schreckliche, das ihr widerfahren ist, zu reden: „Ein Kind wird in einen Sarg gesperrt. Es kann von der Außenwelt nichts hören, ist völlig isoliert. Luft bekommt es durch einen Gartenschlauch. Plötzlich ertönt ein Hochfrequenzgeräusch, das so laut ist, daß es glaubt, das Trommelfell würde platzen. Bevor das Kind wahnsinnig wird, verfällt es in Trance (ist in diesem Zustand sehr gut zu beeinflußen durch konditionierte Signale) und wechselt in eine andere Persönlichkeit. Dann ist es für ein Ritual vorbereitet."

Oder: „Ein Kind wird nachts von den Eltern aufgeweckt und scheinbar zu einem Arzt gebracht. Dort erhält es eine Spritze. Durch die Injektion kann es sich nicht mehr bewegen. Die Eltern erklären dem Kind, wenn es stillhalte und keine Angst zeige, sei es ein ‚Kind Gottes'. Natürlich möchte es das sein und versucht, keine Angst zu zeigen. Es wird auf einen Altar gelegt. Ein Mann in schwarzer Robe erscheint plötzlich und legt eine schwarze Schlange auf den Körper des Kindes. Es hat totale Panik, denn es kann sich durch die Injektion nicht bewegen. Die Panik und die Angst steigern sich noch bei dem Anblick des Reptils. Das Kind glaubt, durch seine Reaktion (nämlich „Angst zu haben") Gott verraten zu haben deshalb kein ‚Kind Gottes' mehr zu sein, wie es seine Elern erzählt haben. Dieses Ritual zielt nur darauf ab, dem Kind zu zeigen, daß nicht Gott die Macht über es hat, sondern einzig und allein Satan. Das Kind wird jetzt eher bereit sein, mit den Satanisten zusammenzuarbeiten."

5. „Ich habe spezielle Neigungen und suche…“

Über viele verschlungene Wege ist es uns gelungen, an die Adresse eines esoterischen Verlages und Versandes zu kommen, der tief in der satanischen Szene verwurzelt ist. Im Hinblick auf Kindersatanismus, das heißt des rituellen Mißbrauchs von Kindern, verrät uns dieser Insider „durch die Blume“ fast Unglaubliches. Wobei er unsere eigenen Recherchen bestätigt. Gesprächsprotokolle dieser Art sind wohl einmalig.

Wir werden Auszüge daraus abdrucken, um dem Leser einen noch besseren Einblick in die Struktur und vor allem auch in die Abgeschlossenheit der Szene zu geben. Wer könnte anschaulicher über die kriminellen Umtriebe im religiösen Untergrund berichten als einer, der selbst aktiv mitmischt?

Unser Gesprächspartner ist der Chef eines Versandes in der Nähe von Frankfurt. Einer von uns hat sich ebenfalls als Insider ausgegeben, mit der erklärten Absicht, andere Gruppen kennenzulernen, die rituell mit Kindern und mit Blutopfern arbeiten.

Lesen Sie nun selbst die Gesprächsprotokolle, die am 15. und 19. Oktober 1993 zustande gekommen sind, an deren chronologische Abfolge wir uns jedoch nicht halten wollen, um die Aussagen thematisch zusammenfassen zu können (A = Autoren, I = Insider).

I: „Wir praktizieren und lehren in erster Linie rein westeuropäische Esoterik. Und da ist ja das Gebiet, das Sie jetzt ansprechen (gemeint ist die rituelle Arbeit mit Kindern, d. Verf.) ein Bestandteil davon.“

Auf den Umgang mit Sexualität angesprochen, die im religiösen Untergrund vorherrschend ist, meint er:

„... da geschieht erst mal eine Weile gar nichts, bis überhaupt Sexualität geschieht! Da kommen Sie erst ran, wenn Sie den achten Meistergrad haben. Da kommen Sie überhaupt dieser Sache erst näher... Zuerst einmal müssen die Grundlagen da sein, vor allem bei sich selber.“

A: „Ich habe eine konkrete Frage... an Sie, Herr K.: Ich suche auch speziell in diesem ‚Lolita-Bereich‘ (gemeint sind Kinderpornos in Verbindung mit rituellem Mißbrauch, d. Verf.) etwas, das heißt, ich weiß, daß in Deutschland Filme kursieren, die auf dieser Basis, auch rituellen Mißbrauch – um ihn konkret zu nennen – beinhalten. Ich bin gut situiert. Ich könnte für ein solches Videoband... auch 20000 DM bezahlen, wenn es machbar wäre, das zu besorgen! Glauben Sie, Sie könnten mir so etwas besorgen?“

I (teilweise stotternd): „Nein, wir haben mal eine Zeitlang mit Bänder da was gemacht, also in dieser Richtung. Aber wir haben das wieder aufgegeben... wir sind ja erstens ein Geschäftsunternehmen und das Interesse war A nicht stark genug und B, wir haben sogar einige damit schockiert. Und daraufhin haben wir das eingestellt.“

Herr K. bestätigt also damit, daß er selbst einmal mit Filmen, die rituellen Kindesmißbrauch zeigen, gehandelt hat! Etwas, was die Öffentlichkeit, Behörden und viele andere nicht wahrhaben wollen. Wir haken noch einmal nach, um ganz sicher zu gehen:

„Ja, auch in dieser Richtung?“

I: „Gerade in dieser Richtung. Auf Videokassetten...“

A: „Es ist schwer, an solche Dinge heranzukommen. Ich habe auch gewisse Kontakte in Holland, aber es ist trotzdem schwierig. Könnten Sie mir denn – Sie wissen jetzt, was ich speziell suche – weiterhelfen? Wir könnten auch über ein Vermittlungshonorar für Sie...“

I: „Nein, nein, nein, wir hatten da also Verbindungen, die existieren nicht mehr! Die haben wir einschlafen lassen, das ist schon ein paar Jahre her. Und das war auch in Holland.“

A: „War das in Amsterdam...?“

I: „Nein, nein. Das war mehr über Belgien, würde ich sagen, also Flandern. Aber Holland war auch mitbeteiligt. Das war also eine Gruppe, die das gemacht hat, auch produziert hat, usw.“

A: „Sie wissen nicht mehr, wie die geheißen hat?“

I: „Die existiert nicht mehr.“

Unwillkürlich müssen wir an die Vorfälle in Oude Pekela denken. Gibt es hier etwa einen Bezug oder gar Querverbindungen?

A: „Also Ihres Erachtens habe ich keine Chance, an so etwas heranzukommen?“

I: „Nein, weil wir haben uns nicht mehr darum gekümmert, ist ja klar. Wir haben es wieder rausgeschmissen und haben gesagt, wir machen ja unser Geschäft damit nicht kaputt…“

A: „Also, wir haben hier auch eine kleine Gruppe gegründet, …die auch… auf dieser rituellen Ebene… mit Kindern arbeitet… Wird denn auch bei Ihnen mit Kindern gearbeitet, dann könnten wir… ganz konkret werden, daß man sich einmal trifft…. Erfahrungen auszutauschen… Ich muß ganz ehrlich sagen, ich habe hier auch einige Leute, die Interesse haben an einem solchen Band, die auch bereit sind, etwas zu bezahlen…“

> 24. Das beste Blut ist vom monatlichen Mond; dann das frische Blut eines Kindes oder das, welches vom Wirt des Himmels tropft, dann das von Feinden, dann das des Priesters oder Anbeters, zuletzt von einem Tier, egal von welchem.
>
> *Aleister Crowley*

I: „Ja, ja, ja. Aber ich meine, wir tun ja selber Videoproduktionen machen! Aber eben nur in einem anderen Bereich, im normalen esoterischen Bereich!“

A: „Da ist sowas mit Kindern nicht dabei?“

I: „Nein. So etwas machen wir nicht. Ich meine, ich mache das selber nicht, wir haben einen Kameramann… Das muß ein Fachmann richtig machen. Schöne Beleuchtung und alles drum und dran, das kann ein Laie nie so hinkriegen. Das könnten wir nicht machen, weil, also wie gesagt, dieser Kameramann und die dann noch dran beteiligt sind, die sind mehr oder weniger aus neutralem Bereich. Das würde Ärger geben."

A: „Nehmen Sie denn dann bestimmte Messen auf?"

I (zögernd): „Jein, jein, jein. Nein, wir nehmen an und für sich auf Band nur Vorbereitungen dazu auf, weil die anderen Sachen, die sind ja geheim."

A: „Ich weiß… Ich habe auch Leute an der Hand, die viel Geld zahlen würden, wenn Sie ein Band bekommen würden, wo eine Schwarze Messe gezeigt wird…"

I: „Das glaube ich Ihnen. Da haben wir genug Interessenten dafür."

A: „Glauben Sie, daß wir in irgendeiner Weise… herausfinden, ob die Leute auch mit Filmen arbeiten, ob man denen was abkaufen kann, wenn sie solche Rituale mit Kindern…?"

I: „Abkaufen, glaube ich nicht."

A: „Glauben Sie nicht?"

I: „Nein…"

A: „Daß es da Filme gibt…"

I: „… das glaube ich sogar, daß es da Filme gibt! Aber das sind für die nur reine Studienobjekte – …das ist eine Sache, die bleibt meistens ganz streng bei denen… Was anderes ist, wenn Sie jetzt als Gruppe selbst Kontakt mit denen haben, und das ist eine absolute Vertrauensbasis… dann kann es sogar sein… nur mit einem anderen Hintergedanken verbunden, sie praktisch mit in diese Richtung zu ziehen."

Wir sprechen Herrn K. auf seine Kontakte an, die er eventuell ausnutzen kann, um ein solches Videoband mit rituellem Kindesmißbrauch zu beschaffen.

I: „Nein,… das ist nur auf Vertrauensbasis möglich."

A: „Das ist ja auch ein heißes Thema, davon weiß ja die Öffentlichkeit nichts…“

I: „Ja eben… und aus dem Grunde schon alleine! Schauen Sie mal: Das sind meistens wohlsituierte Leute, und die haben sich natürlich auch entsprechend abgeschirmt. Und das ist mir auch verständlich und das respektieren wir auch…“

A: „Das geht ja rein bis in die Politik…“

I: „Ja, natürlich.“

K. erklärt uns weiterhin, die Schwarze Messe sei auf einen gewissen Dämon fixiert, der verehrt und beschworen und für Hilfsdienste herangezogen werde.

I: „… da wird auch Blutopfer oder Sexualopfer und sonst noch was alles erbracht, natürlich! Das gehört auch da alles mit dazu.“

Ferner gebe es nur die Magie an und für sich, und es komme darauf an, was man daraus mache. Schwarze und Weiße Magie.

I: „Die Kräfte oder Praktiken oder Rituale sind im wesentlichen gleich. Kräfte sind wertneutral, wie Strom. Mit Strom kann man jemandem helfen oder töten. So ähnlich ist es hier.“

Auf den rituellen Mißbrauch angesprochen, sagte er, das dies natürlich eine ganz „brisante“ Richtung sei.“Bloß eben müßten da erst mal die Voraussetzungen da sein!“

I: „Voraussetzungen fangen bei der Arbeit am eigenen Ich an. Da gibt es… vergleichbare Bücher, hier im europäischen gibt es keine offiziellen zu kaufen. Ich habe im Privatbesitz einige, aber die bekommt man nur unter der Hand. Wenn man gewisse Beziehungen zu Logen oder Orden hat, sonst kommt man gar nicht da ran. Und die einzigen, die es gibt, sind aus dem Ausland, und das sind Tantra oder Tao oder sonst was. Bloß wenn Sie die mal richtig gelesen haben – ich meine jetzt nicht diese Formelbildchen, die verkauft werden als Tantra, das hat mit Tantra nichts zu tun… Der Einstieg, die Ausbildung zum Tantrameister, die ist derart schwer, schwerer als Sie sich vorstellen können!“

A: „Dann ist Crowley also nur ein Element?"

I: „Die Sexualmagie, die zum Beispiel beim Tantra drin ist oder auch beim Tao, jede esoterische Schule enthält im Grunde Sexualmagie, aber das ist nachher nur ein Zweig. Und deshalb sagte ich ja: Sie müssen schon die achte – in der Regel ist es so üblich in den Logen und Orden – Meisterstufe erst einmal haben... ehe Sie überhaupt... Wenn Sie in Ausbildung sind, und Sie lassen sich gehen, dann fliegen Sie sofort raus, verstehen Sie? Vor allen Dingen in der Sexualmagie gibt es zwei verschiedene Faktoren... Je nachdem, was man machen will. In einem Falle muß man die Transformation durchführen, also Enthaltsamkeit und Transformation, das ist, wenn man etwas binden will, je nachdem, was man bezweckt. Wer etwas binden will, muß Transformation üben, also Zurückhaltung usw. Wenn man dagegen etwas entfesseln will, dann ist der Begriff „Orgie" im Vordergrund. Das ist so alt wie man zurückblicken kann, also in der Esoterik, in allen Kulturen gleich... Das andere, was ich vorher sagte, mit der Enthaltsamkeit ist nämlich die Art, wie sie zum Beispiel Crowley beschrieben hat: Ein Mondkind zeugen, sagt man dazu. Auf gut deutsch übersetzt: ein Psychogen, das ist deutlicher ausgedrückt wie ein Hausgeist, den Sie praktisch, wie der Name schon sagt, nach Ihrem Willen und Gefallen einsetzen können!"

A: „Wir haben ja auch Leute, die bestimmte Kräfte schon wirklich entfesselt haben... Hier wurde auch gearbeitet mit wirklichen Blutopfern. Und zwar reden wir hier nicht mehr von einer geschlachteten Katze oder solchen Kinderspielereien, sondern hier wurden auch andere Dinge geopfert, sozusagen. Und welche Energien auch hier entfesselt wurden, die waren für die magische Arbeit absolut einzigartig! – Wir haben auch andere Kontakte, wo wir solche... Opfer auch besorgen können. Und wir suchen eben auf der Basis... auch bis hin zur rituellen Tötung... eben auch einen Kreis, und ich weiß nicht, ob Ihr Kreis soweit geht..."

I: „Wir haben keinen Kreis. Bei uns arbeiten bloß verschiedene zusammen."

A: „Glauben Sie, Sie können uns hier weiterhelfen, in der Richtung? Ich will jetzt gar nicht konkreter werden..."

I: „Nein, was Sie mir bis jetzt angedeutet haben, nicht! Ich sagte Ihnen ja: Bei uns fängt die Ausbildung beim A an! Das bedeutet erstmal Arbeit am

Selbst… die Beherrschung des eigene Ichs, des Körpers, mit dem Geist geht es weiter über Trance-Techniken, Beherrschung von Trance-Techniken usw. Es geht dann schrittweise weiter über… ein wenig aus dem Körper heraus… alles mögliche, was eben dazugehört. Und erst – auch Schutzpraktiken vor allem, das ist das Wichtigste überhaupt – wenn das alles beherrscht wird, dann geht es auf die Spezialgebiete zu. Und dann… erst einmal eine Einführung überhaupt in die Magie… in die zeremonielle Magie. Und wenn das beherrscht wird, dann kann der sich immer noch weiterentscheiden, der Betreffende. Aber wie gesagt, das ist ein ziemlich langer Weg.“

A: „Also ganz konkret: Ich habe hier Leute,… die eben diese Richtung suchen im Endeffekt, die Sie gerade beschrieben haben. Wir suchen jetzt eine Gruppe, wo wir diese Leute integrieren können, weil ich die Voraussetzungen zum Beispiel nicht habe, um hier weiterzumachen. Um mehr zu geben als diese Leute speziell auch schon erlebt haben (scheinbar in anderen Logen oder Orden, d. Verf.). Und Sie haben mich gebeten… nachzufragen, ob es den da nicht noch irgendwelche Gruppen gibt, die eben in dieser Weise auch weiterarbeiten?“

I: „Ja, es gibt alle möglichen Gruppen, natürlich. Wir kennen auch alle möglichen Gruppen, bloß darf ich Ihnen keine Adresse geben.“

A: „Das ist das Problem! Glauben Sie, wenn ich Ihnen meine Adresse gebe…“

I:“Nein, dann kann ich es Ihnen auch nicht sagen, das machen wir generell nicht! Wir geben keine Adresse weiter, selbst, wenn das jemand sagt. Es kam schon öfters vor, das welche gesagt haben, wir wollen Kontakte haben mit irgendwelchen Leuten… in einem kleinen Ort… da haben wir manchmal im Computer reingeschaut, da waren vielleicht sogar im selben Haus noch welche drin, die sich dafür interessiert haben oder aktiv waren. Und wir machen das generell nicht, weil das A untergräbt jedes Vertrauen, das ist klar, wenn man damit hausieren geht an einen Adressenverlag oder sowas…“

A: „Ich möchte ja keine von Ihnen, sondern Sie würden meine bekommen…“

I: „... nein, nein, auch das machen wir nicht.“

A: „Dann können Sie mir also nicht weiterhelfen, wie ich das weitermachen kann?"

I: „Ich haben Ihnen gesagt, über uns wäre es nur möglich, wie ich es Ihnen erzählt habe, daß wir von Grund auf neu anfangen."

A: „... wenn man bei Ihnen von Grund an neu anfängt, dann könnte man doch in die Richtung gehen, die die Leute auch suchen?"

I: „Ja, aber man muß von Grund auf neu anfangen!"

A: „Aber die Richtung wäre es dann auch, verstehen Sie?"

I: „Später ja... aber im Moment... wissen Sie, wie lange eine solche Ausbildung dauert?"

A: „..."

I: „... Die müßten sowieso in den Frankfurter Raum kommen, weil die werden dann praktisch nur immer wieder Theorie und Praxis kennenlernen..."

A: „Ich habe spezielle Neigungen ...ich habe die ja schon angedeutet..."

Wir versuchen Herrn K. noch einmal deutlich zu machen, daß wir Leute haben, die bereits schon mit Kindern in der rituellen Richtung gearbeitet haben und weiterarbeiten wollen. Ferner versuchen wir aus ihm herauszubekommen, ob wir bei ihm an der richtigen Adresse sind, wenn „unsere" Leute die Voraussetzungen erfüllen.

I: „Ich sagte Ihnen ja, wir stellen bestimmte Anforderungen... Was glauben Sie, was zu uns schon für Leute kamen... Yogameister und weiß ich was alles, und wir haben die nachher getestet und das waren ganz trübe Tassen... Es gibt ja ganz einfache Tests..."

Noch einmal werden wir ganz konkret, um jedes Mißverständnis auszuräumen.

A: „Mir speziell – und den Leuten – geht es darum, ihren Weg weiterzugehen, aber auch – und ich muß es nochmals betonen – in der rituellen Hinsicht, auch um die Arbeit mit Kindern..."

> Wie keine zwei Individuen identisch sind, so kann es auch keine Identität zwischen den grundlegenden Ausdrücken des Willens irgendwelcher zwei Personen geben, und der Ausdruck jeder Person ist zuallererst, das was ihr rein physikalisches Privileg ist, ihr sexueller Ausdruck. Man kann nicht sagen, daß irgendeine Art dieses Ausdrucks verboten ist, denn es ‚gibt kein Gesetz, außer tu was du willst'.
>
> *Aleister Crowley*

I: „Ja , aber das ist auch ein sehr weiter Weg bis dahin..."

Kein Wort davon, daß wir pervers wären. Unser Anliegen scheint für Herrn K. normal zu sein. Kein Wort davon, daß so etwas auf seinem „Weg" nicht möglich wäre. Kein Wort davon, daß es so etwas nicht gibt. Im Gegenteil! Er bestätigt die rituelle Arbeit mit Kindern!

A: „ Ja, natürlich, ganz klar, ich meine, da verstehen wir uns richtig... Ich wollte einfach nur fragen, ob wir an der richtigen Adresse sind, und dann können wir auch die weiteren Schritte vielleicht zusammen planen... Haben Sie bestimmte finanzielle Anforderungen?"

I: „Wir? Nein. Sie kennen ja unsere Seminarschriften, nehme ich an, Sie haben ja schon von uns Werbung bekommen."

K. erklärt uns, daß wir eine Computerliste mit Artikeln und Seminardaten erhalten, wenn wir ihm Briefmarken im Wert von drei Mark schicken.

A: „Wie gesagt, für mich ist es ganz konkret auch jetzt wichtig, wenn bestimmte Voraussetzungen geschaffen sind,... dann kann man auf der Basis weiterarbeiten."

I: „Natürlich... Ob wir jetzt etwas machen oder nicht: Wir reden grundsätzlich keinem rein... Wir haben Hexenkreise, wir haben alle möglichen Richtungen, und wir reden keinem rein. Wir tun nur unser Konzept reinbringen, weil wir wissen, daß es richtig ist. Es hat sich ja auch bewährt, und es wird auch von allen, die hier die Ausbildung durchlaufen, weiterbefolgt. Viele haben sich zum Beispiel selbständig gemacht... machen jetzt selber so Art Therapien und alles mögliche, esoterische Lebensberater usw. Aber das bleibt jedem selber überlassen, was er macht. Oder manche machen nur für sich selbst..."

Noch einmal wollen wir konkret die psychischen und physischen Anforderungen wissen, die man erfüllen sollte, um bei K. mitzumachen.

I: „... Jener darf keine Geisteskrankheiten haben... sonst auch keine Gehirnkrankheiten... Hirnhautentzündungen oder so etwas kann schon abträglich sein... dann Rauschgift darf er nicht genommen haben, dann ist er absolut tabu für uns, und dann Altersgrenze ist natürlich nach oben. Also wenn einer Neuanfänger ist... und der hat das fünfzigste Lebensjahr schon vollendet, ist es nur mit Vorbehalt."

Wieder kommen wir auf die Kinder zu sprechen.

A: „... Könnte man denn auch eigene Kinder mit -?" (mitbringen, wollen wir fragen, d. Verf.)

I: „Nein, das wäre am Anfang überhaupt nicht drin..."
Wir lassen jedoch nicht locker, sondern wollen erneut eine konkrete Antwort.

A: „Aber später wäre das dann schon möglich?"

I: „Später natürlich ja!"

A: „Und ab welchem Alter?"

I: „Ja, das liegt an Ihnen."

A: „Also könnte man auch sagen... drei oder vier, aufwärts, egal...?"

I (wird unsicher, stottert): „Moment... darüber würden wir dann noch sprechen... das liegt an Ihnen, wir reden keinem rein."

Auch diese Äußerungen sind bezeichnend und entlarven mehr als sie verdecken.

Wir lassen ein paar Tage verstreichen, ehe wir erneut telefonisch Kontakt mit Herrn K. aufnehmen.

A: „Ich habe inzwischen mit meinen Brüdern und Schwestern gesprochen, über das, was Sie mir erzählt haben. Es war also für uns absolut interessant, das heißt, wir überlegen uns wirklich, ob wir auch den Weg begehen werden, sollen, wollen, den Sie uns... offeriert... haben. Wir sind also sehr interessiert an einer Kontaktaufnahme mit Ihnen. Ich wurde jetzt auch gebeten, von einigen meiner, unserer Leute, ob wir uns denn nicht auch mal persönlich treffen könnten, um über Einzelheiten... reden zu können. Wäre das denn möglich von Ihrer Seite aus?"

I: „Ja, wo wohnen Sie jetzt?"

A: „Ich wohne jetzt in Köln."

I: „Köln... das ist bloß immer schlecht hier bei uns, weil wir haben ziemlich viele Seminare, wissen Sie."

A: „Könnten wir uns denn irgendwo anders treffen?"

I: „Woanders geht praktisch überhaupt nicht,... weil ich bin ja außerdem für den Verlag verantwortlich .. bilde ja auch Seminarleiter aus, usw..."

A: „Ich glaube schon, daß Sie total beschäftigt sind."

I: „Ging höchstens irgendwie in der Woche, aber das ist für Sie wieder schlecht, deshalb frage ich ja auch, wo Sie wohnen."

A: „Ich wollte nur ganz grundsätzlich abchecken, ob eine Möglichkeit bestehen würde, daß wir mal kurz miteinander reden."

I: „Es ginge höchstens, daß Sie in der Woche mal herkommen."

A: „Das würde sicher gehen. Dann bei ihnen in H.?"

I: „Ja, ja. Ich komme ja hier überhaupt nicht weg, das ist ja unmöglich."

A: „Ich wollte nur noch eines von Ihnen wissen, weil das war auch wichtig für meine Brüder und Schwestern... Ich möchte von Ihnen jetzt keine Namen, keine Adressen, gar nichts haben, nur eine Frage: Haben Sie denn auch Kontakt – oder wissen Sie von Leuten, die auch arbeiten wie wir, also auch rituell mit Kindern, sozusagen?"

I (zögert eine Weile, ehe er antwortet): „Jein! Jein! Jein! Weil... ich weiß also nur von Gruppen, die alles mögliche, also mit Sexualmagie, Blut-

magie machen, aber die meistens nicht hundertprozentig darüber sprechen. Wo ich das also nicht hundertprozentig weiß. Wissen Sie, es ist ganz klar, die machen das dann in ihrem Rahmen und sagen dann nein... Die wollen sich nicht in ihre Karten schauen lassen, so ungefähr... Die sprechen zwar von Schwarzer Magie und Blutmagie, bloß, äh, bei einigen glaube ich schon, vor allen Dingen in Richtung einiger Satanisten... Und O.T.O. auch, aber O.T.O. weniger. O.T.O. ist aber also ziemlich, wie soll ich sagen, primitiv gegen andere. Saturnleute (gemeint ist der Ordo Saturni und die Fraternitas Saturni, d. Verf.) zum Beispiel, da gibt es schon längst wieder ganz verschiedene Richtungen. Also von einfacher... Blut- und Sexualmagie eben bis hin, was Sie eben meinen. Das sind aber nicht die, die... entsprechend sich darüber unterhalten... Wir tun ja nicht unbedingt jemand zwingen, daß er praktisch, auf gut deutsch gesagt, die Hosen runterzieht! Aus der Andeutung heraus merkt man, daß die auch in dieser Richtung tendieren. Das müßten Sie allerdings auch wissen, wenn Sie Crowley kennen, weil die berufen sich ja alle auf Crowley und bei Crowley war ja alles drinne, einschließlich Inzest usw.!“

Erneut gibt I. zu, zumindestens von Leuten zu wissen, die in diese Richtung, also der rituellen Arbeit mit Kindern, tendieren. Er belastet unter anderem mit seiner Aussage den O.T.O. und alle, die sich auf Crowley berufen!

A: „Kann das auch sein, von dieser Fraternitas Saturni in X, daß da auch so etwas...?“

I: „Nein, das glaube ich weniger! Es gibt einige, die geben sich einen ganz seriösen Anstrich, wissen Sie, und ob es so ist, ist eine andere Sache. Aber da – wie ich Ihnen schon sagte – ist es meistens sowieso den höheren Graden vorbehalten.“

A: „Aber glauben Sie,... daß Sie uns irgendwie einen Kontakt ermöglichen können, zu den Leuten, um ganz einfach mit denen zu korrespondieren?“

I (stotternd): „Das... das darf ich nicht! Aber darüber haben wir schon einmal gesprochen... Das darf ich nicht! Sie könnten höchstens – das ist ein Tip von mir – in einer esoterischen Zeitschrift selbst annocieren... Sie brauchen ja nicht... Flaggen zu hissen, unbedingt, aber eben Andeutungen... Das ist ja wie bei anderen auch... wenn die irgendwelche Kontakte suchen... aber wir dürfen es nicht, und wir machen es auch nicht, weil das irgendwie das Vertrauensgebäude ins Wanken bringen würde.“

A: „Das verstehen wir ja auch. Es wird soviel geredet von kirchlicher und staatlicher Seite, Reporter sind da…"

I: „Ja, ja genau. Nein, wir schirmen das total ab, auch wenn Reporter kommen oder kommen wollen… Wir tun denen höchstens eine Enttäuschung bereiten."

A: „Also sagen Sie denen nicht das, was Sie eigentlich wissen?"

I: „Nein… die kommen ja, weil sie einfach denken, wir fangen an zu stammeln und sowas alles… und verlegen und so… Esoterik, Magie und so… Wir lassen uns auf gar keine Gespräche in dieser Richtung ein, sondern wir sagen, Sie können ruhig hierher kommen, wenn Sie für uns Reklame machen wollen. Wir sind ein normaler Buchhandel, wir können Sie gerne herumführen… Wir haben hier total offene Türen! Aber Bedingung dann, daß sie das praktisch auch ausstrahlen!"

A: „Also, wie gesagt, die kommen da nicht an das heran, was sie eigentlich vermuten?"

I: „Nein, das ist ganz klar!"

A: „Das ist auch richtig, weil es nicht leicht ist, in solchen Kreisen zu leben, das wissen Sie selbst."

I: „Naja, natürlich, aber deshalb ist es doch das A und O: Verschwiegenheit."

A: „Genau, ich hatte mich Ihnen gegenüber etwas offen gezeigt, weil ich schon bemerkt habe, daß ich bei Ihnen nicht an der falschen…"

I: „Na ja, Sie sind wahrscheinlich auch davon ausgegangen, telefonisch etc.… Aber schauen Sie mal: Wenn Sie einmal hier… die kennen wir zum Teil ja alle persönlich und so weiter… und natürlich von einzelnen wissen wir auch ganz genau, was die im einzelnen machen. Aber auch da sprechen wir nicht darüber."

A: „... Noch eine Frage an Sie, Herr K. Ich habe Ihnen auch erzählt, wie einige Leute von uns auch, was Blutopfer anbelangt, gearbeitet haben. Haben Sie denn auch Kontakt zu solchen Leuten, die nicht nur hier mit Katzen herumhantieren?"

I (lacht künstlich): Ja, ich sagte Ihnen schon, ich kann Ihnen da weder ja noch nein sagen, weil darüber, das können Sie sich ja vorstellen, geht keiner hausieren...“

A: „Ich wollte ja nur wissen, ob da irgendwo vielleicht doch noch eine Möglichkeit besteht...“

I: „Ja... bloß über uns nicht... Es kann höchstens sein, wir arbeiten mit verschiedenen Gruppen zusammmen, und wir haben zum Beispiel einen Index... und in dieser Richtung arbeiten wir, wenn Ihnen das etwas sagt.“

K. erklärt uns, der Index beträfe Personen, die „tabu“ seien, die man nicht an sich „heranläßt“, weil irgendwie etwas „stinkt“; sei es, daß „es schon menschlich bedingt ist, sei es beruflich... oder sonst was immer... die Personen kommen in den Index rein, und wenn die sich dann an irgendeine andere Gruppierung oder Einzelperson wenden und versuchen reinzukommen in die Gruppe... oder auch an die Firma ran oder Seminare,... da werden die gleich von vorne herein natürlich abgeschmettert. Die Zuschriften zum Beispiel wandern dann gleich in den Papierkorb.“

A: „Das finde ich auch in Ordnung, eine Sicherheitsmaßnahme...“

I: „Ja, genau!... Mich interessiert es nicht, was Sie im einzelnen machen, das ist Ihre Sache. Ich haben Ihnen nur gesagt, für uns sieht es so aus, daß der Weg normal nur so ist, wie wir es sehen, und so ist er ja praktisch überall,... weil wir haben ja das, was wir hier durchführen nicht erfunden, sondern das beruht alles auf alten Überlieferungen... das ist nicht auf unserem eigenen Mist gewachsen... Das ist ja bei echt magischen arbeitenden Gruppen überall so. Und das ist überall das gleiche Konzept, weil wir haben ja auch Besuch aus dem Ausland. Sei es Ägypten, Südamerika, Wakumba-Priester und weiß ich nicht alles mögliche schon hier gehabt... Japaner waren auch ganz interessant.“

A: „Dann haben Sie gute Kontakte?“

I: „Ja, haben wir auch... Da haben wie einiges gemacht. Magie ist in der ganzen Welt das gleiche. Magie ist Magie! Nur eben die Bezugswesenheiten, die Formen der Ausbildung und Ausführung sind entsprechend den Kulturen anders, aber der Kern ist überall gleich, ob das Ausbildung oder Ausführung betrifft.“

A: „Darf ich Sie fragen, wie alt Sie sind? Aus Ihren Worten spricht viel Erfahrung und Weisheit."

I: „Das ist beruflich bedingt, ich habe selbst Psychologie studiert." Und auf seine esoterische Ausbildung angesprochen, meint er: „Ich hatte sehr gute Lehrer. Und ohne diese Lehrer... Ich habe vorher von diesem ganzen Zeug nicht mehr gehalten als Altweiberquatsch, Aberglaube und so weiter. Und da ich nun aber gute Lehrer hatte, die auch so im Privatleben und Arbeitsleben glaubwürdig sind, und ich auch nicht zu borniert war, um Tatsachen zu akzeptieren, dadurch bin ich dann der Sache nähergekommen."

A: „Ich habe auch viel gelesen und gehört von Thelemiten..."

I: „Die Crowley-Leute sind das. An die kommen Sie überhaupt nicht ran, glaube ich... Ich habe privat alle möglichen Bücher. Unter anderem vertrieben wir auch die echten Crowley-Bücher, die es nicht im Handel gibt... in Deutsch... Das waren für mich überhaupt – da war ich noch ein ziemlicher Anfänger – die Bücher, die mir am besten gefallen haben, weil sie also am tiefschürfensten waren und auch am verständlichsten. Und da hatte ich mal einem Bekannten von mir die Adresse gegeben, es ist in der Schweiz... von denen eine Zentrale, eine Europazentrale... und hat dann da hingeschrieben und wollte auch was bestellen. Da kam das zurück, als Adressat unbekannt. Und ich selber habe dann danach auch wieder dahin geschrieben und etwas bestellt... und es wieder bekommen. Verstehen Sie, was ich damit sagen will? Das ist was Ähnliches, wie ich schon erwähnt habe, mit dem Index, wahrscheinlich war der irgendwie auf den Index geraten, und so arbeiten die ja in der ganzen Welt, praktisch... und diese Thelema-Leute, die schirmen sich ja noch mehr ab, weil die sind ja auch im Alltagsleben und geben sich auch gar nicht zu erkennen so, auch ziemlich angefeindet .. vor allem von der Presse und so, der Sensationspresse..."

Wir sprechen ihn konkret auf Michael D. Eschner an, den Leiter des „Netzwerk Thelema".

I: „Ach... nein, schon einer, der sich hinstellt, er fühle sich als Reinkarnation von Crowley und so weiter. Naja, also wissen Sie, der hat für mich eine Matsche! Und wenn ich dann die Bücher gelesen hab... Ich kenne auch die Orginalbücher... und wenn ich das da lese, ist das für mich primitive Macherei! Es sind kaum eigene Gedanken dabei und viel mißverstandener Kram steht da darin! Das waren praktisch so eine Art Späthippies, die da übrig geblieben sind und die ein bißchen auf Esoterik gemacht haben… Sie hatten Glück, daß sie noch ein paar Doofe gefunden haben, mit denen sie Geschäftchen machen konnten, damals in Berlin… und dann auch weiter, nachher, in den Dörfern…"

In diesem Zusammenhang erinnern wir uns an das Gespräch mit einem Informanten, der selbst jahrzehntelang in der Szene lebte und den wir folgendes fragten: „Wir recherchieren aufgrund rituellen Kindesmißbrauchs, haben einige Fälle. Wie würden Sie jetzt weiter vorgehen? An wen würden Sie sich konkret wenden?" Der Informant antwortete: „Ich würde mich mal da in Dummen (in der Lüneburger Heide, d. Verf.) umgucken, bei denen, die das ABRAHADABRA (ein Insidermagazin der Eschner-Clique, also der „Thelemiten", d. Verf.)… da sitzen Leute… alle Rauschgift und saufen… das ist eben der Eschner-Verein. Die sind wahrscheinlich nicht ganz koscher…"

A: „Was halten Sie eigentlich von Ulla von Bernus?"

I: „Die kenne ich persönlich sehr gut."

A: „Und was halten Sie von der?"

I: „Sehr viel! Allerdings zu alt, jetzt natürlich schon… Die hat ja schon vor zehn Jahren ungefähr Nachfolger ausgebildet, die sind auch sehr gut! Und die arbeiten ja auch schon vollkommen selbständig. Sie hatte damals die Magie vollkommen aufgegeben, im Laufe der Jahre, und hat lediglich ab und zu mal Seminare gemacht…"

Auf die „Ilona-Christen-Show" angesprochen, in der Ulla von Bernus den Eindruck erweckte, jetzt auf der Gegenseite zu stehen, antwortet K: „Ach wo, das war das Alter! Ihr Vater war schon Magier gewesen, das war der Alexander von Bernus, von dem haben wir sogar ein Buch über Alchimie."

Er erzählt weiter, daß die Bernus erst vor ein paar Jahren im Fernsehen eine Schwarze Messe zelebriert hat, die Proteste, unter anderem von der Kirche, nach sich gezogen hat.

I: „… und da habe ich sie angerufen und gesagt: ‚Wissen Sie, was haben Sie da fabriziert, so ein Bockmist da…' Da hat sie herzlich gelacht und zugegeben, daß das Blödsinn war, aber sie habe dafür 40.000 Mark gekriegt... ‚Und die wollten dafür eine Show haben, die haben mir ja gesagt, was sie sehen wollten, und das habe ich denen vorgeführt!‘.“

An die tatsächlich gezahlte Summe konnte sich K. schließlich doch nicht mehr richtig erinnern. Mehrfach widersprach er sich. Mit Ulla von Bernus hat er das letzte Mal vor drei oder vier Jahren gesprochen. Sie ist jetzt nicht mehr aktiv.

Diese Gesprächsdokumente sind für uns sehr wichtig. Sie zeigen, daß im satanischen Untergrund das Verbrechen des rituellen Kindermißbrauchs und des menschlichen Blutopfers wie selbstverständlich existiert, es gibt darüber Videofilme, und gutsituierte Leute stecken dahinter. Sie verfügen über eine Infrastruktur wie diesen Buchhandel, der Informationen besitzt, sie allerdings – den Staatsanwalt im Nacken – öffentlich nicht preisgeben will. Aufschlußreich war für uns auch der Einblick in die verschiedenen Fraktionen des neo-satanistischen Untergrundes; es scheint da doch sehr verschiedene Einschätzungen zum „Ordo Templi Orientis“ (O.T.O.) und zu Eschner und seinen Thelemiten zu geben.

Die mühsame und für den Leser möglicherweise etwas penetrante Telefonrecherche zeigt aber auch, wie schwierig es für (Schein-)Einsteiger ist, etwa an Filmdokumente heranzukommen. Selbst mit Geld ist da nichts zu machen. Als wir mit RTL eine Reportage über das Thema Satanismus erabeitet haben, versuchte der Sender einen Film über Rituale mit Kindern zu bekommen. Uns war es mit einem Budget von 25.000 DM nicht gelungen. RTL wollte es noch einmal versuchen.

Hier nun Orginal-Auszüge aus der Reportage „Satanismus“ im Magazin „Das heiße Eisen“ vom 1. August 1994:

„Wir (RTL, d. Verf.) wollen wissen, ob es solche Filme überhaupt gibt. Wir bekommen von einem Informanten den Tip, daß es hier in einer niederländischen Großstadt, in einem kleinen Sexshop, solche Filme zu kaufen gibt.

Wir geben uns als Interessenten aus, die viele solcher Filme kaufen wollen, um sie in Deutschland weiter zu vertreiben. Wir filmen mit versteckter Kamera. Als wir dem Besitzer des Sexshops sagen, was wir wollen, nämlich Pornofilme, die während Schwarzer Messen aufgenommen wurden, weiß er zwar davon zu reden, aber zunächst winkt er noch ab.

‚Gibt es nicht’, sagt er, ‚zumindest ich habe sie nicht.‘ Dann allerdings gibt er zu, daß er genau diese Filme gehabt hat.

Auf die Frage, von wem er die Videos bekommen hat, antwortet er nicht konkret, sondern weicht aus: ‚Ja hören Sie, das ist vor Jahren gewesen. Das ist schon ein bißchen her. Die ganze Szene ist ängstlich geworden; niemand bietet mehr noch etwas an. So etwas bekommen Sie nur noch über private Kontakte.‘

Als wir ihm 50 000 DM für einen Film bieten, wird der Mann nervös. ‚Ja, das könnte ich hier auch dafür bekommen, es ist doch etwas sehr spezielles. Ich habe es leider nicht. Tut mir leid.‘

Wir verlassen den Sexshop und wissen jetzt, daß es solche Filme tatsächlich gibt und daß man sie hier kaufen konnte.“

Die Reportage zeigt auch Ausschnitte aus einer Schwarzen Messe. Gedreht wurde in Moskau. Einer der Satanisten stellt sich überraschenderweise den Fragen des Kamerateams:

„Es gibt für uns keine Grenzen. Es kann auch ein Mensch geopfert werden, sogar zwei oder mehr. Natürlich nur dann, wenn es sinnvoll ist. Wenn die Dämonen es wirklich fordern. Es hängt ganz von der Situation ab. Einer von uns hat sein Leben schon geopfert, für uns, für die Sache, und damit hat es sich auch selbst erlöst.“

6. Noch einmal: der Fall Sandro Beyer

Mit einiger Erschütterung stehen wir vor einer zwei Meter tiefen Baugrube auf dem Totenberg oberhalb der thüringischen Kleinstadt Sondershausen. In dieser Grube fand man im Mai 1993 den Leichnam des 15 Jahre alten Schülers Sandro Beyer. Drei Jugendliche, die sich selbst „Kinder Satans" nannten, hatten ihn am Abend des 29. April mit einem Elektrokabel erdrosselt.

In der einsam gelegenen Waldhütte, wo die grausame Tat geschah, brannten keine schwarzen Kerzen. Die drei Täter trugen keine dunklen Roben und keine Kapuzen, sondern Jeans und T-Shirts. Dennoch: Unserer Auffassung nach handelte es sich bei dem Verbrechen um einen satanistischen Ritualmord. Ein solcher ist, wie wir meinen, nicht erst dann gegeben, wenn der Tat die dreimalige Anrufung Baphomets vorausgeht. Der „Satansmord" (Super-Illu) von Sondershausen ist für uns deshalb ein rituelles Verbrechen, weil das Motiv dazu wesentlich aus den Riten und Gebräuchen einer bestimmten Kultgruppe herzuleiten ist, und keineswegs ausschließlich aus einer unglücklich eskalierten gruppendynamischen Situation heraus, wie manche Beteiligten den Anschein zu erwecken suchten.

Dabei sind wir uns darüber im klaren, daß es sich im Fall Sandro Beyer um eine andere Form von Satanismus handelt als diejenige, der wir uns bisher in diesem Buch zugewandt haben. Nämlich um „Jugendsatanismus", dessen Motivation sich aus den unterschiedlichsten Quellen in der „Nach-Wende"-Zeit in Ostdeutschland speiste. Dennoch wollen wir uns mit Sondershausen näher beschäftigen. Vor allem der bereits erwähnte „Drift nach innen", von dem die Anhänger des Satans-Kultes oft erfaßt werden, läßt sich unserer Meinung nach am Beispiel der drei „Satanskinder" geradezu exemplarisch nachweisen.

Bei einer Fernsehsendung, bei Ulrich Meyers „Einspruch", wo wir als Diskussionsteilnehmer zum Thema Satanismus eingeladen waren, lernen wir Cornelia Beyer, die Mutter des ermordeten Sandro, sowie den evangelischen Pfarrer von Sondershausen, Jürgen Hauskeller, kennen. Beide hinterlassen bei uns einen tiefen Eindruck: Cornelia Beyer, weil sie trotz der ungeheuerlichen Tatsache, ein Kind durch Mord verloren zu haben, weiterdenkt – an andere, gefährdete Jugendliche nämlich. Und Pfarrer Hauskeller, weil wir in ihm nicht nur einen klug analysierenden, kritischen Kopf erkennen, sondern auch einen Seelsorger mit Herz und Hand, der für seine Leute da ist und auch für sie kämpft, wenn es sein muß. Beide laden uns ein, nach Sondershausen zu kommen.

Wir besuchen Sandro Beyers Grab, gehen den Tatort des Verbrechens ab. „Der Satanismus hat die drei Jugendlichen, die allesamt aus geordneten, gut bürgerlichen und nicht aus asozialen, gewalttätigen Verhältnissen stammen, seelisch zerstört und zu Mördern gemacht", ist Jürgen Hauskeller zutiefst überzeugt. Und fügt hinzu: „Das erklärt nur, wo die Wurzeln ihres Handels liegen. Es entlastet oder entschuldigt sie nicht, weil sie im klaren Bewußtsein und vorsätzlich und nicht etwa aus einem Affekt heraus oder im religiösen Wahn einen Mord ausgeführt haben."

Doch der Satanismus saß bei dem Prozeß gegen die damals 17jährigen Hendrik M., Andreas K. und Sebastian S. in Mühlhausen nicht auf der Anklagebank. Das Trio wurde zu hohen Freiheitsstrafen verurteilt, wobei sich das Gericht aber ausschließlich auf das konzentrierte, was mit der Terminologie des Strafrechts zu fassen ist: geplanten, heimtückischen Mord. Die destruktive Glaubensüberzeugung der drei Angeklagten schien lediglich als eine Art okkultes Beiwerk im Rahmen einer gruppendynamisch-pubertären Panne von Bedeutung.

Wir halten diese Ansicht für falsch und werden versuchen, sie zu begründen. Gerade der Fall Sandro Beyer hat in uns die Überzeugung wachsen lassen, daß auch in Deutschland eine neue Dimension von Kriminalität wächst, der mit den herkömmlichen Instrumentarien von Polizei und Justiz nur schwer beizukommen ist. Brauchen wir bald eine „Soko-Satan", speziell ausgebildete Ermittler für Verbrechen im Umfeld von Sekten und Kult-Gruppen, die sich in der Denkweise und in der Symbolik der Szene perfekt auskennen?

Unsere Aufgabe ist es nicht, die Richter der Richter im Fall Sandro Beyer zu spielen und mit Werturteilen den verwinkelten juristischen und prozeßtaktischen Argumenten zu folgen. Wir schauen uns nur die Fakten an und versuchen anhand dieser zu ergründen, ob der Mord an Sandro Beyer ein Verbrechen aus satanistischer Überzeugung oder vielleicht doch nur ein tragischer Unfall war, wie es zwei der drei Täter darzustellen versuchten. Uns ist bewußt, daß wir uns damit dem Verdacht aussetzen, zu den „Hysterikern“ zu zählen. Also zu jenen mit dem Thema Satanismus Befaßten, die nach Meinung der sogenannten „Reduktionisten“ an allen Ecken und Enden den Schwefelgeruch des Gehörnten zu riechen glauben. Dazu wäre zu sagen, daß es in der Auseinandersetzung mit dem Satanismus zwei Fehler gibt: die Über- und die Unterschätzung. Natürlich gab es eine Reihe von sozialpsychologischen Motiven, die Hendrik M., Andreas K. und Sebastian S. in die fast wahnhafte Beschäftigung mit dem Satanismus getrieben haben. Diese sind vor Gericht und auch von vielen Journalisten und Autoren hinreichend untersucht worden. Nichtsdestotrotz wollen wir die Rolle, die die verquaste religiöse Ideologie der drei Täter für den Mord an Sandro Beyer gespielt hat, angemessen gewürdigt wissen. Für uns gilt: X ist X, und nicht U! Der Leser möge sich am Ende unserer Ausführungen sein eigenes Urteil bilden.

Im Unterschied zu anderen Rekonstruktionen des Falles stehen uns eine ganze Reihe von Informationen und Dokumenten zur Verfügung, die wir der Öffentlichkeit erstmals zugänglich machen. Sie wurden uns während unserer Recherchen in Sondershausen zugespielt. Die Dokumente sind bei unseren Anwälten hinterlegt. Alle Zitate können wir mit diesem Material im Wortlaut belegen.

Um die Tat vom 29. April 1993 genau zu beleuchten und die Hintergründe zu erhellen, stellen wir zunächst die Täter vor:

Hendrik Möbus, Gymnasiast, das zweite von insgesamt sechs Kindern. Sein Vater ist zum damaligen Zeitpunkt Landtagsabgeordneter und wirtschaftspolitischer Sprecher der CDU-Fraktion im thüringischen Landtag in Erfurt. Hendrik wuchs in geordneten Familienverhältnissen auf, seine schulischen Leistungen können als normal eingestuft werden. Zum Zeitpunkt der Tat ist er 17 Jahre alt.

Andreas K., Gymnasiast, das jüngste von drei Kindern. Zum Zeitpunkt der Tat ist er ebenfalls 17 Jahre alt.

Sebastian Schauseil, Gymnasiast und in normalen Familienverhältnissen aufgewachsen. Seine Eltern sind Lehrer, zum Zeitpunkt der Tat ist auch er 17 Jahre alt.

„Der Satanismus hat diese Jugendlichen, die allesamt aus geordneten, gut bürgerlichen und nicht aus asozialen, gewalttätigen Verhältnissen

Das Grab des jungen Sandro Beyer auf dem Friedhof von Sondershausen.

stammen, seelisch zerstört und zu Mördern gemacht", meint der evangelische Pfarrer Jürgen Hauskeller. „Das erklärt nur, wo die Wurzeln ihres Handelns liegen. Es entlastet oder entschuldigt sie nicht, weil sie im klaren Bewußtsein und vorsätzlich und nicht etwa aus dem Affekt oder im religiösen Wahn den Mord ausgeführt haben."

6.1 Vorspiel zum Mord

In Sondershausen war schon lange vor dem Mord bekannt, daß Hendrik und Sebastian, später auch Andreas, den Teufel kultisch verehrten und Schwarze Messen abhielten.

Ein Zeuge ist Thorsten K. vom Christlichen Verein Junger Männer (CVJM) in Sondershausen. In einem Brief vom 1. Dezember 1992 an die Stadtverwaltung schreibt er: „Seit Frühjahr/Sommer 1991 ist mir bekannt, daß es in Sondershausen eine Gruppe von Satanisten geben soll. Durch Nachfrage erfuhren wir, daß es eine Gruppe von 6 bis 8 Jugendlichen ist, im Alter zwischen 15 und 20 Jahren… Ich wußte, daß sie sich regelmäßig in Stockhausen, vermutlich auf dem alten Friedhof, trafen und dort Schwarze Messen feierten… Am Montag, dem 27. Januar, ergab es sich, daß einige aus unserer Jugendgruppe (CVJM) zu einem Gespräch mit Sebastian Schauseil kamen. Bevor es zu diesem Gespräch kam, dachten die meisten von uns, das sind ein paar dumme Kinder, die sich irgend etwas zurecht spinnen. Um so größer war unser Erstaunen, einem hochintelligenten Jugendlichen gegenüberzustehen, der an keiner Stelle des Gesprächs (ca. 1 Stunde) unsicher wirkte oder bei dem man den Eindruck hatte, seine Handlungen wären unüberlegt.“

In seinem Brief geht Thorsten K. näher auf den Verlauf dieses Gesprächs ein: „Er“ – gemeint ist Sebastian Schauseil – „vertritt die Auffassung, daß zwar sein leiblicher Vater ein Mensch, er jedoch eine Art Reinkarnation sei und im Endeffekt aus der Hölle stamme. Die Philosophie, die sie vertreten, geht letzlich nicht davon aus, daß sie eventuell gut wären, sondern sie sagen von sich: ‚Wir sind schlecht und böse‘. Sebastian sagt von sich, daß er der oberste Priester dieser Gruppe sei… Er bestätigte uns, daß sie regelmäßig auf den Friedhof gingen, um dort ihre Messen zu zelebrieren. Dabei rufen sie den Satan an und sprechen einen satanischen ‚Segen‘ über der Stadt aus.

Weiterhin kommt es oft zu Opferhandlungen, bei denen Menschenblut getrunken wird. Auf unser erstauntes Fragen, woher sie das nehmen, zeigte er uns seine Arme, die von oben bis unten mit Schnittwunden bedeckt waren. Sie freuen sich bereits jetzt auf ein qualvolles Leben in der Hölle. Mir fiel auf, daß die Worte Gemeinschaft und Fröhlichsein nie vorkommen. Sie kennen nicht das Gefühl der Freude. Von Vergebung oder Annehmen des anderen ist überhaupt nicht die Rede… Satan ist ihr Gott!

Auf die Frage, wie sie zu den Zehn Geboten stehen, sagt er, für ihre Gruppe heißt es nicht ‚Du sollst nicht töten‘, sondern ‚Töte!‘ In der Praxis bedeutet dies, daß sie zu Menschenopfern bereit wären… Ich bin mir bewußt, daß diese Gruppe eine große Gefahr darstellt.“

> Laßt Blut in meinem Namen fließen.
>
> *Aleister Crowley*

Zusammen mit etwa vier bis sechs Mädchen und Jungen bildeten die drei Täter den Kern eines satanistischen Zirkels in Sondershausen.

„Die Anfänge lassen sich bis in das Jahr 1988 zurückverfolgen“, erzählt uns Pfarrer Hauskeller. „Damals waren sie Schüler der 6. Klasse. In diesen Jahren hat bei ihnen eine immer intensiver werdende Beschäftigung mit satanischer Literatur, satanischer Musik und satanischen Videos stattgefunden,“ so der Pfarrer. Er fährt fort, seine Beobachtungen zu beschreiben: „Begünstigt wurde diese Entwicklung durch die Wende im Jahr 1989. Sie erleichterte den Zugang zu den Erzeugnissen dieser satanischen Subkultur. So tauchten in Sondershausen dann nach und nach satanische Symbole auf. Jugendliche trugen das Pentagramm oder das umgedrehte Kreuz, und oft wußten sie gar nicht um ihre Bedeutung. Geheimnisvolle Treffs auf Friedhöfen und Schwarze Messen folgten.“

Solche Schwarzen Messen wurden nach Einschätzung des Pfarrers auf Friedhöfen, im alten Haus der Jugend, im „Bungalow“ der Familie Möbus (eine Art Ferienhütte im Wald) und im Steinbruch auf dem Totenberg gefeiert.

Hauskeller weiter: „Das Pentagramm auf dem Erdboden, Lobpreis und Anrufung Luzifers und Verfluchungen im Namen Satans waren ihr Inhalt.“

„Satanstaufen fanden statt“, erinnert sich der Pfarrer, „indem man sich an den Innenseiten der Unterarme Schnittwunden zufügte, das Blut trank und sich einen neuen satanische Namen zulegte.“ Man mag das für eine Reminiszenz an kindliche Indianerspiele halten, liegt damit aber wohl falsch. Stellt man in Rechnung, daß es sich bei der „Taufe“ der Sondershausener Jugendlichen um authentische Äußerungsformen einer religiösen Identität handelt – und davon gehen wir aus -, bietet sich als Vergleich schon eher eine Praxis an, die noch heute in der katholischen Kirche geübt wird. Beim Eintritt in bestimmte Ordensgemeinschaften (Profeß), werden den Neu-Mönchen auch neue Namen gegeben – zum Zeichen ihres Bruches mit der Welt.

Sebastian Schauseil nennt sich heute noch „Dark Mark Doom“, „Zeichen des dunklen Schicksals“, Hendrik Möbus „Randall The Vandal Flagg, called Messiah“, also „Randall, der Vandale, genannt der Heiland“.

Andere Namen in der Gruppe waren „Damien Thorn“ für U. H., „Hannibal Cannibal“ und „Hellsturm“ für R. M. und „Fürstin Deicide“ für A. H. Die bürgerlichen Namen sind den Autoren bekannt.

„Eine besondere Bedeutung hatte unter den Satanisten in Sondershausen der Umgang mit Video“, führt Jürgen Hauskeller weiter aus.

„Grausame Horror-Videos sind im Umlauf gewesen, sind gemeinsam angeschaut und kopiert worden. Das ist in den Elternhäusern und in den Privatwohnungen der Satanisten geschehen. Über eine mehrseitige Angebotsliste konnte man alle erdenklichen und verbotenen Horror-Videos kaufen oder leihen. Die Sondershäuser Satanisten haben im Sommer 1992 sogar versucht, eigene Videos herzustellen. Drehorte waren dabei die Rothenburg auf dem Kyffhäuser und das Schlachtgelände."

Tatsächlich hat die Staatsanwaltschaft ein von den Tätern hergestelltes Video beschlagnahmt. Auf ihm sind verschiedene Tötungsszenen nachgespielt.

Auch Musik hat bei den drei Jugendlichen eine große Rolle gespielt – eine spezielle Richtung von Musik: Black-Metal, Death-Metal und Speed-Metal. Diese Meinung vertritt auch Pfarrer Hauskeller: „Es ist eine Tatsache, daß die Satanisten in Sondershausen in und mit dieser Musikrichtung gelebt haben und ihre Gruppen und deren Mitglieder ihre Idole und Vorbilder waren." Der evangelische Pfarrer meint sogar, daß sie ihre wesentlichsten Anregungen für ihre satanischen Vorstellungen und Gedanken über diese satanische Musikkultur erhalten haben. „Mit Sicherheit."

„Deshalb bin ich der Meinung", sagt Jürgen Hauskeller, „daß es entscheidend für die Entwicklung der Satanismusszene in Sondershausen war, als sich Sebastian S., Hendrik M. und U. H. zusammenfanden und die Black-Metal-Band ‚Absurd' gründeten. Das war wohl Anfang 1992. Beim Lesen dieser grauenvollen Texte voller furchtbarer Abscheulichkeiten dreht sich einem der Magen um", entsetzt sich der Pfarrer noch heute.

Vier Monate vor der Ermordung von Sandro Beyer verkaufte die Gruppe „Absurd" die selbst produzierte Musikkassette mit dem Titel „Death from the forest". Aus dem Lied „Werwolf" von Sebastian S. zitieren wir:

„Wenn der Vollmond scheint in finstrer Nacht,
hör ich die Wälder klingen.
Wenn der Tod über den Gräbern lacht,
hör ich die Nachtgeschöpfe singen.
Niemand weiß, wer ich wirklich bin.
Niemand hält das Böse auf.
Niemand weiß, daß ich ein Werwolf bin
und das Grauen nimmt seinen Lauf.
Blut und Tote überall im Land,

keine weiße Macht kann mich bezwingen.
Eine schwarzgraue Pfote formt sich aus meiner Hand,
ihr könnt meinem Blutdurst nicht entrinnen.
Ich stille meine Gier mit Menschenfleisch,
mit Zyklon B, mit Gift und Blut.
Willst du mich, so komm in mein Reich,
deine Eingeweide schmecken sicher gut. Uuuuaaah!
Im Wald hört niemand der Opfer Schrei!
Wieder ist die graus'ge Tat vollbracht! Ha!
Der Toten letzte Worte waren: ‚Gott steh mir bei!'
Und der Vollmond scheint in finstrer Nacht. Uuuaaah!"

„God's Death", „Last Breath", „Black Motorcycle", „The Gates of Heaven", „Böse", „Vampire", „Unendlich", „Ritornell", „Sadness", „Strafe" und „Death Hymn" lauten die weiteren Titel auf dieser Gruselkassette, die in der Szene inzwischen einen hohen Stellenwert hat. Ihr Texter und Interpret genießt mittlerweile sogar den Status eines Märtyrers.

Im Juli 1992 hat die Gruppe um Sebastian S. am Kirchentag in Erfurt teilgenommen, wo Sebastian selbst sich während einer Arbeitsgruppe „Jugendreligionen und Sekten" zu Wort meldete. Stellvertretend für die Gruppe sagte er: „Wir sind überzeugte Satanisten und beten Luzifer an. Eine Katze oder einen Hund zu opfern, macht uns gar nichts aus." Auf Nachfrage erklärt er, daß auch Menschenopfer möglich seien.

Ein anderes Bekenntnis zum Satanismus stammt von Hendrik M. Es ist im November 1992 in der Schülerzeitung „Kurz und gut" in Form eines Interviews erschienen. Pubertäre Alberei oder ernstzunehmende Selbstaussage? Hier der Wortlaut:

Frage: "Woran glaubt ihr eigentlich?"

Möbus: „Diese Frage! Aber gut... unser Glaube ist eine Verbindung von uralten indianischen Ritualen mit skandinavischer Mystik, angereichert mit dunklem Voodoo-Kult und das alles durchsetzt mit der brutalen Genialität von Luzifers Anti-Religion. Wir glauben... (ab hier ist der Originaltext spiegelverkehrt geschrieben, doch der Lesbarkeit halber geben wir ihn in Normalschrift wieder) an das Böse, an den Tod, an das Fleisch, an die Lust, an die Macht, an die Finsternis, an die Schlacht, an den Sieg, an die Seelen, an die Dämonen, an Luzifer, un-

> Die Prüfungen sollst du selbst überwachen, ausgenommen nur die Verborgenen. Weise niemanden zurück, doch du sollst die Verräter erkennen und vernichten... Argumentiere nicht, belehre nicht, rede nicht zu viel! Die, die dich zu überlisten versuchen, dich zu überwinden, die greife an ohne Mitleid oder Gnade und vernichte sie vollständig. Wende dich schnell wie eine getretene Schlange und schlage zu! Sei noch tödlicher als sie! Zerre ihre Seelen herab zu schrecklicher Qual. Lach ihrer Furcht, spuck auf sie!
>
> *Aleister Crowley*

seren Vater und Meister, an das Blut, an die Zerstörung, an das Chaos, an die Anarchie, an die Nacht, an unsere Kraft..."

Frage: „Welche Meinung habt ihr zum Tod?"

Möbus: „Wir wünschen den Tod!!! Und zwar ALLER Lebewesen. Denn für die einen wird es zur ewigen Freude, für andere zur ewigen Qual!"

Frage: „Habt ihr schon einmal etwas erlebt, was für euch ein Zeichen war, daß es einen Satan gibt? Wenn Ja: Was? Wann? Wo?"

Möbus: „Fuck you and die! Eine sinnlose Frage, dennoch will ich sie beantworten. Jeder von uns hat seine Erlebnisse mit der dunklen Seite, aber das geht nur uns etwas an. Sahen denn die Christen unter euch schon Jehova oder Jesus? Sicher nicht, aber dennoch wissen sie: Es gibt Gott. Es lebte Jesus."

Frage: „Wie seid ihr zu euren Ansichten gekommen?"

Möbus: „Go to hell! Natürlich durch langes, intensives Nachdenken und tiefe Überzeugung. Wie denn sonst?"

Frage: „Was sagen eure Eltern zu diesem Thema?"

Möbus: „Sätze, Wörter, Wortgruppen, Buchstaben."

Frage: „Wer gehört zu euch?"

Möbus: „Hahaha, selten so gelacht. Wir sind Legionen, und das sind ihrer viele. Manche von uns stechen aus der Masse hervor, andere tarnen sich perfekt darin. Zu uns gehört nur, wen wir anerkennen und tolerieren und wer sich zu uns bekennt. Sandro B. gehört definitiv nicht zu uns, auch wenn er so etwas in der Art behaupten mag. No chance! Falls irgendwer auf den Gedanken kommen sollte, uns besuchen zu wollen, so sei er gewarnt: Unser Verhalten hängt sehr stark vom Verhalten unseres Gastes ab. Im tiefen Wald hört dich niemand schreien..."

Am Schluß der Schülerzeitung steht noch ein Text unter der Überschrift „Warning" abgedruckt, der mit „Randall Flagg" Möbus' satanischem Pseudonym unterzeichnet ist:

„Falls irgend jemand aufgrund der Antworten vorhat, uns mit Fragen etc. zu belästigen, sollte besser NICHT mit einer vernünftigen Antwort gerechnet werden. Bastelt euch doch eure abgefuckten Gerüchte selbst zusammen, sie zeugen nur von eurem Unvermögen, uns zu akzeptieren. Und wer uns gar besuchen will... kann dies gerne tun. Nur sollte derjenige sich VORHER genauestens überlegen, welches Risiko er einzugehen gedenkt. Wir tun niemanden etwas an, solange derjenige uns keinen Grund dazu liefert... Wir verspeisen mit Freude all jene, welche uns bezwingen wollen! Also beherzigt meine Worte und ihr lebt vielleicht noch ein wenig länger. Vielleicht...
Randall Flagg"

Wirklich nur pubertäres Geschwafel? Oder das Bekenntnis, aus „tiefer Überzeugung" zu seinen Ansichten gekommen zu sein? Dieses Bekenntnis hat bei der späteren Gerichtsverhandlung nur eine sekundäre Rolle gespielt. Man wollte es einfach nicht ins Kalkül ziehen, daß die Täter überzeugte Satanisten waren und sich auch heute noch dazu bekennen.

Einer, der die in der Schülerzeitung ausgesprochene Warnung nicht beherzigen wollte, war Sandro. Ein Einzelgänger, den wohl die mystische, entrückte Welt der Gruppe faszinierte. Er verschlang Bücher über Satanismus und traf sich mit Bekannten auf dem Friedhof, um über den Tod zu sprechen. Er wollte dazugehören, Mitglied der Satansgruppe werden. Aber die wies ihn ab, versuchte, ihn zu erniedrigen.

Sandro beschimpfte die Gruppenmitglieder daraufhin in der Öffentlichkeit und versuchte seinerseits, sie lächerlich zu machen. Deswegen fiel er in Ungnade bei den selbsternannten „Kindern des Satans" und wurde kaltblütig ermordet.

Eine genaue Rekonstruktion der Tat vermittelt das Vernehmungsprotokoll der Kripo Nordhausen vom 5. Mai 1993, das uns anonym zugespielt wurde und das wir auszugsweise veröffentlichen wollen. Kühl und emotionslos schildert der Beschuldigte Sebastian S. darin den Tathergang. Die Diktion verrät ebensoviel von der Intelligenz wie von der Verführt- und Verwirrtheit eines Menschen, der dem Alter nach eigentlich noch ein halbes Kind ist. Wir haben uns längst mit dem Gedanken vertraut gemacht, die drei Täter von Sondershausen in gewisser Hinsicht auch als Opfer zu sehen. Anders gesagt: die Tat vom April 1993 hat mehr Anstifter und andere Anstifter, als es sich die behördliche Fantasie ausmalen mochte und konnte.

Bei der Veröffentlichung von Auszügen aus dem Vernehmungsprotokoll haben wir auf jene Teile verzichtet, die sich mit den grausamen Einzelheiten des Mordes befassen. Sie würden nur das voyeuristische Interesse bedienen. Uns geht es um den Kontrast zwischen der Vor- und Nachgeschichte des Falles und dem, was zum Zeitpunkt der Vernehmung von Schauseil geäußert wurde.

6.2 „…durchaus kein verwerfliches Delikt in unserem Glauben…“ – aus dem Vernehmungsprotokoll von Sebastian Schauseil

Frage: „Herr Schauseil, Sie stehen im dringenden Tatverdacht, am Donnerstag, dem 29. April 1993, gemeinschaftlich handelnd mit dem Hendrik Möbus und dem Andreas Kirchner den Beyer Sandro ermordet zu haben. Äußern Sie sich zu diesem Vorhalt!“

Schauseil: „Ja, wir haben ihn am Donnerstagabend vorsätzlich ermordet, das heißt, wir haben ihn um 20 Uhr ungefähr am Rondel getroffen. Er ist uns dann freiwillig gefolgt. Wir sind ein Stück durch den Wald gegangen und dann unterhalb des Steinbruchs runterwärts in Richtung des Gartens von Hendrik Möbus und sind dann in den Garten gegangen, das heißt, in den Bungalow, wo Sandro sich auf einen Stuhl setzte und wir uns auf die umliegenden Stühle, um uns vorgeblich mit ihm zu unterhalten.

Dann sagte Sandro Beyer, daß es ihm langsam zu lächerlich würde. Hendrik sprang auf und sagte, jetzt ist es vorbei mit der Lächerlichkeit und Andreas Kirchner legte ihm gleichzeitig ein Elektrokabel um den Hals und zog zu in der Hoffnung, ihm damit an der Stuhllehne das Genick brechen zu können.
(Es folgt an dieser Stelle die detaillierte Schilderung des Tathergangs)

Frage: „Herr Schauseil, welches waren die Motive für Ihre Handlung?"

Schauseil: „Logisch nachvollziehbare Motive gab es nicht, das heißt, er hat allerhand Gerüchte verbreitet, aber das hätte ja genügt, um ihm dafür ein paar zu klatschen… Wir haben irgendwann überlegt, der Typ muß einfach weg und es gibt einfach keine logische Erklärbarkeit oder nachvollziehbare Motive…"

Frage: „Haben Sie irgendwelche äußeren Einflüsse zu einer derartigen Handlung beeinflußt?"

Schauseil: „Konkret äußere Einflüsse lagen jetzt nicht dahingehend vor, daß man hätte sagen können, so, dieser und jener Einfluß war es ganz konkret und das und nur das hat uns zu der Tat bewegt…

Ansonsten als Einflüsse wüßte ich nur anzugeben eventuell die Musik, das heißt, ich möchte Heavy-Metal, diese Musik, jetzt nicht in den Dreck ziehen oder so, aber es wird ja sehr viel von Gewalt und Mord gesungen. Aber ich weiß nicht, das war nur irgendwie ein Nebenfakt. Videos würde ich ebenso nicht als Hauptfaktoren angeben. Andererseits klingt das jetzt vielleicht ein bißchen unglaubwürdig.

Aber ich habe vor einiger Zeit, also das lag schon länger als ein halbes Jahr zurück, mal eine Stimme gehört, die hat nur zwei Worte zu mir gesagt, aber das war vom Wortlaut her nicht genau verständlich, wobei zum Zeitpunkt der Tat dann klar war, was die Stimme gesagt hat. Das heißt, ich war völlig allein in einem Raum und die Stimme war als ob sie direkt neben mir war, und der Wortlaut war irgendwie wie Küster Meier oder irgendsowas, ich habe es nicht genau verstanden. Inzwischen bilde ich mir ein, hätte das natürlich auch heißen können, ‚töte Beyer'. Es klingt sehr spinnerisch, ich weiß, aber ich kann nur sagen, was ich erlebt habe."

Frage: „Wer hatte letztlich die Idee, gerade Beyer als Opfer auszusuchen und die geschilderte Vorgehensweise zu realisieren?"

In dieser Blockhütte im nordthüringischen Wald bei Sondershausen wurde der fünfzehnjährige Schüler Sandro Beyer im Mai 1993 von drei Satanisten ermordet.

Schauseil: „... auf die Idee der Tötung durch Genickbruch war Hendrik Möbus verfallen, weil er diesen Film ‚1492' gesehen hatte und wie das dort mit den Hexen geschah. Und hat sich gedacht, daß das schnell ist, also diese Tötung schnell geht, kein Blut dabei fließt und er auch nicht viel zu leiden hat und das auch keine große Überwindung kostet. Als das aber nicht geklappt hat, haben wir uns dann weiter spontan überlegt, ihn mit einem Kabel zu erdrosseln."

Frage: „Also stand von vorneherein und auch schon bevor Beyer als Opfer feststand für Sie fest, irgendwann jemanden umbringen zu müssen?"

Schauseil: „In gewisser Weise schon. Das heißt, der Gedanke, jemanden umbringen zu wollen oder mehr oder weniger zu wissen, einfach das zu tun, dieser Gedanke steckt schon seit längerer Zeit in meinem

Kopf... Es stand also auf jeden Fall seit einiger Zeit fest, daß ich irgendwann mal irgend jemanden umbringen würde... einfach aus dem Muß heraus, aus diesem Muß, es zu tun, nicht, um sich selbst zu bestätigen, sondern einfach, um sich selbst am Leben zu erhalten, ohne daß er jetzt mein Leben bedroht hätte. Aber es stand ganz einfach fest, daß entweder ich alleine oder in der Gruppe mal jemanden töten würde."

Frage: „Wo kommen solche Ideen für derartige Mordgedanken her? Denn man könnte sie ja nicht unbedingt für jeden zutreffend und normal bezeichnen?"

Schauseil: „Die Antwort hierauf ist, daß garantiert irgendwann in seinem Leben jeder Mensch einmal Gedanken hat und eventuell auch die Überlegung, zu töten. Jeder Mensch überlegt sich einmal, wie es wohl wäre, jemanden umzubringen. Wie allerdings die Reaktion auf solche Gedanken bei einem Menschen selber ist, das ist wohl individuell festgelegt. Aber wo diese Gedanken herkommen, einfach aus der Beschäftigung mit diesen Gedanken... dann überlegt man sich zwei Dinge: einmal, wie es wäre, umgebracht zu werden, und wie es wohl wäre, umzubringen. Und bei mir hat sich der Gedanke... festgehakt... er hat Form angenommen."

Frage: „In welcher Art und Weise war der Plan gestaltet, den Sandro Beyer zu ermorden? War dieser Plan so, wie die Tat dann in der Folge durch Sie geschildert wurde oder sah der Plan anders aus?"

Schauseil: „Der Plan sah doch sehr viel anders aus oder zum Teil anders als zum Schluß die Realität... Wir wollten ihm ursprünglich das Genick brechen, entweder so durch Genickerdrosseln oder durch einen einfachen Ruck mit den Händen, wie es im Film auch öfters zu sehen ist oder so. Und dann anschließend, das war noch nicht so genau klar, hatten wir eine Zeitlang mit dem Gedanken gespielt, ihn in Einzelteile zu zerlegen. Aber da hatte dann keiner den Mut, oder die Vorstellung, das zu tun, jemanden zu zerhacken oder zu zersägen, das war nicht drin. Also haben wir uns überlegt, er muß irgendwie zur Seite geschafft werden.

Wir wollten ihn ursprünglich in einem Müllsack verpacken, diesen dann mit Steinen beschweren und in den Segelteich schmeißen... Aber die ersten Probleme ergaben sich eben, als sich das Genick nicht so einfach brechen ließ, weil es von vorneherein falsch angestellt wurde... Wir haben uns überlegt, na ja, jetzt ist es soweit... durch die Kette, die er am Hals trug, hatte er bereits Schürfwunden am Hals und es sah außerdem doch so aus, wenn er zu Hause ankommt, er einen Nervenzusammenbruch erleidet und anschließend den Eltern alles erzählt. Da seine Eltern uns sowieso auf dem Kieker hatten, einfach, weil wir Satanisten waren und ihrer Vorstellung nach auch eine Sekte, was aber nicht stimmt, ging das halt nicht und wir haben uns überlegt, der Junge muß jetzt sterben, jetzt gibt es kein Zurück mehr.

> ...Liebet einander mit brennenden Herzen, trampelt auf den niederen Menschen in der wilden Lust eures Stolzes, am Tag eures Zornes.
>
> *Aleister Crowley*

Als wir noch mit ihm geredet haben, wäre es noch möglich gewesen, ihn mit einem Klatsch davonkommen zu lassen, aber dann haben wir uns überlegt, nein, jetzt geht das nicht mehr, wenn wir nicht selbst draufgehen wollen, muß er weg. Dann haben wir eventuell noch eine Chance. Und dann sind wir auf die nächstliegende Möglichkeit verfallen, ihn dann halt zu erwürgen. Und da das mit dem Abtransport nicht geklappt hat, sind wir auf den Gedanken gekommen, ihn zu vergraben."

Frage: „In welchem Zusammenhang steht die Tat vor dem Hintergrund des Satanismus?"

Schauseil: „Es besteht kein direkter Zusammenhang zu unserem Glauben, also kein direkter Zusammenhang zum Satanismus. Wir haben das nicht aus religiösen Gründen getan, also nicht, um ihn zu opfern... wir haben ihn einfach so, ohne religiöse oder antireligiöse Hintergründe ermordet..."

Frage: „Läßt Ihr Glaube eine solche Handlung zu?"

Schauseil: „Rein theoretisch schon – das heißt, der wahre Satanismus sieht zwar von Menschenopfern und Tieropfern strengstens ab, da das keinen Sinn erfüllt. Aber es war ja keine Opfertat, und da der Teufel der Widersacher Gottes und somit der Widersacher des Menschen ist, ist die Tötung einen Menschen also durchaus kein verwerfliches Delikt in unserem Glauben."

Frage: „Wenn Sie heute über die Tat nachdenken: Zu welchen Ergebnissen kommen Sie da?“

Schauseil: „Das hört sich vielleicht lächerlich an, aber ich komme einmal zu dem Ergebnis, daß es tatsächlich kein perfektes Verbrechen gibt. Des weiteren würde ich diese Tat gerne ungeschehen machen, das soll heißen, nicht nur wegen mir selber und nicht nur wegen des toten Jungen, sondern vielmehr wegen der Leute, die ich damit betroffen gemacht habe…“

Frage: „Sie sprachen davon, daß sich Sandro Beyer in einer Art Todesangst befunden hätte. Wie hat Sandro Beyer die gezeigt und was haben Sie in diesem Moment empfunden?“

Schauseil: „Er hat diese Todesangst gezeigt, indem er unartikulierte Kreischlaute von sich gegeben hat, nur noch schrille Laute… wenn er mal dazu gekommen ist, vernünftig zu sprechen, hat er gesagt, ich möchte nicht sterben oh Gott, oh Gott, ich möchte nicht sterben. Laßt mich leben. Zu sehen war diese Todesangst an seinem Gesichtsausdruck. Sein Gesicht war irgendwie von panischer Angst verzerrt, vor allem seine Augen. Die Pupillen waren völlig verengt, also ganz winzig klein, also total wie Jalousien runtergeklappt. Er hatte also nur noch die Angst an sich wahrgenommen.

Was ich empfunden habe, waren sehr gemischte Gefühle. Auf der einen Seite war ich total entsetzt davon, wie schnell das geht, daß ein Mensch wirklich Todesangst kriegt. Dann war ich weiterhin entsetzt davon, daß diese Todesangst von mir kommt… Ein gewisses Macht- und Triumphgefühl ist in so einer Situation schon vorhanden, wenn jemand wirklich Todesangst aussteht und das dann auch zeigt. Aber vor allen Dingen auch ein absolutes Mitleid, obwohl ich dieses Wort nicht gern gebrauche… aber die anderen Gedanken haben dieses Mitleid dann verdrängt.“

Frage: „Haben Sie sich im Nachhinein noch einmal mit Ihren Mittätern unterhalten? Um deren Meinungen nach der Tat zu erfahren?“

Schauseil: „Ja, wir haben uns danach noch unterhalten, nachdem die Polizei schon bei mir war. Der Herr Beyer hatte das T-Shirt gefunden und irgendwie waren wir nach der Tat selber total geschafft und Andreas dem Zusammenbruch nahe. Er hat gemeint, ‚oh Scheiße, jetzt habe ich mir gerade das Leben versaut'. Wir haben gesagt, ganz so eng sieh das mal nicht, noch ist er ja grad erst mal tot und noch weiß ja keiner was davon. Wenn wir uns nicht gar so blöd anstellen, findet ihn auch niemals jemand. Keine Leiche, kein Mord, kein versautes Leben."

Frage: „Schildern Sie einmal Ihre körperliche Verfassung und damit auch, ob Sie in der Lage waren, dieser Vernehmung in vollem Umfang zu folgen!"

Schauseil: „Meine körperliche Verfassung schätze ich im Augenblick als relativ gut ein. Das heißt, die letzte Zeit war ich leicht erkältet, da ich mit nassen Haaren ins Bett gegangen bin, aber das tut ja nichts zur Sache. Ich bin lediglich etwas müde, aber ansonsten konnte ich dieser Vernehmung bei vollem Bewußtsein folgen."

6.3 „See you in hell!"

Erschreckend, wie kaltblütig der Mord an Sandro Beyer begangen wurde! Als wir auf dem Totenberg bei Sondershausen den „Bungalow" besichtigen und den Weg zurücklegen, den auch die Täter mit der Leiche Sandro Beyers genommen hatten, weht uns noch einmal diese Eiseskälte an, die aus den Worten von Sebastian S. spricht.

Seiner Aussage nach besteht kein direkter Zusammenhang zwischen ihrem Glauben, dem Satanismus, und dem Mord. Freilich gesteht S. auch, daß ihr Glaube eine solche Handlung – also Mord – „rein theoretisch zulasse", schließlich sei für ihre Religion die Tötung eines Menschen „kein verwerfliches Delikt".

Erinnern wir noch einmal an das Gespräch zwischen Schauseil und der CVJM-Gruppe, bei dem er lauthals verkündete, für ihre Gruppe „heißt es nicht, ‚Du sollst nicht töten', sondern ‚Töte!'" In der Praxis bedeute dies auch, daß sie „zu Menschenopfern bereit" seien.

In dem Interview mit Hendrik Möbus in der Schülerzeitung äußerte dieser sich entsprechend: „Wir wünschen den Tod!!! Und zwar ALLER Lebewesen." Denn sie sind aus „tiefer Überzeugung Satanisten."

Wer aus tiefer Überzeugung Satanist ist, kennt auch das Gebot, das in vielen satanischen Kulten gilt: „Tod dem Verräter!“ In der Crowley-Charta heißt es entsprechend: „Der Mensch – also der Satanist – hat das Recht all diejenigen zu töten, die ihm diese Rechte zu nehmen suchen.“

Sandro Beyer wollte der Satanisten-Gruppe angehören, aber er wurde abgewiesen und lächerlich gemacht. Daraufhin versuchte er, die „Kinder Satans“ in der Sondershausener Öffentlichkeit bloßzustellen – was sein Todesurteil war.

„Er soll Gerüchte über die Band ‚Absurd‘ in Umlauf gesetzt haben, um damit dem Ruf der dort integrierten Personen zu schaden“, heißt es in der Anklageschrift. Und weiter: „Nach übereinstimmenden Aussagen der Angeschuldigten soll Sandro Beyer in der Vergangenheit auch mehrfach Druck auf sie ausgeübt haben. So sagt der Angeschuldigte K. (Bl. 88, Bd. I), daß Sandro Beyer ihm gegenüber zum Ausdruck gebracht hat, daß er ihn wegen einer begangenen Sachbeschädigung auf einer Grabstätte des Friedhofs Sondershausen anzeigen wolle. Solche Drohungen sollen auch durch Briefe, welche dem Angeschuldigten Sebastian S. in den Briefkasten geworfen sind, erfolgt sein. Weiterhin soll Beyer behauptet haben, daß die Gruppe der Satanisten Friedhofsschändungen begehen würde…“

Darum mußte er sterben. In diesem Sinn war er ein Verräter, dessen Tod innerhalb eines satanistischen Verhaltensrepertoires legal ist.

Vor dem Prozeßbeginn klagten die Eltern von Hendrik Möbus gegen Pfarrer Hauskeller, weil er die Täter als „vom Satanismus zerstörte Persönlichkeiten“ darstellte. Dies sei, so die Eltern, üble Nachrede und Verleumdung. Während der Verhandlung wurden an verschiedene Zeugen und an die Eltern von Sando Beyer Drohbriefe verschickt.

Die Anklageschrift der Staatsanwaltschaft Mühlhausen konnte nicht von einem „religiösen Mord“ oder „Ritualmord“ ausgehen, weil es diese Kategorien im Strafrecht nicht gibt. Sie mußte sagen, was sie sagen kann, nämlich: daß die drei Täter „gemeinschaftlich handelnd, heimtückisch und aus niedrigen Beweggründen einen Menschen getötet“ haben. Dennoch meinte die Staatsanwaltschaft: „Die Angeklagten bezeichnen sich selbst als ‚Satanisten‘. Als der später getötete Sandro Beyer zunächst versuchte, in diese Gruppierung aufgenommen zu werden, sich in der Folge aber kritisch mit ihnen und ihrem Gedankengut auseinandersetzte, entstanden zwischen ihm und den Angeschuldigten erhebliche Spannungen und Konflikte. Dies führte letztlich bei ihnen zu dem Entschluß, ‚dieser Typ müsse weg‘.“

Andreas K. und Hendrik Möbus sagten aus, daß der Mord ein „Unfall" gewesen sei. Uns liegt jedoch die eidesstattliche Erklärung einer Vertrauten der „Kinder das Satans" vom 6. Februar 1994 vor, die schriftlich erklärte: „Eine Woche vor der Tat habe ich bei einem Zusammentreffen bei Sebastian Schauseil von Hendrik Möbus und Sebastian Schauseil erfahren, daß Sebastian, Hendrik und Andreas vorhatten, Sandro Beyer zu töten."

Sebastian habe, so die Zeugin weiter, sinngemäß gesagt, ‚Du kannst es ja filmen'. Die Zeugin war am 30. April 1994, also während der Walpurgisnacht, auf dem Grundstück der Familie Möbus und erfuhr dabei, daß Sandro Beyer umgebracht worden war. „Hendrik und Sebastian machten mir das Angebot, daß ich mir die Leiche anschauen könnte. Ich habe jedoch abgelehnt... Ich könnte nicht mit dem Wissen leben, daß die drei Angeklagten für einen Unfall zur Rechenschaft gezogen werden, obwohl es vorsätzlicher Mord war", beendet die Zeugin ihre Aussage.

Im Gerichtssaal hatte sie es nicht leicht mit ihrer Aussage. Eine Zuschauerin des Prozesses erinnert sich: „Die Anwälte versuchten mit allen Mitteln, die siebzehnjährige Belastungszeugin zu verunsichern und unglaubwürdig zu machen." Doch diese Versuche schlugen fehl. Wir wissen, daß es bei satanischen Riten nicht ungewöhnlich ist zu filmen. Unseren Erkenntnissen nach werden viele Ritualmorde gefilmt, die Aufnahmen dann unter den verschwiegenen Gruppen ausgetauscht.

Die Staatsanwaltschaft hat während des Prozesses immerhin erklärt, daß der Mord an Sandro Beyer nicht unmittelbar, jedoch mittelbar im Zusammenhang mit dem Satanismus stehe: „Der Satanismus hat in der Persönlichkeitsentwicklung der drei Täter die Hemmschwelle zum Verbrechen so weit herabgesetzt, daß sie selbst im Prozeß durch mangelnde Schulderkenntnis auffielen und das Gericht durch arrogantes Auftreten provozierten." Das Gericht stellte gewisse Einflüsse in Rechnung, und der Vorsitzende Richter schloß seine Urteilsbegründung sogar mit den Worten: „Wenn Sie immer noch glauben, daß der Mord nichts mit Satanskult zu tun hatte, dann ist dies ein verhängnisvoller Irrtum. Wir sind davon überzeugt, daß diese Tat ohne diesen Hintergrund nicht möglich gewesen wäre."

> Gnade laßt beiseite; verdammt die Mitleidigen! Tötet und quält, schont nicht. Auf sie!
>
> *Aleister Crowley*

Was auch immer juristisch faßbar ist oder nicht: Dieser Mord an

Sandro Beyer war in unseren Augen ein Ritualmord – man muß sich nur von der albernen Vorstellung befreien, ein satanischer Ritualmord sei nur dann gegeben, wenn bei der Dokumentation des Tatherganges etwa die dreimalige Anrufung Baphomets nachgewiesen wird. Ein Ritualmord ist unserer Auffassung nach dann gegeben, wenn das Motiv zu einem Mord wesentlich aus den Riten und Gebräuchen einer bestimmten Kultgruppe herzuleiten ist, und nicht z.B. aus einer unglücklich eskalierten gruppendynamischen Situation, wie manche Beteiligten im vorliegenden Fall den Anschein zu erwecken suchten.

Während der Verhandlung wurden siebzehn Zeugen und zwei Sachverständige gehört. Nach zehn Verhandlungstagen wurde das Urteil am 9. Februar 1994 verkündet: Acht Jahre Haft für Sebastian Schauseil und Hendrik Möbus., sechs Jahre für Andreas K.

Nach dem Prozeß...

„Beim Andreas ist Reue wirklich zu erkennen", sagte Cornelia Beyer, die Mutter des ermordeten Sandro. K. hat dem Ehepaar Beyer auch einen Brief aus der Untersuchungshaft geschrieben. „Sebastian und Hendrik", fährt Frau Beyer fort, „haben meiner Meinung nach... die Schwere ihrer Tat, das Verwerfliche ihres Tuns, noch nicht begriffen... Sebastian ist immer noch der Meinung, Sandro hätte das, was ihm passiert ist, auch verdient gehabt. Für ihn heißt es auch weiterhin nicht, ‚du sollst nicht töten!', sondern ‚Töte!' Für sie ist es nicht verwerflich, zu töten. Für sie war das kein Mord, den gibt es in ihrem Weltbild gar nicht." (Interview in der Thüringer Allgemeinen vom 26.2.94).

Cornelia und Peter Beyer, Sandros Eltern, werfen den Eltern der Täter, besonders der Familie Möbus vor, daß von ihnen „auch nicht ein Zeichen des Mitgefühls zu spüren war." Dr. Möbus, der CDU-Abgeordnete, wehrte sich in Presseinterviews gegen diese Behauptung.

Bis auf Andreas K. haben sich die Täter bisher nicht von ihrem Glauben an den Satanismus distanziert. Hendrik Möbus schrieb aus dem Gefängnis an zwei Freunde:

„... ‚Böse sein' bedeutet doch viel mehr, als nur ein anderes Image zu haben. Es ist eine Lebenseinstellung... Was wäre dazu angebrachter als eine Religion? So viele Menschen bekennen sich zu irgendwelchen lächerlichen Religionen, warum nicht auch ihr?Warum sich nicht zur stärksten Religion bekennen, eine Religion mit sich selbst als Gott, eine Religion, die wirklich Macht und Kraft verleiht... Doch bedenkt: Man muß mit Leib & Seele zu uns gehören, um anerkannt und ernst-

Goldlauter, 24.5.

Werte Familie Beyer!

In diesen Stunden des Schmerzes und der Trauer
möchte ich ihnen mein nachträgliches Beileid
aussprechen. Ich bin mir darüber im Klaren
ihnen, insbesondere Frau Beyer, unendliches
Leid zugefügt zu haben und ich bin bereit
eine gerechte Strafe zu empfangen.
Ich weiß, daß dieses Schreiben Sandro nicht
wieder lebendig macht, aber ich möchte ihnen
mein Bedauern über diese Tat aussprechen. Es
war niemals meine Absicht das hoffnungs-
volle Leben eines Jugendlichen zu zerstören,
es zu beenden.
Es war ein Unglück, das passiert ist, aber
den Tod von Sandro haben wir nicht gewollt.
Ich weiß, daß ich ihnen das jetzt nicht er-
klären kann, aber ich wollte ihnen wenigstens
sagen wie leid es mir tut.
Diese Zeilen entsprechen meinen tiefsten
Empfindungen, da ich mittlerweile über
die Trennung von Eltern und Sohn weiß.

~~In tiefste~~ Anteilnahme

A. Kirchner

genommen zu werden... See you in Hell! (Lucifer be my Guard) Randall the Vandall called Messiah Black Flagg."

Hätten manche Exponenten der Sondershausener Satanismus-Szene diesen Brief gelesen, wären sie wohl zu einem anderen Urteil über die Tat gekommen. Möbus bekennt sich eindeutig zum Satanismus, „der stärksten Religion, einer Religion mit sich selbst als Gott." Das ist Neo-Satanismus pur und auf den Punkt gebracht!

Während Andreas K. aus dem Gefängnis heraus für Familie Beyer ganz bemerkenswerte Worte des Trostes und Bedauerns fand: „In diesen Stunden des Schmerzes und der Trauer möchte ich mein nachträgliches Beileid aussprechen. Ich bin mir darüber im klaren, ihnen... unendliches Leid zugefügt zu haben und ich bin bereit, eine gerechte Strafe zu empfangen...", notierte Hendrik Möbus am 21. Oktober 1993 in der Untersuchungshaft: „Nun, demnächst ‚darf' (muß) ich wieder in ihre lügnerischen Fratzen schauen. Ha! Die Falschen werden schreiend im Weltenbrand vergehen; so mag Er denn die Welt von allen Üblen & Schlechten läutern. I hate it... Ich habe genügend Zeit gehabt, alle Weltreligionen zu studieren und die Wahrheit daraus zu destillieren – und ich will in einer nicht existenten Hölle brennen, wenn das nicht eine umwerfende Wahrheit ist... So long... Jarl Flagg. ‚Der Weg des Exzesses führt zum Palast der Weisheit' William Blake."

Wirre, pubertäre Gedanken?

Pfarrer Jürgen Hauskeller ist fast zwei Jahre nach der Tat noch davon überzeugt, daß sich Schauseil und Möbus nicht vom Satanismus losgesagt haben. Ronald M., Hendriks älterer Bruder, gilt ebenfalls als bekennender Satanist. Unter seinem Satansnamen „Hellsturm" ließ er in dem Musikmagazin „Zillo" vom Juli/August 1993 folgende Anzeige veröffentlichen, die Pfarrer Hauskeller als Drohung gegen sich empfindet:

„Seid gegrüßt, Ihr in Lucifers Geist Geeinten! Gedenkt meiner Brüder von Absurd Flag, Doom & Daniels! Ihre mutige Tat ist ein Fanal, eine Fackel ins morsche Kirchengebälk. Und Dir, der Du Dich ‚jüdischer Gruftie, kabbalistisch-katholischer Friedhofsgänger' nennst, sei gesagt: Deine Schmähworte gegen meine Brüder sind nichts als Staub auf dem Kothaufen unter dem Kreuze des Bastards I.N.R.I. Begegne mir, und ich werde Dir zeigen, wie vergänglich Deine nichtige Existenz ist. Ich grüße Allied. Heil Absurd, heil Satan! Hellsturm."

Renate Möbus, die Mutter von Hendrik und Ronald, wiegelt die

Typologie satanistischer Strömungen

Das Phänomen Satanismus in allen seinen vielfältigen Erscheinungsformen definieren zu wollen, ist schwierig. Friedrich-Wilhelm Haack, der 1991 verstorbene Beauftragte für Sekten- und Weltanschauungsfragen der Evangelisch-Lutherischen Kirche in Bayern, der einer der besten Kenner der Okkultszene war, schlug folgende Klassifizerung vor:

HISTORISCHER SATANISMUS: Satanismus als Anti-Christentum. Seine Anhänger akzeptieren in weiten Teilen das Weltbild der Bibel, stellen sich jedoch auf die andere Seite und verehren den Teufel als Gegenspieler Gottes. In Schwarzen Messen konterkariert man die christliche Liturgie. Der italienische Satanismus-Experte Marcello Truzzi nennt dies auch OKKULTEN SATANISMUS.

AMBULANTER oder LATENTER SATANISMUS: Hierunter fallen der Jugendsatanismus, der sogenannte „Acid"- („Drogen-") Satanismus sowie Bereiche der Tantra-Bewegung, in denen Sexualmagie praktiziert wird, aber auch der Satanismus in der darstellenden Kunst (etwa im „Wiener Aktionismus" der 60er und 70er Jahre) und der Satanismus in der Rock-Musik. Der Satanismus dieser Gruppen hat sich aus einem religiösen Kontext weitgehend gelöst und besteht unter anderem aus „Happenings", Drogenpartys, Orgien und auch Gewaltakten. Satan gilt hier als Kultfigur für jugendliches Aufbegehren, Protest und Provokation. Hans-Jürgen Ruppert von der Evangelischen Zentralstelle für Weltanschauungsfragen in Stuttgart plädiert für die Begriffe SPONTANER oder KULTURELLER SATANISMUS.

NEO-SATANISMUS oder RITUELLER SATANISMUS: Hier steht letztendlich nicht der Teufel, sondern die Selbst-Vergötzung des Menschen im Mittelpunkt. Er schließt nahezu alle im 19. und im 20. Jahrhundert gegründeten „Satanskirchen", Logen und Orden ein. Die Kernsätze des Neo-Satanismus sind Crowleys „Es gibt keinen Gott außer dem Menschen" und „Tue, was du willst!" Satan repräsentiert eine anti-christliche, hedonistische und anti-moralische Weltsicht. Haack: „Der Satanismus ist die extremste und deutlichste Ausprägung dessen, was man als ‚Antropomorphismus' bezeichnen kann: die religiöse Verherrlichung des Menschen." Truzzi führte hierfür auch den Ausdruck RATIONALISTISCHER SATANISMUS ein.

Aussagen ihrer Söhne ab. Für sie ist Satanismus in Sondershausen kein Thema; zu dem Schülerzeitungs-Interview, in dem sich Hendrik als Satanist bekannte, meint sie: „Das war Satire, da hat er alle Klischees bedient."

Doch eineinhalb Jahre nach dem Mord an Sandro Beyer geht in Sondershausen wieder die Angst um. Zwei Wochen nach der Urteilsverkündung wurden umgedrehte Kreuze und die magischen Zahlen „666" an das Kriegerdenkmal hoch über der Stadt geschmiert. Eine tote Katze lag daneben. Auch das Jugendamt spricht davon, daß Satanisten im Verborgenen weiterhin ihr Unwesen treiben. Und dann dies: Am 31. Dezember 1994 wird das Grab von Sandro Beyer geschändet. Die Eltern erstatten Strafanzeige gegen Unbekannt. In der schmierigen Soutane einer bizarren „Jugend-Subkultur" erhebt der Satanismus in Sondershausen weiterhin sein krauses Haupt.

7. Wer spielt mit?

In diesem Kapitel werden in Kurzform einige maßgebliche neo-satanistische Gruppierungen vorgestellt, die in Orden, Logen und Bünden organisiert sind. Zur eingehenden Beschäftigung mit der Ideologie und den Ritualen der genannten Zusammenschlüsse sei auf die im Anhang aufgelistete weiterführende Literatur verwiesen.

7.1 Solar Lodge

Diese rassistische, „magisch arbeitende" Sekte wurde in den sechziger Jahren in Südkalifornien von Georgina (Jean) Brayton – sie fungierte als Oberste Priesterin – und ihrem Mann Richard gegründet. In ihrem Umfeld bewegte sich auch Charles Manson, der sich als gelehriger Adept erweisen sollte (s. Kapitel 7.10). Ein weiteres prominentes Mitglied der „Solar Lodge" war der Art-Director des Films „Easy Rider", Jerry Kay.

Wie in einem Lehrbuch der Psychopathologie kann man anhand der gut dokumentierten Geschichte dieser Satanisten-Gruppe studieren, wie die Persönlichkeit vieler ihrer Anhänger mit Hilfe von Drogen, Gehirnwäsche, Zufügen von Schmerz, sowie durch regelmäßig stattfindende grausame Riten zerstört und nach den Vorstelllungen der „Solar Lodge" neu wieder aufgebaut wurde. So veranstalteten Jean und Richard Brayton unter anderem magisch-religiöse Treffen, die darauf abzielten, „Haß-Vibrationen" zu erzeugen und diese in Watt-

Maßeinheiten „auszustrahlen“. Sinn der Übung war es, auf diesem Weg Rassen-Unruhen – beispielsweise in einem Ghetto – auszulösen. Die Braytons glaubten nämlich (wie später auch Manson), ein Krieg zwischen den Weißen und den Schwarzen stehe unmittelbar bevor. Vor diesem Hintergrund wollten sie und ihre Anhänger einen „Negeraufstand“ provozieren und so das anschließende „Endgericht“ heraufbeschwören.

Die Oberpriesterin Jean Brayton war von Aleister Crowley fasziniert. Der Ideengehalt seiner Schriften fand auch Eingang in die „Philosophie“ der „Solar Lodge“. Mitglieder auf den beiden untersten Initiationsstufen, den sogenannten „Minerva“-Stufen, mußten Blut trinken. In den oberen Graden wurden Katzen, Hunde und Hühner geopfert und mit dem Blut der toten Tiere sexualmagische Riten vollzogen. Zum Beispiel gossen die Neo-Satanisten Tierblut über kopulierende Paare, die sich zudem mittels Drogen in Rauschzustände versetzten – Crowley läßt grüßen. Jean Brayton war dafür bekannt, daß sie „alles schluckte, was ihr zwischen die Finger kam“. Nach Aussagen ehemaliger Anhänger der Sekte zog man Marihuana, Demerol, Scopolamin, gewöhnlicher Stechapfel, Äther, Belladonna und LSD zur Bewußtseinsmanipulation heran. „Umprogrammiert“ wurden die Mitglieder, während sie sich auf dem Drogen-Trip befanden. Dabei offenbarte intime Details aus dem Berufs- und Privatleben konnten später von den Sektengründern zu Erpressungen ausgenutzt werden.

Es gab indes auch Initiationsriten, während denen man die Adepten zur völligen sexuellen Enthaltsamkeit zwang. „Eine Grausamkeit, die darauf hinzielte, sie zu verwirren, zu frustrieren und den Absichten ihrer Meisterin gefügig zu machen“ (Knaut, S. 95). Bekannt ist auch der Fall einer schwangeren Frau, der die Brayton befahl, ihr Kind zu hassen und es nach seiner Geburt der Sekte zu überlassen.

Am 10. Juni 1969 passierte dem sechsjährigen Anthony Gibbons, der bei der „Solar Lodge“ aufwuchs, ein großes Mißgeschick. Beim Hantieren mit Streichhölzern zündete er das Anwesen der Gruppe an. Das Hauptgebäude der Ranch brannte nieder, mehrere Tiere kamen in den Flammen um. Ein Raub der Flammen wurden auch seltene Reliquien, wertvolle okkulte Bücher und einige Originalmanuskripte Crowleys.

Die Oberpriesterin ließ dem Kind zur Strafe die Handflächen ansengen und sperrte es in einen hölzernen Verschlag ein. Nur eine Matraze zum Schlafen und ein Eimer für die Exkremente statteten das Gefängnis aus. Angekettet an eine im Boden verankerte Eisenplatte, bei Temperaturen von bis zu 45 Grad, vegetierte der Junge 56 Tage lang vor sich hin. Luft und Licht drang nur durch einen schmalen Schlitz in die Holzkiste.

Ein Pferdehändler, der mit der Gruppe Geschäfte machen wollte, entdeckte den kleinen Anthony schließlich und verständigte die Polizei. Die Beamten erließen Haftbefehl gegen die Mitglieder der „Solar Lodge“. Der Junge kam in ein Pflegeheim. Jean Brayton gelang es unterzutauchen. Die Oberste Priesterin soll sich in Mexiko aufhalten.

Elf Mitglieder der Sekte wurden vor Gericht gestellt und wegen Kindesmißhandlung verurteilt.

Die „Solar Lodge“ gilt als „eine der neuen Untergruppen des O.T.O.“ (Haack, Von Gott und der Welt verlassen, S. 199). Sie wird auch „Solar Lodge of the O.T.O.“ genannt. Zwar bezeichnen andere Gruppierungen sie als irregulär, aber es ist für die satanistische Szene durchaus bezeichnend, daß ehemals Verbündete sich sofort voneinander distanzieren, wenn eine Gruppe in Schwierigkeiten gerät oder gar Verbrechen an die Öffentlichkeit dringen.

7.2 The Process Church of the Final Judgement

Die Anhänger der 1963 von den Engländern Mary Anne und Robert de Grimston gegründeten „Process Chruch of the Final Judgement“ („Prozeß-Kirche des Jüngsten Gerichts“) huldigen der Trinität „Jehova – Luzifer – Satan“ als den „drei größten Göttern des Universums“.

Jehova gilt ihnen als Gott der Vergeltung und Rache, seine Liebe als „mitleidlose Liebe“, die vernichtet und tötet. Luzifer hingegen verkörpert Lebensfreude, Liebe und Glück. Satan schließlich steht für Lust, Übermaß, Heftigkeit, Sich-Gehen-Lassen. „Gott und Antigott sind verkörpert in Christus und Satan. So müssen Christus und Satan wieder zusamengeführt werden. Das Lamm und der Bock müssen zusammenkommen, reine Liebe herabsteigend vom Gipfel des Himmels, vereinigt mit purem Haß, heraufgestiegen aus den Tiefen der Hölle“, glauben die Mitglieder der Vereinigung. Von großer Bedeutung für die Gruppe waren auch Lehre und Methode der „Scientology Church“, der Mary Anne und Robert de Grimston angehörten. Angeblich leitet sich auch der Name der „Process Church“ von dem scientologischen Begriff „process“ ab (Schmidt, S.142).

Haack erklärte die Anschauungen der „Process Church" so: „Damals wie heute sollte das ‚Jüngste Gericht' für die Gnostiker die Zusammenführung von Gut und Böse, Glück und Zerstörung, Haß und Liebe bringen" (Haack, Von Gott und der Welt verlassen, S.124). Ed Sanders, ein Journalist, der sich jahrelang mit dieser „Kirche" befaßte, vertrat die Auffassung: „Die Strukturen solcher Sekten wie der ‚Process Church' sind faschistisch" (Sanders, The Family, Reinbeck 1972).

Symbole besitzen in dem Kult einen hohen Stellenwert. Intern gelten die „niederen Satanisten" als „Goats" (Schafe), die „höheren" dagegen als „serpents" (Schlangen). Die Mitglieder tragen graue Uniformen, an denen ein Silbernes Kreuz und ein ledernes Dreieck mit einem Totenkopf angebracht werden. Außerdem gibt es verschiedene Roben: schwarze verweisen auf Jehova, blaue auf Luzifer, rote auf Satan. Nicht selten führen „Process Church"-Missionäre scharfe Schäferhunde an der Leine.

Grimston und seine Anhänger versuchten, überall in Europa Fuß zu fassen. In der Nähe von München wollten sie ein Schloß erwerben, was ihnen allerdings nicht gelang. Doch netzwerkartig existieren längst etliche weit verstreute kleinere Gemeinschaften. In diesen „Glaubensbasis-Gruppen" werden die Lehren der „Kirche" studiert und weitervermittelt.

Nach Meinung des Satanismus-Insiders Josef Dvorak (s. Kapitel 7.11) steht die satanistische Missionsarbeit der Sekte im Zusammenhang mit dem von der Gruppe bald erwarteten Weltende.

Eine große Rolle spielte und spielt bei der „Process Church" Sexualität. „Vereinigungsriten" fanden statt, „Gruppenehen" wurden geschlossen. Die Ehe von Sektengründer de Grimston war allerdings nicht von Bestand. Die Partner wurden geschieden. Die Frau des „Process Church"-Gründers konvertierte zum Guten und soll einen streng jüdischen Jehova-Kult installiert haben. Robert de Grimston selbst wurde von seinen Jüngern aus der Satans-Kirche ausgeschlossen.

7.3 Argentum Astrum (A.A.)

Der Argentum Astrum („Silberner Stern“) – auch Argenteum Astrum – ist 1907 von Aleister Crowley selbst gegründet worden, der sich damit endgültig vom „Golden Dawn“ löste und eine Gruppe um sich scharrte, mit der er seine eigenen Ideen von „Magie“ und Sex verwirklichen konnte.

Halbjährlich erschien sogar eine Ordens-Zeitschrift namens „The Equinox“. Nachdrucke von einzelnen Ausgaben kursieren heute noch unter Insidern als „Zeitschrift des Golden Dawn äußerer Orden des Ordo Thelema“. Als Herausgeber firmiert „Myrddin Emrys“ („Imperator Fr. D.“). Dahinter verbirgt sich nach unserer Kenntnis ein gewisser Holger Schnepf aus Berlin.

1940 übernahm die Crowley-Jüngerin und frühere Blavatsky-Freundin Martha Künzel die Leitung des A.A. in Deutschland. Sie hatte Crowley 1925 in Weida/Thüringen kennengelernt und sich zum „Gesetz von Thelema“ bekannt. Später sah sie Adolf Hitler als ihr „magisches Kind“ an und übersandte ihm ein Exemplar des „Buch des Gesetzes“.

Michael D. Eschner etablierte 1972 den neo-satanistischen „Thelema-Orden des Argentum Astrum“. Als der – seiner Überzeugung nach – „vorausgesagte Nachfolger“ und „magischer Erbe“ Crowleys ließ Eschner den verloschenen „Silbernen Stern“ zunächst am Nachthimmel über Berlin wieder aufgehen, ehe er mit seinen Anhängern 1985 nach Lüchow-Danneberg umsiedelte (s. Kapitel 7.8).

7.4 Golden Dawn

Zu einem der einflußreichsten Okkult-Orden der Gegenwart hat sich der „Hermetic Order of the Golden Dawn“ entwickelt. Mitglieder waren unter anderem der Dramatiker und Literaturnobelpreisträger Wiliam Butler Yeats, der Maler George Russell und Constance Wilde, die Frau von Oscar Wilde.

Der „spirituelle Gründungsimpuls“ ging 1888 von den drei Hochgradfreimaurern der Society Rosicruciana in Anglia (SRIA) Mathers,

Zusammenhänge

In dem Buch „Stichwort Geheimbünde" finden wir zum Thema **„Illuminaten"**: „Nach dem Ende des Zweiten Weltkriegs entstand der Weltbund der Illuminaten neu in Zürich (nachdem ihn 1936 die Nationalsozialisten verboten hatten. D. Verf.), er firmierte aber auch unter Bezeichnungen wie Ordo Templi Orientis **(O.T.O), Gnostisch-Katholische Kirche, Komptureі Thelema und Fraternitas Rosicruciana Antiqua".**

Zur **Gnostisch-Katholischen-Kirche**: Einziges Anliegen der „Gnostisch-Katholischen Kirche" (GKK) sei die „rituelle Verwertung von Sexualität", beschrieb ein Insider-Magazin – das „Magazin des Neuen Äons" („Abrahadabra" 12/1992) – ihr Treiben.
Bereits zu Beginn der zwanziger Jahre gehörten der GKK Mitglieder aus Deutschland, Holland, Österreich, Ungarn, Rußland, Amerika, Rumänien, der Schweiz, der Türkei und diverser slawischer Staaten an. Sie stand damals unter der persönlichen Leitung des „derzeitigen Oberhauptes des gnostischen Neo-Christen und orientalischen Templers Carolus Albertus Theodorus Peregrinus, Souveräner Patriarch und Primat der Gnostischen Katholischen Kirche, Vicarius Solomonis und Caput Ordinis **O.T.O**.".

Friedrich-Wilhelm Haack meinte über die GKK: „Bei dieser Gemeinschaft handelt es sich um eine gnostisch neo-satanistische, im Stil einer Kirche aufgezogenen Gemeinschaft, deren jeweilige Leiter für ihr ‚bischöfliches' Amt sogar die apostolische Sukzession für sich in Anspruch nehmen. Es handelt sich um eine Tochtergründung des Ordo Templis Orientis *(O.T.O.)*. Das Ritual (canon missae) stammt von Aleister Crowley… In der Messe wird auch ‚Das Gesetz' (Tu was Du willst, soll sein das ganze Gesetz. Das Volk: Liebe ist das Gesetz, Liebe unter Willen) verkündet"

(Haack, Jugendspiritismus und Satanismus, S. 18, 19).

Westcott und Woodman aus. Letzterer will in London chiffrierte Dokumente mit magischen Ritualen zugespielt bekommen haben, die ihn auf die Idee brachten, einen Geheimorden ins Leben zu rufen.

Der „Golden Dawn“ pflegte zunächst die alten Traditionen der Hermetik (Magie, Alchimie, Astrologie und Kabbala), integrierte aber auch ägyptische, östliche und theosophische Elemente. Die Rituale der Vereinigung waren zudem von Komponenten der Rosenkreuzer und Freimaurer geprägt, ferner übte man sich in okkulten Disziplinen wie „Astralreisen“ und ähnlichem.

Bald verfügte der Orden über Logen in Edinburgh, Paris und London. Im November 1898 trat Aleister Crowley als „Neophyt“ in den Geheimbund ein. Doch sein Urteil über die übrigen Mitglieder fiel vernichtend aus: „Der Rest des Ordens besaß keinerlei Individualität. Man konnte sie weder energetisch noch durch etwaige Fähigkeiten unterscheiden. Heute zeigt sich, daß nicht einer von ihnen ein Zeichen in dieser Welt hinterlassen hat“ (Crowley, Confessions). An anderer Stelle höhnte er: „Ich hatte keine Ahnung, daß die Mitglieder größtenteils stümperhafte, kleine Geister aus der Mittelklasse waren.“ Sein abschließendes Urteil: „Sie waren keine Helden im Krieg des Spirituellen gegen die künstlichen Schranken, gegen die Unterdrücker der menschlichen Seele...“ (Crowley, Confessions).

Crowleys Ordensname lautete „Frater Perdurabo“ („Ich werde durchhalten“) – was er dann aber doch nicht tat. „Frater Perdurabo“ brachte es nur bis zum „Adeptus Minor“. Allerdings eignete sich Crowley im „Golden Dawn“ Fähigkeiten und Kenntnisse an, die für seinen weiteren Weg bestimmend werden sollten.

1900 setzte der Orden sein bisheriges Oberhaupt, Mathers, ab. Zum Vorwurf wurden ihm sein autokratischer Führungsstil und nicht zuletzt sein enges Verhältnis zu Crowley gemacht, der bei den übrigen Mitgliedern wegen seiner bi- und homosexuellen Neigungen eher schlecht gelitten war.

Für den Geheimbund war das praktisch der Anfang vom Ende. Schon bald zersplitterte er in mehrere konkurrierende Gruppen. Eine davon führte Mathers Frau, doch auch ihr gelang es nicht mehr, die Gemeinschaft als Ganzes zu reintegrieren.

Ein deutscher Ableger des „Hermetischen Ordens der Goldenen Dämmerung“ existiert gegenwärtig in Berlin.

7.5 Fraternitas Saturni

Als Crowley sich 1925 in Deutschland aufhielt, veranlaßte er den Berliner Buchhändler und Okkult-Publizisten Eugen Grosche, einen O.T.O.-Ableger unter dem Namen „Fraternitas Saturni“ zu gründen. „Tu, was Du willst!“ wurde auch das Bekenntnis dieser „Saturn-Bruderschaft“. Grosche, der sich fortan „Gregor A. Gregorius“ nannte, war wie sein großes Vorbild bisexuell und sadomasochistisch veranlagt. 1933 verboten die Nationalsozialisten die Loge. Grosche hielt sich bis zum Ende des Zweiten Weltkriegs in London auf. 1946 organisierte sich die „Fraternitas Saturni“ wieder. Ihr „Großmeister“ Grosche starb im Januar 1964.

Seine Nachfolgerin „Maestra Roxanne“, die erste Führerin eines mystogenen Geheimordens in der neueren Geschichte, folgte ihm nur ein Jahr später ins Grab. In der Folgezeit machten sich vorübergehend zwei „Großmeister“ mit jeweils eigener Anhängerschaft gegenseitig Konkurrenz, ehe sich beide Fraktionen 1969 offiziell zusammenschlossen.

Die „Fraternitas Saturni, die gerechte, erleuchtete, vollkommene, geheime, magische und rituelle Loge“ versteht sich nicht als Satanisten-Loge im eigentlichen Sinne. Sie verehrt nicht den Teufel, sondern knüpft nach Angaben eines Aussteigers Kontakte zu „Dämonen“ und betreibt „auf der oberen Ebene auch Sexualmagie, mit totem Hahn oder Hund und allem, was dazu gehört“.

Einer der Köpfe der Gruppe (Szene-Name „Don Giovanni, Großmeister der Fraternitas Saturni“) soll bis zu seiner Pensionierung Mitte der 80er Jahre Oberinspektor beim Bochumer Ordnungsamt gewesen sein – ein schönes Paradoxon! Aussteiger fürchten die Beziehungen der Neo-Satanisten zu Bochumer Zuhälter-Kreisen. Anscheinend hatte sich „Don Giovanni“ als zuständiger städtischer Bediensteter für die Konzessionierung von Kneipen und Nachtlokalen in der Halb- und Unterwelt einige Freunde gemacht.

Dem Journalisten Thomas Dreger vertraute ein „FS“-Aussteiger an: „Der Einsteiger beginnt als Novize und kann sich nach ein bis zwei Jahren durch das Schreiben von ‚magischen‘ Arbeiten hocharbeiten. Manchmal helfen auch Geldspenden.“ Die Novizen würden von ihrem „Meister“ betreut, der von ihnen Tagebücher sehen will und „soviel Einblick in ihre intimsten Sachen hat wie ein Psychotherapeut“ (Dreger, S.7).

Der hierarchische Aufbau der „Fraternitas Saturni“ umfaßt 33

Ordenslogo der Fraternitas Saturni

Grade. Einem Eigendruck der Gruppe ist die Aufschlüsselung der Rangfolgen zu entnehmen:

0. bis 11. Grad/ „Vorhofsgrade“: Ihren Inhabern können bestimmte wichtige Funktionen in der Loge übertragen werden.

12. bis 20. Grad/„Rosenkreuzer-Grade“: Diese weisen auf mystisch-magische Praktiken der Rosenkreuzer hin. Der 18. Grad („Magus Pentalphae“) dient der Weitergabe des geheimen Wissens des O.T.O. Allerdings nur in „theoretischer Form“, wie logenintern behauptet wird.

21. bis 26. Grad/„Hochgrade“: Die Bewerber haben „Studium, praktische Arbeit... auf okkulten Gebieten“ nachzuweisen. Um den 26. Grad zu erlangen, müssen sie Kenntnisse über „die höhere und rituelle Magie“ besitzen.

27. bis 29. Grad/„Hochwürden“: Ihre Inhaber sind besondere Vertraute des Großmeisters und müssen über folgende Voraussetzungen verfügen: eine mindestens zehnjährige Logenzugehörigkeit, unbedingte Zuverlässigkeit, äußerste Disziplin und bewiesene Treue sowie umfangreiches Wissen in bezug auf die „höhere und rituelle Magie“.

30. bis 33. Grad/„Hochwürdengrade“: Für diese Ränge gelten intern folgende Voraussetzungen:

„a) Das Wissen dieses Grades bzw. über diesen Grad gehört zu dem internen Wissen der Bruderschaft.

b) 1. Strenge und harte Bewährung im Sinne des Logengesetzes im Geist des Demiurgen Saturns.

2. Der Bewerber muß eine absolute brüderliche und geistige Verbundenheit mit der Bruderschaft durch entsprechende charakterliche Fähigkeiten bewiesen haben.

3. Der Bewerber muß eingeweiht sein in das Wissen des wahren und geistigen Templerordens.

4. Er muß orientiert sein über: esoterische Orientalistik-Riten und Kulte alter Tempel sowie Geheimkulte der magischen Sekten der Antike und der Neuzeit.

c) Eine mindestens zwölfjährige Zugehörigkeit zur Loge muß nachgewiesen sein.

d) Eventuelle Bindung zur Loge durch Blutsbrüderschaft mit dem Großmeister.

e) Die Entscheidung trifft der Großmeister."

Diese Darstellung läßt erkennen, wie schwierig es für einen Außenstehenden ist, Zugang zum „Inneren Kreis", geschweige denn bis zu den höchsten Logen-Graden zu finden. Es ist unmöglich, „nur mal eben kurz" Einblick zu nehmen. Im Grunde ist die Mitgliedschaft in der „Fraternitas Saturni" ein quasi lebenslanger Prozeß – der mit Abhängkeit und steter Überwachung einhergeht.

Der Weg des „Magiers" wird in logeninternen Schriften als „Weg des Saturns" beschrieben. Die „Disziplinen", in denen er zu forschen hat, sind unter anderem in die „Fachrichtungen" Dämonologie, Evokationsmagie und Sexualmagie unterteilt.

Die höheren Ebenen und Sphären erreicht er „durch spezielle magische Praktiken oder durch meditative Versenkung. Der geistig erleuchtete Mensch hat die sakramentale dämonische Liturgie wieder in den Mittelpunkt seines Lebens zu stellen und anzuerkennen..."

In ihren Schriften behauptet die „Fraternitas Saturni" weiter, Sexualmagie nur „theoretisch" erforschen zu wollen. Dagegen spricht allerdings nicht nur die Aussage des oben zitierten Aussteigers; auch in den „Magie-Dokumenten" der Loge kommt ihr ein so hoher Stellenwert zu, daß wir uns kaum vorstellen können, hier würden nur „Trockenübungen" abgehalten. Schließlich fordern die „Großmeister" der FS von ihren Anhängern „außerordentliche Kenntnisse der Rituale und Riten" sowie „praktisch erworbenes" okkultes Wissen.

So heißt es zum Beispiel in einer internen Schrift: „Für die Praxis ist es besser, das durch Onanie erzeugte Sperma zu verwenden, welches mit starken positiven Influenzen durch magische Vorstellungskräfte des Onanisten gesättigt ist."

Trotz „Maestra Roxanne" und anderer Gespielinnen huldigt die „Fraternitas Saturni" einer haarsträubenden sexistischen Ideologie. Nach ihrer Auffassung ist die Frau so entstanden: „Und Gott formte den Menschen nach seinem Ebenbilde. Das Ursein als Vollbewußtsein ist aber Geist und keine Materie ohne geistiges Vollbewußtsein. Dieser Form von Mensch gab Gott ein Weib, vielmehr die Form zersprang und teilte sich in zwei Hälften. Die stärkere Hälfte ist der Mann, der auch den Samen behielt als Gesetz, während die schwächere Hälfte noch heute an jener Stelle blutet, wo der Lebensknoten gesessen hat" (Aythos, Die Fraternitas Saturni, München 1979).

Der eigentliche Führer der Neo-Satanistenloge ist nach dem Glauben der Mitglieder ein Geistwesen namens „Gotos". Dazu ein Auszug aus der internen Schrift „Die Fraternitas Saturni – Eine saturn-magische Loge" von Aythos: „Die meisten magisch arbeitenden Logen und Orden stellen ihre Arbeiten unter den Schutz eines Logendaimonions. Der Name „Gotos" der FS setzt sich zusammen aus den Worten: ‚Gradus Ordinis Templi Orientis Saturni'. Er stellt den 33. Grad der Loge dar und bildet gleichzeitig das geistige Oberhaupt der Loge. Im Trance-Zustand kann der Gotos astralisch von magisch begabten Fratres gesehen werden. Aufrechterhalten wird der Gotos durch die magische Bruderkette bei den Osterlogen mittels geistiger Konzentration auf die unsichtbare astralmentale Matrize der physischen Welt... Man nennt dieses bewußt gebildete unsichtbare Wesen auch Egregor. Dieses Gotos führt und leitet die Loge."

Das Credo der FS-Loge lautet: „Das Ziel ist Gott. Die Verehrung und Anbetung des Göttlichen Ich sollte zur ständigen Übung eines Bruders des höheren Lichtes werden." Konkretere Ausführungen dazu enthält das „Gesetz der gerechten-erleuchteten-geheimen-rituellen und magischen Loge/Großloge FRATERNITAS SATURNI:

„1. Das geistige Gesetz der Loge FRATERNITAS SATURNI lautet:

‚Tu was Du willst!' und
‚Liebe ist das Gesetz!
Liebe unter Willen!
Mitleidlose Liebe!'

d.h.: Jeder kann denken und glauben was er will.
Jeder muß für sein Tun auch die Folgen tragen.
Handelt jemand leichtsinnig, unüberlegt,
unwissend, so macht er sich schuldig!
Das Gesetz der mitleidlosen Liebe kennt keine
Nachsicht gegenüber eigenen Schwächen und
denen anderer.

2. Das Wort des Gesetzes ist:

– THELEMA –

Weitere Zitate aus dem „Gesetz" zeigen, wie hermetisch die Fraternitas Saturni strukturiert ist:

Die Zufälligkeiten jedes Liebesaktes, wie ihre Teilnehmer und die Besonderheiten ihres Ausdruckes, auf welcher Ebene auch immer, sind für die magische Bedeutung des Aktes vollkommen unwesentlich. Ihre Existenz ist ihre einzige und ausreichende Rechtfertigung für ihre eigene Art und Weise... Was immer deine sexuellen Vorlieben sein mögen, du bist durch das Gesetz von Thelema frei, der Stern zu sein, der du bist, deinen eigenen Weg des Erfreuens zu gehen... Dieser Akt der Liebe, obgleich in seiner Form mit einem Pferd, wie bei Caligula, mit einem Mob, wie bei Messalina, ...bedeutet für die Sache überhaupt nichts... Das Ende ist immer, daß man durch den Akt, egal, was für einer es ist, Nuit anbetet, liebt, besitzt und wird...

Aleister Crowley

„Vor der endgültigen Aufnahme in die Loge hat sich der Bewerber persönlich mit dem Großmeister oder einem der Hochgradbrüder bekanntzumachen. Außerdem muß der Bewerber mindestens ein Jahr mit dem Großmeister in schriftlichem Kontakt gestanden haben."

Weiter heißt es: „Die Kulte, Gebräuche und insbesondere die Rituale der FRATERNITAS SATURNI sind geheim. a) Jeder Bruder/jede Schwester hat sich über die in Ziffer 1 aufgeführten Punkte allen Profanen – Nichtmitgliedern – gegenüber zum Schweigen verpflichtet." Außerdem wird den Mitglieder auferlegt, alles Schriftgut „verschlossen aufzubewahren" sowie „Vorsorge und Maßnahmen zu treffen – ggf. durch Testament", daß im Falle des Ablebens die Schriften, der Logenmantel und der Logenring an die Gruppe zurückgegeben werden.

Die Ideen und Praktiken der „Fraternitas Saturni" haben weite Verbreitung gefunden: Logen existieren in London, Paris, Basel, Zürich und Wien, in Luxemburg und sogar in Australien (Melbourne und Yokine). In Deutschland bestehen unserer Kenntnis nach mehr als fünfzig FS-Gruppierungen.

Von einem zeitweiligen „Großmeister" der Loge, „Janada" alias Walter Jantschik, liegt uns im Original ein schriftlich fixiertes Interview vor, das dieser dem Journalisten Horst Knaut gewährt hat. Jantschik ist Jahrgang 1939 und Mitglied der „Fraternitas Saturni" seit 1964. Wir zitieren auszugsweise:

Knaut: Wo finden in Deutschland sexualmagische Riten der FS statt?

Jantschik: Was mir bekannt ist, in Berlin, Frankfurt und Neu-Isenburg.

Knaut: Welche älteren FS-Schwestern sind an Sexualmagie interessiert oder praktizieren sie?

Jantschik: Schwester Isola aus München (Anna K., d.Verf., ihr vollständiger Name ist uns bekannt), Schwester Delia aus Zürich (Sekretärin, 41 Jahre alt).

Knaut: Woher wurde der schwarze Hahn beschafft, der bei Ihnen geopfert wurde? (gemeint ist hier die Einweihung in den 18. Grad Pentalphae, d. Verf.)

Jantschik: Kann ich nicht sagen, nehme an von einem Bauern aus Kelkheim.

Knaut: Sind auch schon andere Tiere geopfert worden?

Jantschik: Schwarze Katzen.

Knaut: Was halten Sie von Menschenopfern?

Jantschik: Auch Menschen können geopfert werden... Ich bin für die Opferung von Menschen. Es sollten sowohl Tiere als auch Menschen geopfert werden.

Knaut: In Ihrem Buch „Therion: Magie" sind mehrere Stellen im Kapitel „Blutopfer" unterstrichen. Halten Sie die Beschreibung der Opfer- und Tötungsarten für ein bloßes „geistiges" Verständnis oder für konkrete Anleitungen, die auch in der magischen Praxis vollzogen werden sollen?

Jantschik: Opfer- und Tötungsarten sollten auch in der magischen Praxis vollzogen werden. Siehe auch die FOEC-Loge in den 20er Jahren oder die Schwarzen Messen in Frankreich.

Knaut: Sie sagen, daß Sie sadistische und masochistische Neigungen hätten. Beschreiben Sie ihre Vorstellungen und Wünsche.

Jantschik: Sadistisch: Auf der Basis von Marquis de Sade. Junge, hübsche Mädchen zu züchtigen... und quälen und so zum sexuellen Höhepunkt zu gelangen. Auspeitschen, foltern und anschließend lieben. Masochistisch: Wünsche mir eine strenge Erzieherin, die mich zu ihrem Sklaven macht und mich zwingt, sie anschließend zu lieben.

Knaut: Welches sexualmagische Erlebnis erstreben Sie als einen besonderen Höhepunkt? Bitte beschreiben Sie ihre Vorstellungen.

Jantschik: Reine Sexualmagie auf baphometisch-satanistischer Basis, kombiniert mit schwarzmagischer Evokation zur Erzeugung eines astralmagischen Egregors oder Vampirs, der für magische Handlungen später eingesetzt werden soll. Aber, wie gesagt, die Partnerin soll sehr hübsch sein, langes Haar haben und vollkommen prädestiniert sein. Es soll eine absolut magische Verschmelzung stattfinden und ein magisches Wesen gezeugt werden.

Auch die Aussagen dieses Eingeweihten lassen die Annahme, es gehe nur ein „theoretisches Studium" der Sexualmagie, nicht zu.

In die dunkle Auslegungsgeschichte der Gesetze der „Fraternitas Saturni" scheint auch ein mysteriöser Mordfall mit hineinzugehören, der sich am 6. Mai 1970 in Lehrberg ereignete:

Der 51jährige Schlosser Paul-Günther D. schoß mit einem Kleinkalibergewehr dem Bauhelfer Josef G. direkt ins Herz. Der Täter wurde ein Jahr später von den Richtern für vermindert schuldfähig erklärt und seine Einweisung in eine geschlossene psychiatrische Anstalt angeordnet. Wie sich bei den Ermittlungen herausgestellt hatte, war D. ein Anhänger der Schwarzen Magie und des Okkulten. Er fühlte sich von „Schwarzmagiern" bedrängt und verfolgt und mußte nach eigenen Aussagen „laufend mit diesen Kräften kämpfen".

Was die Richter nicht wußten: Paul-Günther D. war bereits 1958 der „Fraternitas Saturni" beigetreten, aber unter Eugen Grosche bald wieder ausgestoßen worden. In den sechziger Jahren bewarb er sich erneut um die Mitgliedschaft und wurde als „Bruder Thomas" in die Frankfurter Loge aufgenommen. Der von ihm erschossene Josef G. war der Schwager Walter Jantschiks.

Dieser äußerte sich gegenüber Knaut auch zu der Bluttat von Lehrberg:

Jantschik: Die Hinrichtung meines Schwagers habe ich kommen sehen. Sie mußte so eines Tages geschehen...

Knaut: Es mußte so geschehen?

Jantschik: Ja, Baphomet wollte es so.

Jantschik führte Knaut zu seiner Bibliothek mit esoterischen Büchern und zeigte ihm die Werke, die er gemeinsam mit D. studiert habe. Er wies Knaut auf einige Passagen hin, die D. unterstrichen hatte: „Das Blutopfer ist wirksamer, wenn auch gefährlicher, und für fast alle Zwecke ist das menschliche Opfer das beste. Einem Tier sollte ins Herz gestochen oder die Kehle durchgeschnitten werden, beide Male mit dem Messer."

Knaut: Und nach diesem Buch arbeiten Sie?

Jantschik: Ja, danach auch.

Knaut: Und danach mußte auch Ihr Schwager geopfert werden?

Jantschik: Ja, er hat meinen Freund G. gehänselt, weil der sich mit den geheimen Lehren und höheren Weisheiten befaßt hat. Er hatte eben kein Verständnis dafür, war wohl besessen von Anitgeistern und erklärte unsere Beschäftigungen für einen großen Humbug.

Knaut: Und dann sprach der Baphomet?

Jantschik: Ja, eines Tages kam der Befehl. Es mußte so geschehen (Knaut, S. 106 ff).

Knaut setzte 1974 die Staatsanwaltschaft von Ansbach über die Zusammenhänge in Kenntnis. Dennoch unternahmen die Behörden nichts.

Überall dort, wo einzelne Logen der „Fraternitas Saturni" sich ins Vereinsregister eintragen ließen, waren die zuständigen Behörden offenbar über den ideologischen Hintergrund der Gruppe nicht oder völlig unzureichend informiert. In ihrer Satzung schrieben die Neo-Satanisten als Vereinsziel stets nur die „Erhaltung und Verbreitung einer wahren, menschenbezogenen Kultur" fest. Mit dieser nebulösen Erklärung konnte die „Fraternitas Saturni", die sich offen „zur dunklen Seite der Existenz" (Stephen Flowers, Feuer und Eis, Wien 1993, S. 15) und zu einem sexuellen Okkultismus bekennt, bis heute alle Institutionen hintergehen und über ihre wahren Absichten hinwegtäuschen.

Der Satanismus-Insider und „Temple of Seth"-Führer Stephen Flowers merkt zu den verdeckten Umtrieben der FS an: „Da die Gebiete, auf denen die Brüder und Schwestern der Fraternitas Saturni gelegentlich magische Experimente durchzuführen wünschten, mitunter rechtliche Schwierigkeiten mit sich bringen konnten, oder einfach vom Standpunkt bürgerlicher Moral als geschmacklos betrachtet wurden, errichtete man verschiedene inoffizielle „Studienkreise"...Zur einen oder anderen Zeit wurden in derartigen „Studienkreisen" allgemeine sexualmagische Praktiken (besonders solche, bei denen mehrere Sexualpartner oder Partner des gleichen Geschlechts beteiligt waren), Zeremonien, die den Gebrauch illegaler Drogen beeinhalteten sowie Tieropfer... durchgeführt" (Flowers, S.91).

Mit der Veröffentlichung unseres Buches verknüpfen wir nicht zuletzt die Hoffnung, die Behörden mögen endlich das Gedankengut und die Rituale solcher „Orden" und Logen durchschauen – und entsprechend handeln! Denn daß nicht nur Erwachsene, sondern auch Jugendliche der Ansteckungsgefahr durch diesen Höllenvirus ausgesetzt sind, zeigt das nächste Kapitel.

7.6 Ordo Saturni

Einer der führenden Köpfe der „Fraternitas Saturni", „Frater Honorius, Großkanzler der Fraternitas Saturni", trennte sich 1978 offenbar im Streit von der Luzifer-Sekte und initiierte zwei Jahre später den „Ordo Saturni". „Frater Honorius" heißt bürgerlich Dieter Heikhaus und ist Realschullehrer für Deutsch, Englisch, Geschichte und Religion. Ins Vereinsregister ließ der studierte Pädagoge eine unverdächtige „Esoterische Studiengesellschaft" eintragen. 1987 tauchten an Heikhaus' Schule, der Hauptschule Bersenbrück im Landkreis Osnabrück, Werbeschriften des „Ordo Saturni" auf. Darin bekannte sich der Orden offen zu Crowleys „Gesetz von Thelema". In der von germanischen Hünengräbern umgebenen Kleinstadt schien plötzlich der Teufel los: „Schüler bezeichnen sich gegenüber ihren Lehrern als ‚Erster Diener des Satans' und malen das Siegel des ‚Ordo Saturni' auf ihre Schulhefte. Kollegen von Heikhaus fällt dessen ungewöhnlich enger Kontakt zu Schülern und seine Vorliebe für einige rechtsextreme

Autoren und Videos mit ausgiebiger Gewaltdarstellung auf, die er auch Schülern nicht vorenthalten haben soll. Schülerinnen berichten, er habe sie als ‚Weiber' abqualifiziert" (Dreger, S. 7).

Eltern forderten ultimativ Heikhaus' Versetzung und drohten mit einem Schulstreik. Dieser sah sich als Opfer einer „beispiellosen Hetzkampagne". Sein Orden betreibe lediglich esoterische Studien. Die Behörden begannen zu ermitteln, teilten aber schließlich mit, daß sich die Vorwürfe der Verbreitung jugendgefährdender Schriften und Filme sowie von neo-nationalsozialistischem Gedankengut als haltlos erwiesen hätten.

Dennoch wurde Heikhaus 1988 versetzt. Die „Studiengesellschaft" residiert nun offiziell in Dortmund, der „Ordo Saturni" in Bremen.

Mittlerweile hat der umtriebige Neo-Satanist noch weitere Okkult-Orden ins Leben gerufen: Die „Gnostisch-Katholische Kirche" und den Verein „Weltliches Saturn-Kloster". Bei dem „Kloster" dürfte es sich um Heikhaus' neues Eigenheim handeln (Peter R. König, Das O.T.O.-Phänomen, München 1994, S.241).

7.7 Ordo Templi Orientis (O.T.O.)

Der wohl bekannteste aller Okkult-Orden wurde 1895 von dem Wiener Industriellen Karl Kellner begründet. Kellner besaß mehrere Eisenhütten und erfand verschiedene Verfahren zur Zellulose-Produktion. Daneben galt er als Freimaurer, als Rosenkreuzer und Theosoph. Kellner starb wahrscheinlich bei der Erprobung eines selbst zusammengemixten „Lebenselexiers".

Theodor Reuß konstituierte den „Ordo Templi Orientis" („Orden der orientalischen Templer") 1912 neu. Der O.T.O. war eine der ersten Gruppen, in denen Sexualmagie praktiziert wurde. Schon der Name signalisierte eine verbale Verbeugung vor dem Templer-Orden des Mittelalters, der ausschweifender sexueller Exzesse geziehen wurde. In einer Ausgabe des Ordensmagazins „Oriflamme" aus dem Jahr 1912 heißt es: „Unser Orden besitzt den Schlüssel, der alle Maurerischen und Hermetischen Geheimnisse erschließt, besonders die Lehre der Sexual-Magie." In einer Selbstdarstellung von 1917 wird gesagt: „Die O.T.O.-Religion ist die Rückkehr zur frohen Kultur der Freude, des

Lebens, der Liebe, im Gegensatz zur düsteren Kultur des Gottes der Rache, der Strafe, der Vernichtung." Der Orden war logenartig aufgebaut, mit zehn Graden der „Einweihung". Diese vollzog sich stufenweise, die Ausbildung der Mitglieder erfolgte in der Regel durch Fernunterrichtsbriefe.

Reuß, eine schillernde Persönlichkeit, der sich als Agent, Polizeispitzel, Sänger, Drogist und Zeitungskorrespondent verdingte, suchte 1912 Aleister Crowley in London auf und setzte ihn zum Leiter des britischen O.T.O.-Zweigs „Mysteria Mystica Maxima" ein. Für den O.T.O. schrieb Crowley auch das Ritual einer „Gnostischen Messe".

Ebenfalls prägend für die Frühzeit des Ordens wurde der Begründer der Anthroposophie, Rudolf Steiner. Von 1906 bis 1914 leitete er als „Supremus Rex" (der höchste Grad des O.T.O.) sogar den deutschen Zweig der Okkultisten. Steiners Wirken galt primär dem Versuch, eine „Wissenschaft des Übersinnlichen" philosophisch zu begründen. „Bei dem Gedanken, ihr Abgott Rudolf Steiner könnte an den Sexualriten der O.T.O.-Hochgrade fröhlich teilgenommen haben, läuft einigen mir persönlich bekannten wohlerzogenen Anthroposophen der Schauer über den Rücken", teilt Josef Dvorak in seinem Buch „Satanismus" (Dvorak, S. 314) mit.

1925 übernahm Aleister Crowley die Leitung des O.T.O. Unter „Bruder Baphomet", so sein Ordens-Name, mutierten die pseudo-freimaurerischen „orientalischen Templer" zu einer streng hierarchischen Gruppe, die ihre Mitglieder rigide in Abhängkeit hielt und überzeugt war, die absolute Wahrheit gefunden zu haben. Crowley übte das Amt des O.T.O.-Oberhauptes bis zu seinem Tod 1947 aus.

Um die „authentische" Nachfolge des „Meisters" und um den Namen „O.T.O." stritten sich in der Folgezeit mindestens ein halbes dutzend verschiedener Gruppen. Nur zwei von ihnen scheinen als Erben tatsächlich legitimiert: Der Schweizer O.T.O. unter Hermann Metzger und der kalifornische O.T.O. des 1985 verstorbenen Grady McMurthy. Letzterer hatte seine Legitimation noch von Crowley selbst erhalten. Daß der Schweizer und der kalifornische Ordens-Ableger auf publizistischem Gebiet bis heute zusammenarbeiten, kann nachgewiesen werden. Im Zusammenhang mit unserem Thema „Kindersatanismus" scheint uns indes auch der O.T.O.-Ableger „Fraternitas Rosicruciana Antiqua" eine Erwähnung wert, der in Venezuela zwei eigene „Kinderlogen" unterhalten soll (König, S.167)!

Gegenwärtig leitet der Franko-Kanadier William Breeze (Ordensname „Homo Homini Deus II.") den kalifornischen O.T.O., der sich auch „Caliphat" nennt.

Am 7. März 1988 berichtete der „San Francisco Chronicle" von einem Aids-infizierten Mann namens James Daniel White, der minderjährige Jungen mit dem HIV-Virus angesteckt haben soll. Er wird von dem Blatt mit einer Gruppe von Pädophilen und mit dem „Caliphat" in Verbindung gebracht.

Am 29. September 1989 führte die Polizei eine Razzia bei zwei „Caliphat"-Logen in Berkley/Oakland durch. Ein ehemaliges Mitglied hatte behauptet, der „O.T.O." bestehe aus Teufelsanbetern und verführe Jugendliche zu Sex und Drogen. Nach einer außergerichtlichen Einigung führte der „Caliphat" umgehend eine interne „Schweigepflicht" ein (König, S. 119).

Der deutsche Zweig des „Caliphats", des neuen O.T.O., ließ sich am 27. Juli 1992 in Aachen als „e.V." ins Vereinsregister eintragen. Die Satzung wurde von Norbert Straet (Sozial-Pädagoge), Jürgen Finkler (Student) und Werner Bogun (Student) unterzeichnet. Als dem O.T.O. zugehörige Orden und „Kirchen" gelten die „Fraternitas Saturni", der neugegründete „Illuminaten-Orden", die „Gnostisch-Katholische Kirche", die „Fraternitas Rosicruciana Antiqua" und der „Ordo Templi Orientis Antiqua". Offenbar hat der Okkultisten-Verein intern ein „gezieltes Gegenwirken gegen die bisher gelaufenen Hetzgeschichten, alles, was über O.T.O. und Schwarzmagie & Sex behauptet wird..." beschlossen. Das jedenfalls geht aus einem Brief eines kalifornischen „Caliphat"-Mitglieds an Walter Jantschik hervor (König, S. 197). Ob der O.T.O. weiterhin im Zusammenhang mit Kindesmißbrauch, Sex-Riten und Drogenkonsum erwähnt werden darf, dürfte künftig vor allem zum juristischen Problem werden. Gegen den deutschen Hänssler-Verlag haben die Neo-Satanisten vorläufig obsiegt. „Unbewiesene" und „ehrverletzende" Stellen mußten aus einem Buch entfernt werden.

London, den 21. Juni 1906
Der Ordensmeister
ALLGEMEINE SATZUNGEN
DES
ORDENS
DER
ORIENTALISCHEN TEMPLER
O. T. O.

Ganz solide – mit Satzungen

Leiter des deutschen „Caliphats" ist offenbar noch immer der gebürtige Frankfurter Walter Englert (Jahrgang 1924), der einst von Eugen Grosche persönlich in den Kult initiiert wurde.

Bereits Mitte der achtziger Jahre inserierte Englert in einem „Spirituellen Adreßbuch“ für Deutschland, um darauf hinzuweisen, daß „wegen der großen Zahl von Anwärtern“ keine neuen Mitglieder mehr aufgenommen werden könnten.

Welche Entwicklung der deutsche O.T.O. in Zukunft nehmen wird, ist schwer abzuschätzen. In den neuen Bundesländern scheint er sich unseres Wissens nach regen Zulaufs zu erfreuen. Allerdings werden wohl auch die internen Machtkämpfe und Streitigkeiten zunehmen.

7.8 Michael D. Eschner und das Netzwerk THELEMA

Michael Dietmar Eschner, geboren am 16. Februar 1949 in Berlin, ist gelernter Fernsehmechaniker und war einst im Auftrag des Sender Freies Berlin (SFB) Schwarzsehern auf der Spur. Eschner hält sich für den „magischen Erben“ Crowleys im Sinne einer Reinkarnation (Wiederverkörperung). In einem Leserbrief vom 10. Juni 1986 in der Elbe-Jeetzel-Zeitung erklärte Eschner hierzu: „Ich hatte Erlebnisse, die sich so erklären lassen, daß ich eine Reinkarnation von Aleister Crowley bin. Sie lassen sich aber auch als Halluzinationen erklären. Je nachdem welches Modell der Welt man verwendet.“

1972 wurde Eschner wegen Untreue, Betruges, Unterschlagung und betrügerischen Bankrotts zu einer Gefängnisstrafe von drei Jahren und sechs Monaten verurteilt. Während der Haft steigerte er sich offenbar nahezu wahnhaft in die Lehren Crowleys hinein. Am 1. Dezember 1982 wurde der „Thelema-Orden des Argentum Astrum e.V.“ in Berlin gegründet und ins Vereinsregister eingetragen. Zuvor hatte bereits eine Art „Ordensgemeinschaft“ existiert, die als „Institut für angewandte Metaphysik“ firmierte. Laut Satzung verstand sich der Verein als „ordensartig organisierte Religionsgemeinschaft“, deren Ziel die Verbreitung der Lehren des „Liber Al vel Legis – Gesetz von Thelema“ sei.

Konkret beschreibt Eschner die „Thelema“-Ideologie im Vorwort zu seinem Buch „Die geheimen sexualmagischen Unterweisungen des Tieres 666“:

LIBER LXXVII

OZ:

"Das Gesetz
der Starken:
das ist unser Gesetz
und die Freude
der Welt." - *AL II - 21*

"Tu was Du willst, sei das ganze Gesetz." - *Al I - 40*

"Du hast kein Recht als Deinen Willen zu tun. -
Tu dies, und keiner soll Nein sagen." - *Al I - 42/3*

"Jeder Mann und jede Frau ist ein Stern." - *Al I - 3*

ES GIBT KEINEN GOTT AUSSER DEM MENSCHEN.

1. Der Mensch hat das Recht, nach seinem eigenen Gesetz zu leben - in der Art zu leben in der er will:
   zu arbeiten wie er will
   zu spielen wie er will
   zu ruhen wie er will
   zu sterben wann und wie er will.

2. Der Mensch hat das Recht zu essen was er will:
   zu trinken was er will
   zu wohnen wo er will
   zu reisen auf dem Antlitz der Erde wie er will.

3. Der Mensch hat das Recht zu denken was er will:
   zu sagen was er will
   zu schreiben was er will
   zu zeichnen, malen, schnitzen, ätzen, gestalten
   und bauen wie er will
   sich zu kleiden wie er will.

4. Der Mensch hat das Recht zu lieben wie er will:
   "auch erfüllet Euch nach Willen in Liebe
   wie Ihr wollt, wann, wo und und mit wem Ihr wollt!" - *Al I - 51*

5. Der Mensch hat das Recht all diejenigen zu töten,
   die ihm dieses Recht zu nehmen suchen.

" Die Sklaven sollen dienen." - *Al II - 58*

" Liebe ist das Gesetz, Liebe unter Willen!" - *Al I - 57*

Aleister Crowley

Erstaunliche Gebote kursieren unter Neo-Satanisten.

„Angesichts einer Welt, die permanent unter der Drohung atomarer Vernichtung steht und in der der Einzelne keinen Einfluß darauf hat und dieser Tatsache nur ohnmächtig gegenüberstehen kann, erscheint eine Welt, die von magischen Kräften regiert wird, selbst im schlimmsten Fall erstrebenswerter. Magie ist eine Macht, die **jeder** Menschen erwerben kann. Der Macht anonymer Bürokratien wird so die Macht des Individuums entgegengestellt. Die Verbreitung der Magie impliziert deshalb die Verbreitung der Freiheit. Das Liber Al vel Legis sagt: ‚Tu was Du willst, sei das ganze Gesetz', und damit meint es nicht deine launenhaften Wünsche, sondern deine Ganzheit, deinen **Wahren Willen**.

Das Gegenstück dazu ist ‚**Du hast kein Recht als deinen Willen zu tun**', und daraus folgt die von Crowley formulierte Aussage ‚**Der Mensch hat das Recht, jeden zu töten, der ihn daran hindert, seinen wahren Willen zu tun**', denn jeder Mensch ist ein König in seinem eigenen Recht. Das Liber Al verneint die Macht, welche die Bürokraten der Atombombe über uns alle ausüben. Der Einwand, daß diese Einstellung zu Anarchie, Mord und Totschlag führe, ist nicht stichhaltig. Denn wie das Liber Al sagt: ‚**Jeder Mann und jede Frau ist ein Stern**', d.h. jeder Mensch hat seinen Weg, seinen eigenen Orbit, dem er folgen muß, genauso, wie ein Stern es tut."

In der Quedlinburger Straße in Berlin-Charlottenburg richtete der Orden in einem Mietshaus eine „Abtei" mit einem „Tempel" ein, der allerdings wenig mehr als ein dunkler Kellerraum war. Dort erhielten die Neulinge eine theoretische und praktische Ausbildung im Sinne der thelemitischen Lehren. Im „Kersken-Verlag – Stein der Weisen" publizierte Eschner einschlägige Schriften und beschäftigte seine Anhänger.

Beim Eintritt in den „Orden" mußten die Mitglieder einen sogenannten „Gehorsamseid" ablegen. Nach Feststellung des Berliner Verwaltungsgerichts unterschrieben die Sektenmitglieder folgende Verpflichtung gegenüber dem Verein:

„1. Hiermit bestätige ich, daß ich keinerlei persönliches Eigentum besitze. Alles, was mir vor Eintritt in die Abtei gehörte, ist in das Eigentum des Thelema e.V. übergegangen.

2. Ich habe keinerlei irgendwie geartete finanzielle Ansprüche gegen den Thelema e.V. oder gegen den Kersken-Verlag.

3. Gegen den Kersken-Verlag bestehen zum jetzigen Zeitpunkt keine Ansprüche wegen zuvor geleisteter Arbeiten. Ebenso leiste ich alle künftig anfallenden Arbeiten ohne Anspruch auf finanzielle Gegenleistung...

4. An von mir an den Orden Thelema e.V. überwiesenen Geldern habe ich keinerlei Ansprüche…"

Zur Beschreibung des Lebens in der „Abtei" erhielten Interessenten folgende Darstellung:

„2. Die Abtei läuft nur unter Gehorsamseid.

3. Niemand, der in die Abtei kommt, behält irgendwelches Privateigentum. Ihr bringt all Euren Kram mit in die Abtei, das Brauchbare wird dort benutzt und alles andere wird verkauft.

4. Gelder, die ihr monatlich bekommt (auch Arbeitslosenunterstützung, Sozialhilfe etc.), laßt ihr auf das Thelema e.V.-Konto überweisen. Die Gelder stehen Euch dann nicht mehr zur Verfügung, sondern werden als Beitrag bzw. Spende verbucht.

5. Es wird keine Garantie dafür übernommen, daß Einzelzimmer oder ähnliche Programmbefriedigungshilfen gewährt werden. Einziges Ziel des Ganzen ist, so schnell wie möglich den Grad des Adeptus Minor des Inneren zu erreichen, und das geht natürlich am schnellsten, wenn Ihr Euch um all Eure Rechte und Wünsche keine Gedanken macht.

6. Ihr könnt ganz locker davon ausgehen, daß die ersten Monate hauptsächlich damit ausgefüllt sein werden, unser materielles Überleben zu sichern. Natürlich werden wir auch alle dazu notwendigen Arbeiten unter dem Gesichtspunkt der Ausbildung durchführen.

7. Alle Außenkontakte – völlig egal zu wem oder zu welchem Zweck – könnt Ihr getrost vergessen. Insbesondere irgendwelche Arbeiten außerhalb. Notwendige Behördenkontakte werden von Fall zu Fall einzeln genehmigt – oder auch nicht.

8. Jeder, der jetzt immer noch in die Abtei will, kann mir dieses Blatt unterschrieben zurückgeben."

Im Herbst 1983 bekamen die rund zwanzig „Thelemiten" Besuch von der Polizei. Die Beamten durchsuchten das Haus des „Thelema e.V." nach illegalen Drogen. Statt dessen entdeckten die Beamten „Ritualwerkzeuge" wie Dolche und Kurzschwerter – nach den alliierten Bestimmungen für Berlin unerlaubter Waffenbesitz. Andere obskure Utensilien der Eschner-Anhänger verfestigten bei den Fahndern den Eindruck, daß die Ordenspraktiken womöglich einen Verstoß gegen die Menschenwürde darstellten.

Die Staatsanwaltschaft leitete daraufhin ein Verfahren gegen Eschner wegen des Verdachts auf Körperverletzung, Bedrohung und Nötigung ein. Zugleich ließ der Innensenator die Möglichkeit eines Verbots von „Thelema e.V." prüfen. Bei der Einschätzung des „Ordens" kam das Verwaltungsgericht zu folgendem Ergebnis:

„Ziel des ‚Ordens' ist die ‚Umkonditionierung' des Menschen zu einer ‚höheren Bewußtseinsstufe'. Dies soll erreicht werden durch die Zerstörung der bisherigen Moralvorstellungen, Neugliederung der gesellschaftlich anerkannten Lebensform und Lösung der bisherigen sozialen Konditionierung. Unter anderem durch erzwungenen Sexualverkehr, durch ein sogenanntes Ekel-Training – Urin trinken und Kot essen – sollen die Betroffenen ihre natürlichen Hemmschwellen überwinden, wobei ggf. Alkohol als Hilfsmittel eingesetzt wird. Die Höchstdauer der täglichen Nachtruhe ist auf sechs Stunden begrenzt, was offenbar dazu dienen soll, die natürliche körperliche und psychische Widerstandskraft gegen die ‚Umkonditionierung' auf Dauer zu schwächen. Dem Leiter des Vereins oder einzelnen ‚Ausbildern' sind die Angehörigen des ‚Ordens' unbedingten Gehorsam schuldig. Die damit angestrebte psychische Abhängigkeit, die Isolierung von der Außenwelt, das Loslösen vom Leben in der Gemeinschaft sowie der Ausschluß der eigenverantwortlichen Willensbildung und Lebensgestaltung widerspricht der Zielsetzung des Bundessozialhilfegesetzes."

Einem Verbot durch die Behörden kam „Thelema e.V." im Mai 1985 durch die Selbstauflösung des Vereins zuvor. Mit 13 Gefolgsleuten tauchte Eschner wenig später im Landkreis Lüchow-Danneberg auf. In Bergen an der Dumme erwarb er schließlich ein Grundstück und errichtete dort das neue „Zentrum" der Thelemiten.

1987 mußte Eschner wieder zurück nach Berlin: Die Staatsanwaltschaft hatte mittlerweile eine 35seitige Anklageschrift gegen die selbsternannte Crowley-Inkarnation zusammengestellt. In einem mehrwöchigen Prozeß vor dem Landgericht Moabit wurde der „Thelema"-Chef zu einem Jahr und vier Monaten Freiheitsentzug verurteilt. Zugleich erklärte Eschner unter dem Eindruck der „massiven Angriffe der Inquisition" das „zeitlich begrenze Experiment" in Form eines mehr oder minder öffentlich wirkenden eingetragenen Vereins für beendet: „Es gibt keinen Orden Thelema mehr!" (Eschner, Netzwerk Thelema, S. 13).

Seit dieser Zeit sind Eschners Anhänger als „Netzwerk Thelema" organisiert, das sich quer über die Bundesrepublik spannt. Offen nennt der „Kult-Kommunarde" (DER SPIEGEL) die terroristische „Rote Armee Fraktion" (RAF) als Vorbild, wenn er sein „Guerilla-Konzept" beschreibt: „Niemand kennt mehr alle Gruppen. Es werden keine Verzeichnisse geführt, notwendige Kontakte lassen sich immer knüpfen… Viele wohnen zusammen in Wohngemeinschaften, andere treffen sich ein- bis zweimal wöchentlich. Einige bezeichnen sich als Thelemiten oder Thelema-Gruppe, andere haben andere Namen, und einige be-

Die selbsternannte Crowley-Inkarnation Michael D. Eschner vor einem Kultbild

nennen sich gar nicht. Die Gruppen sind selbständig und eigenverantwortlich, einige haben viele Kontakte mit anderen Gruppen, einige kaum welche. Ausbilder – also Leute, die in ihrer persönlichen Entwicklung schon etwas weiter sind, reisen oft durch halb Deutschland, um einer Gruppe bei irgendeinem Problem zu helfen.“ (Eschner, S.14).

Nach wie vor haben die Eschner-Satanisten das „Gesetz von Thelema“ als „Wort und Buchstaben der Wahrheit und einzige Lebensregel“ anzuerkennen. Jedes Mitglied des „Netzwerkes“ muß es sich zur Hauptaufgabe machen, seinen „Wahren Willen“ zu suchen und diesem entsprechend zu handeln.

Mögliche Konflikte mit den Gesetzen und Moralvorstellungen unseres Landes nimmt Eschner dabei billigend in Kauf: „Das Liber Al vel Legis ist ein Gesetz, welches von oben, aus einer höheren Ebene des Seins, nach unten wirkt. Es ist deshalb richtig, diesem Gesetz zu folgen. Die heutige Justiz hingegen beruht auf willkürlichen, von Menschen ausgedachten Gesetzen, welche aus diesem Grund nicht Recht, sondern Unrecht sind.“ (Eschner, S.69).

Zum „Netzwerk Thelema“ gehören auch ein Verlag, der diverse

Schriften von Crowley, Eschner und anderen „Thelemiten" publiziert, eine Druckerei, ein Musikstudio, eine Konzert-Agentur, ein New-Age-Laden und ein „Wahrsagedienst". Verschiedene Mitglieder entwickeln und vertreiben Computer-Software. Ein „Institut für dynamische Evolutionsentwicklung" der „Thelemiten" bietet Kurse in Magie, Meditation, Tarot, Astralreisen und Wahrsagetechniken an.

Eschner selbst bekam auch in Bergen wieder einmal Ärger mit der Justiz: Bei einem „Ausbildungsabend" im September 1987 war der Neo-Satanist über die damals 26jährige Jutta F. hergefallen, hatte sie vergewaltigt und mit brennenden Zigaretten gefoltert. Das Landgericht Lüneburg schickte den „Thelema"-Chef, der erklärtermaßen auch „Vergewaltigung, Inzest und Päderastie" als „Mittel der Befreiung" ansieht, einmal mehr für einige Jahre hinter Gitter.

Bei dem Prozeß in Lüneburg erhielten die Zuhörer einen recht tiefen Einblick in die Eschner-Praktiken: „Man wird bestraft, wenn man nur zu spät kommt. Mit sexuellen Abarten, Bissen ins Nagelbett des Daumens, Zigarettenausdrücken auf der Haut und Hammerschlägen auf die Fingernägel", sagte Jutta F. aus.

Übereinstimmend meinen Aussteiger, daß es Eschner ausschließlich um die Befriedigung seiner perversen Bedürfnisse und um persönliche Machtbereicherung auf Kosten seiner Anhänger geht.

Dabei beginnt für die „Studenten" (so nennt der Orden die grundsätzlich an „Thelema" Interessierten) zunächst alles ganz harmlos: Die Atmosphäre in der Gruppe ist locker und vertraulich, es herrscht ein freundlicher, netter Umgangston. Die Theorie, zum Beispiel über „Das Unendliche in Magie und Mathematik", klingt ernst und interessant. Zu den „Ausbildungsabenden", die zumeist übers Wochenende stattfinden, reisen die „Thelema"-Ausbilder vom Zentrum in Bergen aus zu den verschiedenen Ortsgruppen, zum Beispiel in München-Schwabing. Für eine Teilnehmergebühr von 111 Mark (die im wesentlichen die Fahrtkosten der Ausbilder decken soll) gibt es Salat und Käsebrote sowie stundenlange Meditationsübungen und schweißtreibende Fitneß- und Gymnastik-Exerzitien. Die Interessenten werden ersucht, eine Flasche Wodka mitzubringen. Denn der Tag endet in der Regel mit einer „Ausbildungsfete", intern weniger prosaisch „Saufabend" genannt.

Alkohol spielt bei „Thelema" eine wesentliche Rolle bei der „Dekonditionierung" der Verhaltensweisen der Mitglieder und beim Abbau ihrer natürlichen Hemmungen. Wodka bevorzugt die Gruppe nach eigener Aussage deswegen, weil das russische Nationalgetränk angeblich keinen „Kater" nach sich ziehe. Eine „Kandidatengruppe" („Kandidat“ ist der nächste Ordensgrad nach dem „Student“) hat sich alle zwei Wochen der „Thelema“-Ausbildung zu unterwerfen, Mitglieder jede Woche.

Einmal im Monat fahren die „Thelema“-Mitglieder zur Ausbildung nach Bergen ins „Zentrum“ der Neo-Satanismus-Bewegung, das sich in der Hauptstraße, nur wenige hundert Meter von der katholischen Kirche entfernt, befindet. Nach ein bis zwei Jahren kann der „Kandidat“ dann den „Eid“ auf „Thelema“ ablegen, der ihn zum „Neophyten“ macht und ihn im wesentlichen dazu verpflichtet, seinen „Wahren Willen“ zu erforschen. Der höchste Ordensgrad ist der des „Ipsissimus“, der sich in der „Thelema“-Lesart „jenseits alles Dagewesenen“ befindet.

Daß die Mitglieder des „Netzwerks Thelema“ sich in der Tat jenseits von Gut und Böse bewegen, zeigt ein Interview, das Eschner im Oktober 1988 der Berliner „tageszeitung“ gewährte. Angesprochen auf die Aids-Gefahr bei den sexualmagischen Praktiken seiner Gruppe, antwortet Eschner: „Ich werde von Gruppen, zum Beispiel in Berlin, immer wieder gefragt: ‚Was sollen wir jetzt machen mit/gegen Aids?‘ Denen sage ich, daß sie selbst wissen müssen, wie und ob sie mit ihren Krankheiten umgehen können. Wenn sie meinen, sie seien fit genug, um mit allem fertig zu werden, dann kann es ein gutes Training sein, sich Aids zu holen – und vielleicht war dies dann eine falsche Entscheidung.“

Im „Zentrum“ in Bergen leben derzeit nach unserer Einschätzung etwa 25 „Thelemiten“. Intern – so hört man – beraten die Ordensoberen schon über die Errichtung eines zweiten Domizils. Die Zahl derer, die – und sei es auch nur am Rande – irgendwann einmal mit dem „Netzwerk Thelema“ und mit Eschners verquasten Ideen in Berührung gekommen sind, dürfte indes beträchtlich und der Einfluß der „Thelemiten“ auf die neo-satanistische „Szene“ in Deutschland ohne Beispiel sein.

7.9 Die Abtei Thelema in Stein (Schweiz)

Das Wort „Thelema“ (der Name von Crowleys „Kloster der Lebensbejahung“ auf Sizilien) hat in der Szene noch immer einen magischen Klang.

In einer Sondernummer der O.T.O.-Zeitschrift „Oriflamme“ aus dem Jahr 1969 lesen wir Verblüffendes über die Geschichte dieser „Abtei“ im Appenzellerland, in der Ostschweiz. So heißt es in einem Artikel: „Ein ‚Zufall‘ führte uns 1952 nach Stein, wo wir in unserem Hause, das zunächst zur Komturei, dann zur Abtei wurde, eine Kapelle einrichteten, dann das Labor, die ständig wachsende Bibliothek, das Archiv, eine metereologische Beobachtungsstation, einen Glockenturm bauten und vieles mehr.“

In den Jahren bis 1969 – so erfahren wir – wurden die Abtei wie das Umfeld zusammen mit dem Gasthof „Rose“ ausgebaut. Auf diese Weise entstand ein Gebäudekomplex mit 130 (!) Räumen – Gästezimmer, Gesellschaftszimmer, Schulungs-, Arbeits-, Archiv-, Keller-, Maschinen- und Therapieräume; dazu eine Bibliothek, Büros, Lager, ein Saal, ein Museum und die „Kapelle“. Mit den unterirdischen Räumen sollen die Liegenschaften sich über ein Gesamtfläche von 40 000 Quadratmetern erstrecken!

Dort wurden öffentlich Kurse über Philosophie, Psychologie, Chemie, Alchimie, Kunstgeschichte und Musik angeboten. Ein Tonstudio stand ebenso zur Verfügung wie Projektionsanlagen, Musikinstallationen, eine Bühne, sowie diverse Werkstätten und ein Fotolabor. Die Bibliothek soll 40 000 Bände umfassen; Werke über Astrologie, Magie und „Geheimwissenschaften“, und natürlich die mehr oder weniger geheimen Schriften des Aleister Crowley. Über das Archiv heißt es in der „Oriflamme“: „Zum Archiv haben nur wenige Zutritt. Es ist ein Archiv unserer historischen Sukzession (= Rechtsnachfolge, d.Verf.) mit umfassenden juristischen und historischen Belegen, daß wir die alleinigen Rechtsnachfolger der genannten Orden sind.“

Die Thelema-Anhänger in Stein, unter Anführung ihres berüchtigten Oberhauptes, des Bäckers und Ex-Kommunisten Hermann-Joseph Metzger (er starb im Jahr 1990), traten in den achtziger Jahren natürlich nicht als Satanisten in der Öffentlichkeit in Erscheinung, sondern als Esoteriker. „Bis sie ihren Nachfolger Olaf R. fertig ausgebildet hat“, liest man in einem Insider-Magazin aus dem Jahr 1990, „wird Fräulein Äschbach (die schwerreiche Dame war vermutlich schon zuvor eine der Hauptfinanziers der Einrichtung, d.Verf.) den O.T.O. als erster weiblicher O.H.O. leiten...“ „Die Gäste in Thelema“, heißt es in einer anderen Broschüre beziehungsreich, „sollen sich bei uns zuhause fühlen. Sie werden von uns nur soviel erfahren, wie sie von uns zu erfahren wünschen.“ Ob diese Gäste ahnen, daß sie sich inmitten eines neo-satanistischen Kristallisationspunktes befinden? Als Crowley

„Thelema“ konzipierte, ließ er sich inspirieren von der „Abtei“ des französischen Dichters, Mönchs und Mediziners Rabelais (1494-1553), der sein Kloster als wohlkalkulierte Karikatur auf die Gelübde der Armut, der Keuschheit und des Gehorsams sah.

Horst Knaut hatte 1979 einen Stein ins Rollen gebracht, als er die merkwürdige „Abtei“ als O.T.O-Hauptquartier outete und sie damit schlagartig ins Rampenlicht einer interessierten Öffentlichkeit rückte. Es gab Auseinandersetzungen, eine Reihe von Prozessen, und dann wurde es still um „Thelema“. Nicht so in Insider-Schriften. Offensichtlich ging von Thelema weiterhin ein ebenso geheimer wie weitreichender Einfluß aus. 1993 machten wir uns auf, an Ort und Stelle Recherchen anzustellen: in Stein, einem kleinen, verschlafen wirkenden Kurort im Kanton Appenzell. Niemand würde wohl erwarten, daß sich hier die Zentrale eines neo-satanischen Ordens befindet.

Der Ortspfarrer, den wir als erstes treffen, ist sofort bereit, über O.T.O. zu reden, allerdings macht er den Eindruck, nicht allzu viel darüber zu wissen. Ihm ist nur bekannt, daß Frau Äschbach ihn leitet, daß sie versuche, den O.T.O. von all den Vorurteilen „reinzuwaschen“. Pfarrer S., der noch nicht lange in Stein amtiert, genoß sogar das Privileg einer Hausführung durch Thelema, um – wie sich Frau Äschbach ausdrückte – „Mißverständnisse auszuräumen“. Nun glaubt auch S. nicht mehr, daß der O.T.O. etwas mit „hartem Satanismus“ zu tun habe. Frau Äschbach sei übrigens evangelisch-lutherischer Konfession.

Beim Telefongespräch mit Frau Äschbach geben wir uns als Journalisten aus, die Aleister Crowley in Deutschland rehabilitieren wollen. Frau Äschbach nimmt uns das offensichtlich ab, bleibt aber dennoch mißtrauisch. Ein gewisser Horst Knaut habe sie bereits „gelinkt“, wie sie sich ausdrückt, und damit fast das dreißigjährige Lebenswerk der Thelema-Anhänger zerstört. Seitdem praktiziere ihre Gemeinschaft keine Öffentlichkeitsarbeit mehr, gebe keine Interviews und lasse sich nicht mehr fotografieren. Gearbeitet werde im Stillen, Geheimen. Mit Michael D. Eschner, dem Führer des „Netzwerk Thelema“ in Deutschland, will sie nichts zu schaffen haben. Sie wirft ihm vor, Crowley „laienhaft“ übersetzt zu haben. Auch nach längerem Drängen unsererseits sieht Anneliese Äschbach keine Möglichkeit zu einem Besuch oder gar zu einem Interview. Dennoch wird es uns später gelingen.

Niemand im Ort scheint über die Abtei reden zu wollen. Wir geben nicht auf, zumal uns ein Informant versichert hatte, daß die mit Thelema verbundene Gnostisch-Katholische Kirche weiterhin existiere. Obwohl wir mit Anneliese Äschbach keinen Termin haben, fahren wir einfach auf das Anwesen. Wenn man uns den Weg zum Gasthof „Rose“

nicht beschrieben hätte, wäre uns das heruntergekommene Gebäude gar nicht aufgefallen. Es liegt im Ortsteil Schedlern. Wir sind überrascht, als wir erfahren, daß der Gasthof zu einer sozialpädagogischen Wohngemeinschaft umgebaut worden ist. Herr Vilz, der Leiter der Wohngemeinschaft, weiß nur Gutes von der Nachbarin Äschbach zu berichten.

„Wirklich Interessierte“ könnten auch an Messen teilnehmen, erklärt er uns und meint damit offenbar die Messen der Gnostisch-Katholischen Kirche. Werden auf diese Weise Mitglieder für den „Ordo Templi Orientis“ (O.T.O.) rekrutiert, fragen wir uns. Wird so die Gnostisch-Katholische Kirche personell verjüngt? „Frau Äschbach ist lieb und nett, eine gute Frau“, erzählt Herr Vilz jovial weiter. „Sie hat sich, glaube ich, auch sehr für Crowley interessiert.“ Auch ihn können wir überzeugen, daß wir Journalisten seien, die Aleister Crowley von den Vorurteilen reinwaschen wollen. Vilz wünscht uns viel Glück. Schließlich verlassen wir den ehemaligen Gasthof „Rose“. Nur wenige Meter vom Parkplatz entfernt zweigt ein schmaler Weg zu einem verwinkelten Haus ab.

Rechts vom Eingang des Gebäudes führen ein paar Stufen zu einer Tür hinunter. Nach der Beschreibung von Pfarrer S. muß es sich dabei um die sogenannte „Kapelle“ handeln. Die Tür hat einen Klopfer, ist jedoch fest verschlossen. Die Scheiben sind blind, wie verdunkelt. Wir klingeln an der Haustür. Zögernd nähern sich Schritte, dann wird geöffnet. Uns steht eine hagere, weißhaarige Frau gegenüber, die überrascht und mißtrauisch wirkt. Sie mag um die siebzig Jahre alt sein, wirkt jedoch noch sehr agil und hellwach. Wir stellen uns als jene Journalisten vor, die bereits per Telefon Kontakt mit ihr aufgenommen hätten. Ihre Zweifel und Bedenken können wir anscheinend zerstreuen, denn schließlich läßt sie uns eintreten.

Die Räume sind klein und wirken schäbig. Allerdings können wir nur flüchtig ein paar Blicke in die verschiedenen Zimmer werfen. Überall zieren mystische Bilder die Wände, wie etwa das „Auge des Horus“. Auf einem kleinen Tisch entdecken wir eine schwarz-weiß Fotografie von Hermann-Joseph Metzger in seiner „Papstrobe“ als „Frater Paragranus“.

In einer Art Arbeitszimmer lassen wir uns nieder. Frau Äschbach hat sich uns gegenüber gesetzt, an der Wand hinter ihr hängt ein Schwert und ein Wappen mit dem Namenszug „Metzger“. Sie wirkt immer noch mißtrauisch, doch scheint ihre Neugierde größer zu sein. Wir tun alles, um ihre Zweifel zu zerstreuen. Auf diese Weise gelingt es uns, sie in ein Gespräch zu verwickeln, das wir in Auszügen wiedergeben möchten.

„Thelema ist eine freie Geistes- und Lebensschule", erzählt uns Anneliese Äschbach. „Wir verwirklichen uns nicht nur selbst, sondern immer im Einklang auch mit der Natur." Als Spektrum zählt sie Ernährung, Alchimie, Religion, Tarot, Akkupunktur, Psychologie und Pädagogik auf. Im übrigen habe sie früher selbst Crowley-Bücher übersetzt. Wie diese „freie Geistes- und Lebensschule" in der Praxis aussieht, schildert Peter R. König in seinem Buch „Das O.T.O.-Phänomen": „Der Morgen in Stein wird eröffnet mit ‚Tu was Du willst, soll sein das ganze Gesetz. Die letzten Worte abends lauten: ‚Liebe ist das Gesetz, Liebe unter Willen!' Die Worte werden via Lautsprecher auch in den Garten übertragen."

Das ‚Tischritual' vor dem Essen, auch mit Kindern, laufe so ab: „Das Jüngste beginnt: Tu was Du willst, soll sein das ganze Gesetz. Alle: Es ist unser Wille zu essen und zu trinken, den Leib zu kräftigen, um fähig zu sein, in Weisheit, Stärke und Schönheit das Gesetz Gottes zu erfüllen. Das Älteste: So sei es. Nach dem Essen, das Jüngste: Wir danken dem allmächtigen Baumeister aller Welten für Speis und Trank. Alle: Man muß wissen, um zu wagen, wagen um zu wollen, wollen um das Reich zu erhalten, um zu herrschen, muß man schweigen. Das Älteste: Liebe ist das Gesetz, Liebe unter Willen!" (König, S.135).

Vorsichtig, um sie nicht mißtrauisch zu stimmen, schlagen wir uns scheinbar auf ihre Seite und empören uns, als sie erzählt, daß man ihr gedroht habe, die Bibliothek anzuzünden. Sie vermutet Thelema-Kritiker in der näheren Umgebung. Dann berichtet sie stolz, daß die „Oriflamme", Thelemas Mitteilungsblatt, sogar in der Schweizerischen Landesbibliothek zu finden sei. Und daß die Auflage von 3000 Exemplaren in mehr als fünfzig Länder verschickt werde. Plötzlich blockt sie alle weiteren Fragen ab.

Nur zu dem ehemaligen Sektenbeauftragten der evangelisch-lutherischen Landeskirche Bayern, Friedrich-Wilhelm Haack, äußert sie sich ziemlich erregt. „Haack war ein furchtbarer Mensch. Ich habe ihn sogar einmal rausgeworfen", stößt sie hervor. Dann: „Die Gnostisch-Katholische Kirche muß man im Rahmen unserer anderen Studien sehen, nicht als Institution." Es würden auch Priester und Bischöfe geweiht. Auf Horst Knaut angesprochen, vermutet sie, daß hinter ihm eine neo-nazistische Vereinigung gestanden habe – eine absurde Behauptung, die sie uns auch nicht weiter erklären kann.

„Im übrigen ist es Crowley immer wert, studiert zu werden", will sie das Gespräch beenden. „Unsere Aufgabe ist eine Art Zellenbildung, damit einige wenige Menschen unser Gedankengut weitertragen."

Derzeit seien sie nur eine kleine Gruppe, meint Frau Äschbach. „Wollende werden geprüft!"

Sie verrät uns noch, daß ein Gremium von Brüdern und Schwestern den Orden führt. Dann können es ja nicht nur „einige wenige" sein, wie sie uns glauben machen wollte. Doch Frau Äschbach hat bereits erneut das Thema gewechselt.

„Crowley war ein Hochgradfreimaurer", erklärt sie überraschend. Und: „Wir sind auch mit Freimaurern in Kontakt!" Innerhalb des Ordens gebe es eine Rangordnung, die den Graden der Freimaurer angepaßt sei. Im Gegensatz zu den Freimaurern, erklärt sie uns, behandle Thelema die Frauen als gleichberechtigte Ordensmitglieder.

Als wir das Thema „freie Sexualität" anschneiden, also auf Crowleys sexualmagische Unterweisungen zu sprechen kommen, befürwortet auch sie die freie Entfaltung und verweist auf den ehemaligen Thelema-Leiter Metzger, der einem Neugierigen folgende Antwort gab: „Schauen Sie aus dem Fenster! Tiere, Pflanzen, besteht nicht alles aus Sexualität? Die ganze Schöpfung?"

Zu Michael Eschner: „Wir distanzieren uns ganz klar von Eschner", sagt sie. Auch bei Thelema in Stein seien Menschen gewesen, die bei Eschner „furchtbare Erfahrungen gemacht haben", verrät sie uns. Auf diese Weise bestätigt eine Insiderin unfreiwillig die abstrusen Machenschaften dieses Neo-Satanisten. Beziehungen zu deutschen Thelemiten verneint sie; auch zu den amerikanischen Glaubensbrüdern soll kein offizieller Kontakt bestehen. „Wir bekommen nur ihre Publikationen", räumt die Thelema-Verwalterin vorsichtig ein.

Ab und zu vernehmen wir Schritte aus dem Untergeschoß des alten Hauses, obwohl uns Frau Äschbach versichert hatte, daß sie allein lebe. Vielleicht ein Aufpasser, wie die Wachhunde, die nachts frei auf dem Anwesen herumlaufen und deren Gebell man weithin hören kann.

Als wir uns von ihr verabschieden, sind wir sicher, daß sie unsere Telefon- und Faxnummern sogleich überprüfen wird.

Zweifellos besitzt sie nicht das Charisma eines Hermann-Joseph Metzger, wie uns einige berichteten, die Metzger noch kannten. Aber dennoch ist sie eine starke Persönlichkeit. Zwar hat auch der „Ordo Templi Orientis" und die damit verbundene Gnostisch-Katholische Kirche in Stein im ostschweizerischen Appenzellerland eine Wandlung durchgemacht. Aus der anfänglichen Offenheit ist eine nicht weniger beredete Verschwiegenheit geworden. Für uns das wichtigste „Geständnis": Die neo-satanischen Lehren von Aleister Crowley werden hier nach wie vor studiert. Wir mutmaßen: praktiziert, gelehrt und verbreitet.

Auch der Schweizer katholische Sektenexperte Kaplan Joachim Müller ist davon überzeugt, daß nach wie vor internationale Fäden in der Abtei Thelema in Stein zusammenlaufen. Äschbachs Nachfolger wird der 32jährige Olef Räderer werden, Freimaurer (König, S. 196) und von Beruf Lehrer. Von dem kleinen schweizerischen Ort geht noch immer ein verhängnisvoller Einfluß aus.

7.10 Charles Manson und HELTER SKELTER

Der Fall Charles Manson liegt über zwanzig Jahre zurück; wir rufen ihn an dieser Stelle in Erinnerung. Nicht der grausigen Details wegen, sondern weil die Verbindung eines tragischen persönlichen Geschickes mit ideologisch-religiösem Gedankengut zu einer explosiven Mischung führte, die sich so oder ähnlich an vielen Orten ereignen kann – siehe das Sektendrama um die Schweizer „Sonnentempler" oder die fürchterlichen Vorgänge bei den „Davidianern" in Waco/Arizona.

Manson wurde am 12. 12. 1934 in Cincinatti als uneheliches Kind der alkoholabhängigen Kathleen Maddox geboren. Die Frau unterhielt Beziehungen zu verschiedenen Männern, und William Manson blieb gerade so lange bei ihr, bis das Kind seinen Namen erhalten hatte.

Als Charles das Schulalter erreicht hatte, versuchte die Mutter ihren Sohn in einem Heim für Pflegekinder unterzubringen. Da ihr dies nicht gelang, wurde der Junge – per Gerichtsbeschluß – in die Gibault Schools for Boys in Terre Haute eingewiesen. Dort hielt er es nur zehn Monate aus. Er riß aus, um zu seiner Mutter zurückkehren. Die aber wollte ihn nicht mehr aufnehmen, und so trieb sich Manson überall herum. In dieser Zeit beging er seinen ersten Einbruch. Der Straftat folgte seine Einweisung in das Jugendheim in Indianapolis, dem er binnen kurzem ebenfalls entwich.

Von da an wechselten bei Manson Diebstähle und Einbrüche mit Aufenthalten in Pflegeheimen einander ab. 1951 saß er zum ersten Mal in der Jugendstrafanstalt in Washington ein. Bis dahin hatte er – trotz vierjährigen Schulbesuchs – weder lesen noch schreiben gelernt; sein Intelligenzquotient jedoch betrug 109, und er war technisch begabt.

Als er einem Mithäftling eine Rasierklinge an die Kehle drückte und sich an ihm verging, wurde er in eine noch strengere Anstalt eingeliefert. („Manson neigt entschieden zur Homosexualität und Vergewaltigungen“, hieß es.) Nun vollzog sich in dem schwierigen Häftling offenkundig eine Wandlung: da er nicht mehr gegen die Ordnung verstieß, erhielt er sogar eine Prämie. Am 8. Mai 1954 wurde er auf Bewährung entlassen. Manson heiratete eine Serviererin und arbeitete vorübergehend in einer Tankstelle und als Parkwächter. Aber erneut geriet er auf die kriminelle Laufbahn: er stahl Autos, wurde verhaftet und zu einer Freiheitsstrafe verurteilt. Als er 1958 aus dem Gefängnis entlassen wurde, hatte seine Frau sich von ihm getrennt. Manson fand schnell eine neue Betätigung: die Zuhälterei. Er wurde mehrfach aufgegriffen und mußte 1960 eine zehnjährige Haftstrafe antreten. 1967 wurde er erneut vorzeitig entlassen. Er ging nach San Francisco. Hier, im Stadtteil Haight-Ashbury, bildete sich alsbald die „Family“ heraus.

Der amerikanische Staatsanwalt und spätere Ankläger Mansons, Vincent Bugliosi, vermittelte von Manson folgendes Bild: „Im Untergrund-Milieu verlieh ihm sogar der Umstand, daß er im Gefängnis gesessen hatte, ein gewisses Ansehen. Mit seinem Geschwafel, dessen metaphysischer Unsinn durch den Zuhälterjargon und die Redensarten der Rauschgiftszene ebenso bereichert wurde wie durch das Vokabular der Scientology, sammelte Manson allmählich Anhänger um sich, zuerst vor allem Mädchen, dann auch ein paar halbwüchsige Jungen. Bald aber gewann Manson über seine Anhänger eine so dämonische Macht, daß er von ihnen verlangen konnte, das größte Tabu zu durchbrechen: Er brauchte nur zu sagen: ‚Bringt den und den um‘ – und sie brachten ihn um“.

Charles Manson legte sich verschiedene Szene-Namen zu, unter anderem „Devil“, „Satan“ und „Soul“. Friedrich-Wilhelm Haack kommentierte dies so: „Charles Manson hatte sich als Satan und Christus zugleich bezeichnet. Seine Vorstellungen vom Endgericht und von endzeitlichen Rassenkämpfen zwischen Weißen und Schwarzen mischten sich mit einem Glauben an ein sexuell-sinnliches Ur-Christentum, das durch ‚Priesterbetrug‘ zum späteren Kirchenchristentum umfunktioniert worden sei. Nach Recherchen des amerikanischen Star-Journalisten Ed Sanders wollte Manson eine Kirche mit dem Namen ‚The Final Church‘ (die letzte Kirche) gründen… So nahm Mitte 1968 bei den Manson-Gläubigen der Kult mit Blutritualen, perversen Kultorgien und Tiertötungen zu. Nie widerlegt wurde das Gerücht, daß bei solchen Ritualen auch Menschen geopfert worden sein sollen. Es wird sogar davon geredet, daß eine dieser rituellen Schlachtungen auf einem Film festgehalten worden sei“ (Haack, S. 126).

Bekannt ist auch Mansons Sinn für theatralische Selbstinszenierungen. So ließ sich der „man-son“ („Menschensohn“) wie Christus ans Kreuz binden und auspeitschen.

Linda Kassabian, die im späteren Manson-Prozeß als Kronzeugin der Anklage aussagte, beschrieb ein sexualmagisches Initiationsritual, das an einem jungen Mädchen auf der Spahn-Movie Ranch vollzogen wurde: „Charles Manson stellte die Fünfzehnjährige in die Mitte der Versammlung und entkleidete sie bis auf den Slip. Als das Mädchen sich wehrte, stieß Manson sie zu Boden. Er betastete sie von Kopf bis Fuß und küßte ihren Hals und ihre Brüste. Simi Sherry biß Manson in die Schulter, worauf er ihr mit der Faust ins Gesicht schlug. Er drohte: ‚Sherry, weißt du noch, wie ich dich damals mit einem Stein das Flußbett entlanggejagt und gerufen habe, wenn du nicht mit mir schläfst, dann schlag ich dir den Schädel ein und vergewaltige dich?‘ Das Mädchen lag wie gelähmt. Manson riß ihr den Slip herunter und forderte das Sektenmitglied Beausoleil auf, sie zu vergewaltigen – was dann auch geschah. Dies war das Zeichen für eine wilde Orgie, an der nun alle teilnahmen. Die ganze Szene war von einer Perversion, wie ich es nie zuvor erlebt habe.“

Ein anderer kalifornischer Informant berichtete, daß Mitglieder der Manson-Sekte mit einer „internationalen satansverehrenden Organisation“ zusammengetroffen wären. Die dabei vollzogenen Zeremonien seien gefilmt worden.

Den grausamen Höhepunkt aller Umtriebe bildete die Mordserie, mit der Mansons Gang 1969 die ganze Welt in Atem hielt. Dieser fielen auch Sharon Tate und ihre Freunde sowie das Industriellen-Ehepaar La Bianca zum Opfer.

Am 9. August 1969 drangen drei mit Bajonetten, Pistolen und Messern bewaffnete Frauen (Susan Atkins, Patricia Krenwinkel, Leslie van Houten) und ein Mann (Charles, genannt „Tex“ Watson) in die Villa der Filmschauspielerin und Frau des berühmten Regisseurs Roman Polanski, Sharon Tate, ein. Dort schlachteten sie die Schauspielerin und vier ihrer Freunde regelrecht ab. Sandy Good, seit 1968 der Manson-Family anhängig, meinte in einem Interview mit dem WDR 1994: „Sie haben verdammt recht, wir töteten mit Genuß. Also das

> Ich werde im Kampf bei euren Waffen sein, und ihr ihr werdet Lust am Töten haben. Erfolg ist euer Beweis, Mut ist eure Rüstung. Voran, voran, in meiner Kraft und vor nichts sollt ihr euch zurückwenden.
>
> *Aleister Crowley*

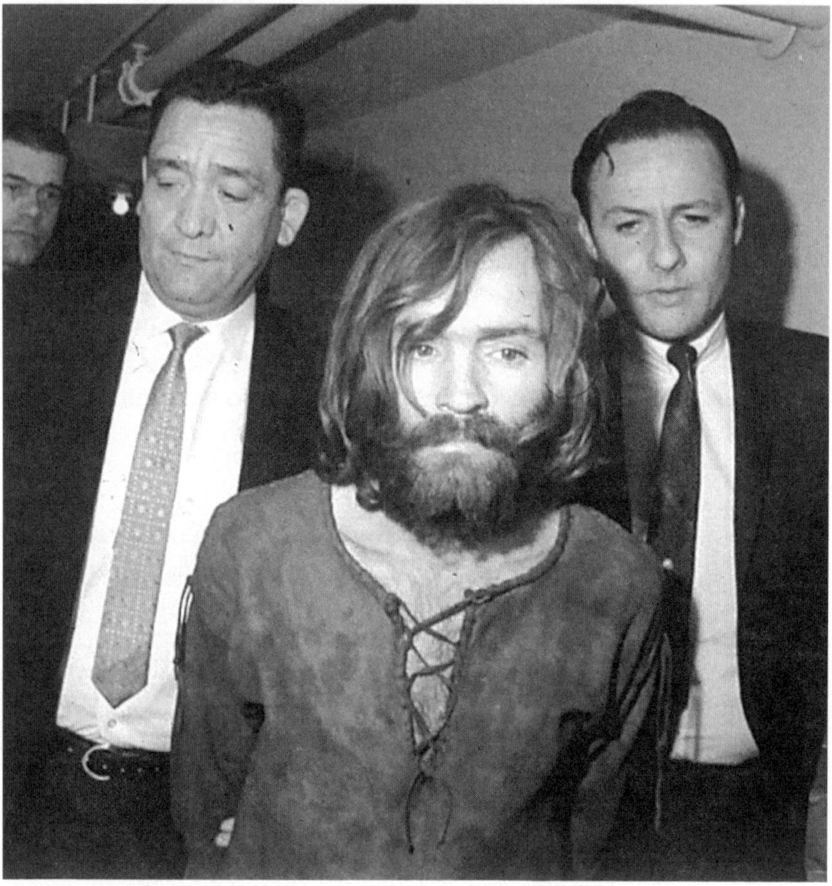

Charles Manson, wie er zu einer Vernehmung geführt wird.

Töten dieser Tate und dieser Handvoll von Dekadenten war bestimmt gerechtfertigt. Die Frauen, die das taten, waren gewillt, ihr Leben hinzugeben. Bis hin zur Gaskammer. Gute Soldaten!"

Anfang Dezember 1969 wurden Charles Manson und neun seiner Anhänger wegen des Verdachts auf „Mordverschwörung" und „Massenmord" verhaftet. Im April 1971 verurteilte man ihn, die drei mitangeklagten Frauen Atkins, Krenwinkel und Leslie van Houten sowie „Tex" Watson zum Tode. Schätzungsweise 35 Morde hatte die Gang begangen, aber nur sieben konnte man ihr lückenlos nachweisen. Aufgrund einer Gesetzesänderung, die die Todesstrafe abschaffte und in lebenslängliche Haftstrafe umwandelte, ist keiner der Verurteilten in die Gaskammer geführt worden.

Der heute 60jährige Manson befindet sich seit 25 Jahren im Hochsicherheitsgefängnis St. Quentin. Er stellt regelmäßig Anträge auf Begnadigung, die ebenso regelmäßig abgelehnt werden. Die drei Frauen leben in einem Frauengefängnis in Kalifornien. Da Manson Adolf Hitler als eines seiner Vorbilder betrachtet, hat er sich ein Hakenkreuz in die Stirn geritzt; überdies glaubt er an die Wiedergeburt. Ein psychiatrisches Gutachten bescheinigte Manson latente Schizophrenie.

1994 hat ihn ein Kamerateam von „Spiegel-TV“ interviewt. Die Fernsehleute berichteten, daß er mit seinem Vollbart und dem langen, ungepflegten Haar verwahrlost aussehe. Während des Gesprächs sei er abwechselnd in Lachen, Schimpfen und Singen verfallen. Über sich selbst habe er geäußert: „Ich bin ein Geächteter, Gangster, Raubmörder, Krimineller. Alles Schlechte dieser Welt.“ Zur „Family“ erklärte er: „Wir vereinten unsere Seelen, wir vögelten und leckten uns; all diese Dinge, die in eurer Gesellschaft nicht erlaubt sind. Aber in der Gemeinschaft, in der wir lebten, warfen wir alles über Bord. Ihr würdet es Satan nennen. Ich würde es nicht Satan nennen. Ich würde es... ach, scheiß egal, nennt es, wie ihr wollt!“ Und: „Ein einziger Gedanke kann eine Million Weltanschauungen verändern. Ich bin ein Reflektor, ich gebe zurück, was bei mir ankommt.“

Vincent Bugliosi, sein Ankläger, erinnerte sich an Mansons Worte im Anschluß an dessen Verurteilung: „ Weißt du Bugliosi, du hast nichts geschafft. Du hast mich bloß dahin geschickt, woher ich gekommen bin.“

Bruce Davis, ein ehemaliges Mitglied der „Family“ und ebenfalls wegen zweifachen Mordes zu lebenslänglicher Haft verurteilt, meinte über „Charlie“: „Ich würde Manson beschreiben als Instrument des übernatürlichen Bösen, eine satanische Schachfigur.“

Und wie es nicht selten mit scheinbar überlebensgroßen „Rebellen“ gegen die vordergründige „Fadesse“ der modernen Gesellschaft geht (siehe Crowley): sie werden eines schönen Tages „Kult“. Mitglieder der bekannten US-Heavy-Metal Band „Gun's and Roses“ trugen im vergangenen Jahr bei einem Konzert in den USA T-Shirts mit dem aufgedruckten Porträt Charles Mansons. Außerdem haben sie einen Song aufgenommen, der mit „Danke, Charles“ endet.

7.11 Der Satanologe Josef Dvorak und LaVeys „Church of Satan“

Bei der TV-Sendung „Einspruch“ des Privatsenders SAT 1 mit Ulrich Meyer im Februar 1994 treffen wir auf den „Satanologen“ Josef Dvorak, der eine eigentümliche Mixtur aus abgehalfterter katholischer Theologie, Wiener Literatencafé-Boheme, Psychoanalyse und echtem Satanismus repräsentiert. Der Wiener soll einer unserer Diskussionspartner sein; genauer gesagt: er soll die Rolle des „Verteidigers“ übernehmen, während der couragierte Ulrich Meyer uns für die „Anklage“ vorgesehen hat. Dvoraks Outfit und seinen Habitus einzuordnen fällt schon schwer; mit Rauschebart und schwarzer Kutte könnte er genausogut als Benediktinerbruder durchgehen. Dvorak versucht, den Satanismus zu verteidigen und in der Öffentlichkeit hoffähig zu machen; mit abenteuerlichen geistigen Winkelzügen, einiger literarischer Chuzpe und einem intellektuell aufgerüsteten, dekadenten Wiener Schmäh. In den Kulturnischen der versnobten „anything-goes“ („Alles geht“)-Gesellschaft ist Dvorak für die Zelebration einer „Schwarzen Messe“ gerne gesehen; so geschehen etwa bei Radio Bremen.

Dvorak selbst sieht sich als Verfolgter, als Märtyrer seiner Ideen. In seinem Buch „Satanismus“ schreibt er: „Meine medienwirksamen Satansauftritte rufen immer wieder rechtskatholische Aktivisten auf den Plan, die mir im Namen Gottes und seiner Mutter das Handwerk legen möchten. Dieses Gesellschaftsspiel trägt die Züge einer kleinen Hexenverfolgung“ (Dvorak, S. 37).

Bereits als Kind kam er mit dem neo-satanistischen Milieu in Kontakt, und zwar in Gestalt eines alten, äußerst kirchenfeindlich eingestellten Ehepaares aus der Nachbarschaft. Kurz vor seinem Abitur enthüllten die beiden ihm, daß sie „Eingeweihte“ seien. Sie waren zwar keine Mitglieder eines Crowley-Ordens, aber zählten sich selbst zur gnostischen Tradition, die auch Rituale und Lehren von Crowley einschloß.

„Kurze Zeit darauf beging das Ehepaar auf ziemlich ausgefallene Weise Selbstmord“, erinnert sich Dvorak: „Man fand es nackt und blutüberströmt auf dem Metalleinsatz seines Stahlrohrbetts, das von ihm offenbar unter Strom gesetzt worden war. Vorher hatten sich die beiden mit dem Messer Wunden an Händen und Füßen, an der Stirn, über dem Herzen und über den Genitalien – also an den ‚Stellen der Initiation‘ – zugefügt.“

Josef Dvorak studierte zunächst in Wien Katholische Theologie, danach in Innsbruck, u.a. bei dem Theologen und Jesuiten Karl Rahner. Viel mehr als der hohepriesterliche Gestus – darf man sagen: eine Art Zelebrationstick? – scheint davon freilich nicht an ihm hängengeblieben zu sein. Bekannt wurde Dvorak als einer der Mitbegründer des sogenannten „Wiener Aktionismus", einer Kunstrichtung der ganz speziellen Art, die nicht nur Galeristen, sondern – im Fall Otto Mühl – auch die Staatsanwaltschaft wegen des Mißbrauchs Minderjähriger in Atem hielt. Unter dem Wiener Aktionismus versteht man jene Ausprägung der Aktionskunst, „die unter Bezugnahme tiefenpsychologischer Erkenntnisse religiöse und sexuelle Tabus in Frage stellt", wie es „Meyers Großes Taschenlexikon" definiert. Im wechselhaften Licht von Aktionskunst und wirklichem Ritual zelebrierte Dvorak beispielsweise am 1. Februar 1987, also am Großen Sabbat vor Lichtmeß, ein Schwarzes Ritual in der Städtischen Kunstgalerie Weserburg in Bremen.

> Doch sie erhebe sich in Stolz! Sie folge mir in meinem Weg! Sie wirke das Werk der Verderbtheit! Sie töte ihr Herz! Sie sei laut und ehebrecherisch! Sie sei mit Juwelen und reichen Gewändern bedeckt und sie sei schamlos vor allen Menschen!
>
> *Aleister Crowley*

Höhepunkte der künstlerischen Aktion waren eine „Auspeitschungsszene durch eine Domina, das Kriechen eines nackten Mannes durch Schlamm und Kleister, das Urinieren der ‚Priesterin' in eine Schale und die simulierte Besprengung des Publikums mit dem ‚Weihwasser des Teufels' – also Urin – mit Hilfe eines Klobesens sowie das Massakrieren einer bisexuellen Doppelfigur mit dem Ritualdolch" (Dvorak, S. 39). Mit dieser „Performance" wollte Dvorak ein kabbalistisches Ritual beschwören – eine Art psychoanalytische Geisterbahn, ein grober Scherz, ein Stück kalkulierter Scharlatanerie. Die Verhöhnung des Publikums war beabsichtigt, was ihm wohl auch gelang.

„Etwas später wurde ich dann gebeten", schreibt er, „ein neues TV-Studio des Senders Bremen vor laufenden Kameras mit einer Anrufung Satans einzuweihen. Die Sendung konnte in der gesamten Bundesrepublik mit Ausnahme Bayerns empfangen werden" (Dvorak, S. 37). So viel zu den künstlerischen Aktivitäten des Wieners mit dem langen Bart.

Wir waren gespannt darauf, Dvorak kennenzulernen, waren gespannt auf seinen zu erwartenden geistigen Drahtseilakt, zumal es um ein Thema ging, das in seiner Ernsthaftigkeit nicht mit intellektuellen Taschenspielertricks vom Tisch gewischt werden kann: den Mordfall in Sondershausen. Die Live-Sendung beginnt: Dvorak enttäuscht uns nicht, er steht zu seinen Theorien, nimmt grundsätzlich Stellung zum Satanismus, dessen Einfluß im Mordfall er engagiert zurückweist. So verkündet er, daß der „echte Satanismus, die ‚Church of Satan' von La-Vey in San Francisco, jede Art von Rockmusik, Heavy-Metal, Black-Metal, Death-Metal, ablehne mit der Begründung: Das macht aus Teenagern unbewußte Zombies. Satanismus ist ein Gegner von Black-Metal und Heavy-Metal", bekräftigt Dvorak nochmals.

Das mag für die „harte" kalifornische Satans-Szene tatsächlich stimmen. Im Jugendsatanismus aber, um den es im Fall Sondershausen geht, ist diese Art Musik zum Teil sogar fester Bestandteil von Ritualen oder zumindest eine Art „Aufputschmittel", wie wir wissen.

Nach Dvorak ist „LaVey die Zentralfigur des modernen Satanismus". LaVey's „Church of Satan", die schätzungsweise weltweit 20 000 Mitglieder hat, ist jedoch längst nicht mehr so bedeutungsvoll wie noch vor einigen Jahren. Nachfolger dieser satanistischen Gemeinschaft ist der „Temple of Seth".

In der „Einspruch"-Sendung versucht Dvorak eloquent, die „Church of Satan" und den „Temple of Seth" als harmlos hinzustellen, indem er – als Beispiel des menschenfreundlichen Charakters solcher Gruppen – kurzerhand das Regelwerk des „Temple of Seth" interpretiert. Dabei kommt es zu folgendem Wortwechsel:

O-Ton Dvorak: „In der Regel 9 etwa steht: Kleine Kinder verletze nicht, in der Regel 5 steht: Schlafe nur mit jemandem, wenn du zweifelsfrei dazu eingeladen bist. Töte keine nichtmenschlichen Tiere, außer sie greifen dich an oder du mußt sie essen."

Uns platzt fast der Kragen. Wir lassen uns diese Augenwischerei nicht gefallen und nötigen Dvorak mit Nachdruck, auch noch die Regel 11 des „Tempel of Seth" vorzulesen; und er liest: „Niemand soll öffentlich von dir belästigt werden; belästigt dich jemand, sag ihm, daß er damit aufhören soll, wenn er das nicht tut, vernichte ihn..."

In den empörten Aufschrei des Publikums hinein sucht Dvorak diese Regel 11, dieses „vernichte ihn", zu erklären, zu relativieren. „Wenn jemand vernichtet werden soll, dann geht das so vor sich: er muß in die Gruppe gehen und in der Gruppe muß er die Rolle desjenigen übernehmen, den er vernichten möchte. Und das wird solange gespielt, bis er dessen Motive versteht. Und dann kommt es nämlich nicht zur Vernichtung..."

Immer wieder versucht Dvorak, die „Church of Satan“ zu verniedlichen. Deshalb wollen wir diese satanistische Gruppierung einmal etwas näher betrachten.

Die „Church of Satan“ wurde am 30. April 1966 von dem ehemaligen Privatdetektiv und Dompteur Howard Levy begründet, der sich dann Anton Szandor LaVey nannte.

LaVey spielt übrigens in Roman Polanskis Film „Rosemaries Baby“ den Teufel, der die Hauptfigur – Mia Farrow – schwängert. Ein Jahr nach der Fertigstellung des Films wurde Sharon Tate, Polanskis Frau, eines der Opfer von Charles Mansons Satans-Clique.

LaVey schrieb die „Satanic Bible“, die unter anderen ein Kapitel „über die Auswahl eines Menschenopfers“ enthält. Dies sei freilich nach LaVay nicht wörtlich zu verstehen, sondern als ein „Stellvertreteropfer“.

Friedrich-Wilhelm Haack schreibt über LaVeys Gruppierung: „Sie ist ihrer Lehre und ihren Ritualen und vor allem ihrer Ausstrahlung nach dem echten Satanismus zuzurechnen“ (Haack, Jugendspiritismus, Satanismus, S.18); er nennt LaVey „Schöpfer einer Volksausgabe des O.T.O.-Modells“ (Haack, Europas neue Religionen, S. 36).

Auch der Okkultforscher Francis King meint in seinem Buch „Sexuality, Magic & Perversion“ über die „Church of Satan“: „Die meisten ihrer Lehren und okkulten Techniken sind vereinfachte und vergegenständlichte Versionen derer des Ordo Templi Orientis“ (King, London 1971).

LaVey selbst: „Kirchliche Todsünden wie Lust und Habgier sind für uns Tugenden.“ Und: „Unsere Bibel sagt jedem Mann und jeder Frau, daß sie Götter und Göttinnen sind“ (nach Haack, S. 132). „In der Church of Satan wird das Ausleben von Perversion, Grausamkeit, Sadismus, Aggression und Lust an der Zerstörung verheißen“, meint Heide-Marie Cammans vom Sekten-Info in Essen in einem Gespräch mit uns.

Die Gründung der „Church of Satan“ ist maßgeblich auch mit dem Namen des Hollywood-Busenstars Jayne Mansfield verknüpft, die sich persönlich bei den sexuellen Riten engagierte. Zu ihrer Zeit soll bei den Ritualen das Blut von Hähnen über die kopulierenden Paare gespritzt worden sein. Jayne Mansfield kam 1967 bei einem furchtbaren Autounfall ums Leben, sie wurde regelrecht geköpft.

Noch einmal Sektengründer LaVey: „Die Masse, die dem Bösen anhängt, verkehrt das Vaterunser, vermischt es mit Obszönitäten und tritt das Kreuz Christi mit Füßen oder hängt es kopfüber auf“ (nach Haack, S.133 ff.). Eines der Gebote der „Church of Satan“ lautet: „Vergelte

Schlag mit Schlag, Verachtung mit Verachtung, Verdammung mit Verdammung – mit reichlich Zinsen freigiebig versehen! Auge um Auge, Zahn um Zahn, ja vierfach, hundertfach! Mache dich deinem Feind zum Schrecken…“ (Passantonio, Auf Teufel komm raus, S.126). LaVey – so sind wir überzeugt – glaubt weder an den Teufel als Person noch an Gott, sondern „echt“ neo-satanistisch allein an das absolut göttliche „Ich“.

LeVeys „9 Satanic Statements“ sind es wert, „meditiert“ zu werden:

„Das Liber Al vel Legis lehrt den Weg, diesen verborgenen Gott in sich selbst zu realisieren, selbst Gott zu werden. Der Weg, den das Buch lehrt, umfaßt die Ablehnung aller überkommenen Gesetze und Moralvorstellungen, sehr zum Mißfallen einer Gesellschaft, die die Übertretung ihrer Gesetze unerbittlich verfolgt…

Aleister Crowley

„1. Satan repräsentiert Nachsicht statt Enthaltsamkeit!
2. Satan repräsentiert vitale Existenz statt spiritueller Einbildungen!
3. Satan repräsentiert uneingeschränkte Weisheit statt scheinheiligen Selbstbetrug!
4. Satan repräsentiert Gefälligkeit jenen gegenüber, die es verdienen, statt Liebe, die an Undankbare vergeudet wird!
5. Satan repräsentiert Rache statt des Hinhaltens der anderen Backe!
6. Satan repräsentiert Verantwortlichkeit gegenüber Verantwortungsbewußten statt Sorge für psychische Vampire!
7. Satan repräsentiert den Menschen als bloß anderes Tier, das manchmal besser, viel öfter schlechter ist als ein Vierfüßler und wegen seiner ‚göttlich-spirituellen und intellektuellen Entwicklung‘ zum bösartigsten aller Tiere geworden ist!
8. Satan repräsentiert alle sogenannten Sünden, da sie alle zu physischer, geistiger oder emotionaler Befriedigung führen!
9. Satan has been the best friend the Church has ever had, as he has kept it in buisiness all these years!“

Die „Church of Satan“ betreibt durchaus keine „friedfertige Verhaltenstherapie“, wie Dvorak uns weismachen will, sondern agiert beispielsweise nach dem Prinzip der „Rache“, siehe Regel 5. Alle Sünden werden gut geheißen (Regel 8) und seine „animalische“ Anthropologie spricht Bände. Bedarf es einer weiteren Belegstelle? Hier ist ein

Befehl aus LaVeys „Satanischer Bibel“: „ Hasse deinen Feind von ganzem Herzen, und wenn dich jemand auf eine Backe schlägt, schlage ihn auf die andere! Schlage ihn auf Hüfte und Schenkel, denn Selbsterhaltung ist das höchste Gesetz!“

Alles nur Verhaltenstherapie, wird uns Herr Dvorak sagen. Freilich wird er uns den therapeutischen Segen dieses Tuns noch einmal erklären müssen. Wie sich Dvorak längst neben und abseits der sauberen Gefilden von Psychoanalyse und Kunst bewegt, bestätigt er uns in seinem Buch „Satanismus“ auf Seite 92 freundlicherweise selbst: „Einer meiner Bekannten aus der Berliner Subkultur, der sich dem Satanismus verbunden fühlt, zieht jedoch Katzen den Hunden vor (als Opfer, d. Verf.). Er bekommt diese Tiere durch Zeitungsannoncen. Durch seine Freundschaft mit Tierpräparatoren gelangt er manchmal sogar in den Besitz junger Löwenleichen. Wenn man die symbolische Bedeutung des Löwen bedenkt, kann man ermessen, welche magischen Kräfte ihm dann zuwachsen müßten.“ Wir stellen Herrn Dvorak der Beobachtung durch den Tierschutzbund anheim. Auch sonst sollte man ihn im Auge behalten.

7.12 Der „Temple of Seth“

1969 hörte der Leutnant der US-Armee Michael A. Aquino, Offizier bei der Abteilung Gegenspionage des Heeres und spezialisiert auf psychologische Kriegsführung und Techniken der Desinformation, einen Vortrag von La Vey und imaginierte dabei eine Verwandtschaft zwischen seinem Beruf und dem Weltbild des „Church of Satan“-Chefs. Nach seiner Rückkehr aus dem Vietnam-Krieg ließ sich Aquino von LaVey zum „Priester“ weihen und organisierte eine „Grotte“ der „Satanskirche“ in Kentucky, wohin ihn die Armee versetzt hatte.

In Rekordzeit rückte der Berufssoldat zur Nummer Zwei in der Hierarchie der „Church of Satan“ auf. Aufgrund seines Ansehens gelang es Aquino, öffentliche Konferenzen über die „Satanskirche“ zu veranstalten – sogar an der Universität von Louisville (Massimo Introvigne, Il capello del mago, Mailand 1990, S. 367).

LaVey war begeistert von dem charismatischen Neo-Satanisten – bis dessen starke Persönlichkeit die eher autokratischen Prinzipien des

„Church of Satan"-Oberhauptes mehr und mehr zu unterlaufen drohte. 1975 versuchte LaVey, seinen „Vize" auszubremsen, indem er das System der „Grotten" abschaffte und die Satanskirche in eine zentralisierte Organisation umwandelte. Aquino beschloß, die „Church of Satan" zu verlassen, wobei sich ihm die Führer der wichtigsten „Grotten" anschlossen. Am 21. Juni 1975, am Vorabend der Sonnenwende, rief der Offizier Satan selbst an – im Unterschied zu LaVey war er von dessen personaler Existenz überzeugt. Das Ergebnis war eine neue „Offenbarung", das „Buch der Lebenden" („The Book of Coming Forth by Nights"). „Satan" gab seinem Diener zu verstehen, daß er künftig wieder unter seinem bereits im alten Ägypten bekannten Namen „Seth" verehrt werden möchte (zitiert nach der Werkmappe „Sekten, religiöse Sondergemeinschaften, Weltanschauungen" der „Arbeitsgemeinschaft der österreichischen Seelsorgeämter"). Auf der Grundlage dieser „Offenbarung" konnte Aquino sich als das von Crowley vorausgesagte „zweite Tier 666" verstehen. Noch im selben Monat gründete er den „Temple of Seth".

Ein weiterer Grund für die eher ungewöhnliche Namensgebung war nach Kenntnis des Satanismus-Insiders Joachim Schmidt der, daß „der ägyptische Gott Set weniger bekannt ist als Satan und dieser Name folglich weniger dazu angetan war, in der Öffentlichkeit eine starke, von falschen Vorstellungen beeinflußte Reaktion hervorzurufen. Denn im Gegensatz zu der ‚Church of Satan' bevorzugt der ‚Temple of Seth' eine eher zurückhaltende Öffentlichkeitsarbeit". Im neuen „Aeon von Seth" propagierte Aquino eine Gegenreligion, die den transzendenten Individualismus Crowleys mit der antimystischen Einstellung LaVeys verband.

Duplizität der Ereignisse: In den achtziger Jahren bekam Aquino die gleichen Probleme mit seinen Anhängern, wie LaVey wenige Jahre zuvor mit ihm selbst. Von den „Temple of Seth"-Mitgliedern eines autokratischen Führungsstils geziehen, zog sich Aquino, nachdem er den Ordensgrad des „Ipsissimus" erreicht hatte, auf die Position des emeritierten Großmeisters zurück und überließ einem texanischen Englisch-Professor namens Stephen Flowers die Leitung der Organisation.

Der „Temple of Seth" ist überwiegend in den USA vertreten. Aber auch in Großbritanien und in Deutschland gibt es sogenannte „Pylons", regionale Gruppen. Die neo-satanistische „Tempel"-Gemeinschaft wurde 1975 in Kalifornien als gemeinnützige Kirche staatlich anerkannt und steuerbefreit – die äußerst liberalen Religionsgesetze in den USA erlaubten dies.

7.13 Die extreme „Black-Metal"-Szene

Fassungslos stand König Harald V. an Weihnachten 1992 vor den Überresten der niedergebrannten Kapelle am Holmenkollen, wo er mit der norwegischen Königsfamilie den Heilig-Abend-Gottesdienst zu feiern pflegte. Seit diesem Datum sehen die Christen in Norwegen hohen Kirchenfesten eher mit gemischten Gefühlen entgegen. Aus gutem Grund: Am Palmsonntag 1993 brannte die Seegardkirche in Snertigedal bis auf die Grundmauern nieder. Das Osterfest eine Woche später wurde von einer Warnung der Polizeibehörden überschattet, die den Kirchengemeinden in dem skandinavischen Land dringend rieten, die rund 1 700 Gotteshäuser rund um die Uhr von Freiwilligen bewachen zu lassen. Es sei mit weiteren Brandanschlägen zu rechnen.

Die Täter sind erklärte Anhänger des Satans und zählen zur sogenannten „real Black-Metal"-Szene. 34 Kirchen sind bislang ihrem gespenstischen Krieg gegen Gott und die Welt zum Opfer gefallen. In düster-verquasten Songs wie „A blaze in the northern sky" oder „Fist in God's Face" (die Band „Dark Throne") beschwören sie das Ende des Christentums und die Herrschaft des Satans. Ein Text der Gruppe „Mayhem" liefert quasi das Programm dieser musikalisch-okkulten Subkultur, deren Fans sich hinter einer dicken Schallmauer aus anscheinend echter satanistischer Überzeugung formieren: „Zauberei, Blut und Satan. Triff das Gesicht des Todes. Blut/Feuer/Folter/Schmerz/TÖTE! Ströme des Krieges, Ströme von Haß, Armageddon, Geschichten der Hölle, Woge der Verwüstung, Woge der Sünde. Komm und höre, Luzifer singt. Kommando Krieg, Kommando Satan, Kommando Hölle!"

„Black-" und „Death-Metal", zwei extreme Stilrichtungen des „Heavy-Metal", stehen wegen ihrer morbide-brutalen Texte von Hölle, Tod und Gewalt schon seit Jahren im Kreuzfeuer der öffentlichen Kritik. Doch sind Knüppel-Bands wie „Venom" oder „Slayer", die um des Plattenverkaufs willen ein bluttriefendes Kasperle-Theater inszenieren, wohl eher vom Götzen Mammon als vom Bösen besessen, so ist mit dem „real underground" („wahren Untergrund") nun eine neue, kaum für möglich gehaltene Dimension erreicht worden. Nach dem Motto „Die alten Bands haben nur darüber gesungen – wir tun es!" testen Extrem-Gruppen wie „Dark Throne", „Mayhem", „Emperor", oder „Immortal" ihre wirre Zerstörungs-Lyrik am lebenden Objekt. Für ihre Mini-LP „Aske" („Asche") warben „Burzum" ungeniert mit T-Shirts, die neben dem Band-Logo ein Foto der abgebrannten Fantoft-Kirche in Bergen zeigen.

Der „Star" der Szene heißt Christian Vikernes. Der 22jährige verbüßt derzeit eine lebenslange Haftstrafe im Gefängnis von Bergen. „Varg" („Wolf") Vikernes, wie er sich selbst nennt, wurde wegen Grabschändung, illegalen Sprengstoffbesitzes, Brandstiftung und Mordes verurteilt. Der Sänger der Band „Burzum" („Finsternis"), der in der Szene unter dem Pseudonym „Count Grishnachk" bekannt ist und von seinen Anhängern respektvoll als „der Graf" tituliert wird, hatte am 9. August 1993 den satanistischen „Black-Metal"-Musiker Oystein Aarseth (Pseudonym „Euronymus") mit 23 Messerstichen ermordet. Außerdem fand die Polizei in seiner Wohnung 200 Kilogramm Dynamit, mit dem Vikernes die Nidarosdomen-Kirche, in der die norwegischen Kronjuwelen lagern, in die Luft jagen wollte. Insgesamt zwölf weitere „Black-Metal"-Fans im Alter zwischen 14 und 22 Jahren nahm die Polizei im Zusammenhang mit dem Prozeß gegen Vikernes fest.

Sowohl „der Graf" als auch sein Opfer „Euronymus" gehörten zu den führenden Köpfen einer mysteriösen Clique, die sich „Inner Circle" („Innerer Zirkel") nennt und die das Treiben der norwegischen Killer-Musiker steuert. Mit den Kirchenbränden, erklärte Vikernes vor Gericht, wolle der „Inner Circle" die „Wut der Christen verstärken. Wir können dann eventuell Krieg mit ihnen führen." Nach Informationen des „Spiegel" pflegte Vikernes zudem Verbindungen zu der militanten neo-nazistischen Rassisten-Organisation „Weißer Arischer Widerstand" und versuchte, Satanisten und Faschisten zusammenzubringen. In der Nacht nach seiner Verurteilung gingen zwei weitere Kirchen in Flammen auf. Ein Feuerwehrmann starb bei den Löscharbeiten. Der Schlagzeuger der Gruppe „Dark Throne" (Pseudonym „Fenritz"), der ebenfalls zum skandinavischen Zirkel des Bösen gezählt wird, erklärte sich mit den Tätern solidarisch: „Ich hasse die Christen. Das Christentum hat schon viel zu lange die Macht hier", diktierte der Gitarren-Guru einem Journalisten der „Thüringenpost". „Und einige Bands sind der Meinung, daß dem jetzt ein Ende bereitet werden muß." Ein weiteres mutmaßliches Mitglied des „Inner Circle" sitzt ebenfalls in Haft: Der Schlagzeuger der Gruppe „Emperor", Bard G. Eithin (Pseudonym „Faust"), ermordete im August 1992 auf dem Olympiagelände von Lillehammer einen Homosexuellen.

Und das Gedankengut der Satans-Faschisten breitet sich weiter aus: Im Sommer 1994 wurden in Ungarn mehrere Kirchen durch Sprengstoffanschläge schwer beschädigt. Die Polizei fand ein Bekennerschreiben von einer „Satan Rainbow Society".

Auch in Deutschland bringt man mittlerweile einige Verbrechen mit der „real Black-Metal"-Szene in Verbindung. So legten unbekannte Täter im Vorfeld eines „Immortal"-Konzerts Feuer in einer Kirche im sächsischen Greiz, nachdem sie Kreuze verkehrt herum aufgehängt und okkulte Symbole an die Wände gesprüht hatten. Auf die Bethanien-Kirche in Leipzig sind bereits mehrere Brandanschläge von Anhängern des Satans-Kults verübt worden. Auch in Nellingen bei Ulm brannte im Sommer 1994 die evangelische Ortskirche. Nach Informationen der „Südwest Presse" soll der 17jährige Brandstifter als Motiv für die Tat seinen Haß auf die Kirche angegeben haben. Angeblich soll in Deutschland sogar eine „Todesliste" einer selbsternannten „Black-Metal-Mafia" kursieren, auf der die Namen von andersdenkenden deutschen Musikern wie Alex Krull von der Berliner Band „Atrocity" sowie diversen Journalisten verzeichnet sind. Auch hinter schriftlichen Todesdrohungen an die Musik-Journalisten Frank Albrecht und Kai Wendel des in Dortmund erscheinenden Fachblattes „Rock Hard", vermutet Albrecht die „German Black-Metal-Mafia", eine schätzungsweise 100 Mann starke strukturlose Clique, die das Gedankengut ihrer norwegischen Vorbilder teilt. Albrecht und Wendel waren in ihrem Blatt unter der Überschrift „Ein Abgrund an Dummheit" bereits 1993 hart mit den neuen Entwicklungen im Bereich des „Black"- und „Death-Metal" ins Gericht gegangen: „Wir haben es hier nicht mehr nur mit grenzenloser Dummheit zu tun, sondern mit einer gefährlichen terroristischen Organisation, die, wenn sie ihren Untergrund-Status verliert, nicht zu unterschätzen ist." Mit Musik habe „real Black-Metal" indes kaum noch etwas am Hut. Sie diene in diesem Zirkel „zum größten Teil nur noch dem Transport kranker Gedanken." Die Redaktion der englischen Metal-Zeitschrift „Kerrang" lachte zunächst über ähnliche Drohungen. Bis die Polizei einen jungen Mann aus Manchester aufgriff, der für die Beseitigung einiger Journalisten sowohl die nötige Ausrüstung als auch das Versprechen erhalten hatte, in den „Inner Circle" der Satans-Fanatiker aufgenommen zu werden („Jetzt – Das Jugendmagazin der Süddeutschen Zeitung").

Mit einem Mord kokettiert auch der Kopf einer deutschen „Black-Metal"-Band namens „Opferblut" aus Wolfshagen im Harz, der sich mit dem programmatischen Pseudonym „Leichenschrei" schmückt. In dem idyllischen Erholungsort wurde im August 1993 ein 16jähriger Lehrling aus Sachsen-Anhalt von einem 22jährigen mit über 100 Messerstichen regelrecht abgeschlachtet. Das Gericht verurteilte den Täter zu 13 Jahren Freiheitsstrafe. Als Motiv hatte er einen auf der Straße mehr oder minder zufällig begonnenen Streit angegeben. „Der Täter war unser Gitarrist“, erklärte demgegenüber „Leichenschrei“ der „Thüringenpost“. Und fügte vieldeutig hinzu: „Wer sich uns in den Weg stellt, muß halt mit Konsequenzen rechnen.“ In dem Untergrund-Magazin „INFERNUS – The Second Blasphemie“, das von einem „Black-Metal“-Versand in Tübingen verschickt wird, wurde „Leichenschrei“ noch deutlicher: „Ich glaube an Dinge wie Satanismus, Okkultismus, Zauberei etc. Und letztendlich ist das Verbrechen der glorreiche Weg, um Satan zu preisen.“ In der ostdeutschen Szene-Postille „Zillo“ feiert ein Autor unter dem Pseudonym „Hellsturm“ den Mord an dem 15jährigen Sandro Beyer durch drei selbsternannte „Kinder Satans“ im thüringischen Sondershausen als „mutige Tat“, als „Fackel ins morsche Kirchengebälk“. Wer sich hinter „Hellsturm“ verbirgt, ist in der satanistischen „Black-Metal“-Szene ein offenes Geheimnis: Es ist der ältere Bruder eines der „Satansmörder“ von Sondershausen, der angehende Jurist Ronald Möbus.

„Black-Metal“-Musik spielte und spielt in der extremen Satanisten-Szene um die Kleinstadt Sondershausen eine nicht unbedeutende Rolle. Neben heimischen Bands wie „Eminenz“ tourten auch die norwegischen Horror-Musiker von „Mayhem“ und „Immortal“ unbehelligt durch Sachsen und Thüringen. Auch Hendrik M., der wegen des Mordes an Sandro Beyer zu acht Jahren Haft verurteilt wurde, sang in einer „Black-Metal“-Gruppe namens „Absurd“. Seit dem „Satansmord“ („Super Illu“) genießt die Band in einschlägigen Kreisen Kult-Status. Eine Demo-Kassette, auf der Texte wie „Ich stille meine Gier mit Menschenfleisch, mit Zyklon B, mit Gift und Blut“ Ohren und Sinne attackieren, wird mit bis zu 200 Mark gehandelt.

Zu den erschreckenden Entwicklungen im Bereich des „Black-“ und „Death-Metal“ gibt es seitens der Jugendschutz-Experten und der Sektenbeauftragten bislang kaum Stellungnahmen. Anscheinend ist die Kenntnis darüber noch nicht in alle relevanten Bereiche vorgedrungen – oder aber das Genre wird als minimale Subkultur betrachtet, die man in ihren Grundzügen bereits abgehandelt glaubt. Zweifellos ist es tatsächlich nur eine extreme Minderheit, die wieder einmal das gesamte „Heavy-Metal“-Genre in Verruf bringt. Doch die von „Rock Hard“-Autor Kai Wendel vor zwei Jahre geäußerte Hoffnung, daß das Problem „ohne Polizei und Justiz“ zu lösen ist und „solche Idioten wie Euronymus und Count Grishnachk dort landen, wo sie hingehören: im Abseits, in der Bedeutungslosigkeit“, scheint sich leider nicht zu erfüllen. Denn noch immer werden warnende Stimmen kaum ernstgenommen. „Desinteresse bis zur Ignoranz“ fand etwa die Saarbrücker Gymnasiallehrerin Christa Jenal bislang bei staatlichen Stellen vor. Die Vorsitzende des „Vereins für Friedenserziehung im Saarland“ forderte im vergangenen Jahr die Stadtverwaltung der saarländischen Kleinstadt Völklingen auf, ein geplantes Konzert der Extremgruppe „Cannibal Corpse“ („Menschenfresser-Leichnam“) zu untersagen. Obwohl die amerikanischen „Death-Metal“-Musiker in Fan-Kreisen als „Poser“ gelten (also angeblich nicht wirklich von den brutalen Inhalten ihrer Songs überzeugt sind), schien allein das Cover ihrer LP „Butchered at birth“ mit an Enterhaken aufgehängten Babys für Jenal ein durchaus hinreichender Grund, ein Auftrittsverbot für die Splatter-Musiker zu verhängen. Vergeblich. Ihr Anliegen, mußte sie sich sagen lassen, sei nicht von öffentlichem Interesse. Als die engagierte Friedenspädagogin an die Öffentlichkeit ging, geriet auch sie ins Visier der Szene-Fanatiker: Es begann ein wochenlanger Telefon-Terror, der schließlich in der Beschädigung ihres Autos und in Morddrohungen gipfelte.

Auch die Musikbranche sperrte sich zunächst aggressiv gegen Jenals Vorschlag, eine Art freiwillige Selbstkontrolle einzuführen, um eindeutig menschenverachtende Darstellungen auf Platten-Covern, in Song-Texten und auf der Bühne sowie um Gewalt als probates Mittel der Unterhaltung zu verhindern. Damals von den Plattenfirmen in die Nähe der „ehemaligen faschistischen Tugendwächter“ gerückt, gewinnt das Anliegen der Saarländerin angesichts der extremen Auswüchse im „Black“- und „Death-Metal“-Bereich zunehmend an Aktualität. Immerhin gab der Musikvertrieb „Rough Trade Records“ bekannt, daß eine geplante Solo-LP von „Dark Throne“-Schlagzeuger „Fenritz“ nicht erscheinen wird. Das mutmaßliche Mitglied des berüchtigten „Inner Circle“ der Satans-Faschisten soll darauf bestanden haben, daß folgende Erkärung auf dem Platten-Cover abgedruckt wird: „Sollte irgend jemand diese Platte für anstößig befinden, muß er sich gefallen lassen, seiner jüdischen Bestimmung gemäß behandelt zu werden.“

8. Querverbindungen: Hubbard, Scientology und der Neo-Satanismus

Gott sei Dank: „Scientology“ ist im Gespräch. Die brisanten politischen und wirtschaftlichen Verflechtungen dieser Psycho-Sekte werden endlich ans Licht der Öffentlichkeit gezerrt. Und die Strahleleute der Pseudokirche müssen sich nicht selten auch vor Gericht verantworten.

Eine Reihe von mutigen Vorkämpfern, wie z.B. Renate Hartwig (mit der wir oft gesprochen haben und der wir manchen wichtigen Hinweis verdanken), Politiker, die den Mund aufmachen wie Norbert Blüm, und einige ebenso couragierte wie engagierte Journalisten decken immer mehr von ihren unter der Oberfläche des gesellschaftlichen Lebens brodelnden Umtrieben auf.

Uns interessiert an dieser Stelle die höchst anrüchige Vergangenheit des Scientology-Gründers Lafayette Ron Hubbard, nämlich seine evidenten Verwicklungen in satanistische Kreise, Denkformen und Praktiken. Darüber weiß die Öffentlichkeit noch immer zu wenig. Uns ist dieser Aspekt schon vor langen Jahren bekannt geworden. Mit dem Effekt, daß wir „Scientology“ nie anders betrachten konnten als aus dem Blickwinkel des „satanistisch geschulten“ Hubbard. Wenn wir beispielsweise scientologisches Schrifttum studieren, steht bei uns immer die Frage im Hinterkopf: Wer sind die eigentlichen geistigen Urheber dieser verqueren „Philosophie“? Und oft genug kommen wir auf „Ahnen“, die Hubbards Saubermann-Garde denkbar unangenehm sein dürften – schmücken die Scientologen doch ihre Werbe-Schriften mit dem Konterfei Albert Einsteins und tun sie doch so, als würden sie die Menschheit zu neuer Lebensqualität und neuen Ufern der Erkenntnis führen. Immerhin war es Hubbards eigener Sohn, der in Hinsicht auf die sexualmagische und neo-satanistische Seite seines Vaters auspackte (vgl. Haack, Europas neue Religion, S. 36).

Friedrich Wilhelm Haack kommt in seinem Buch „Scientology – Magie des 20. Jahrhunderts" zu dem Schluß, daß Scientology im „Sinne des positivistischen Religionsbegriffes der Aufklärung" mit Sicherheit keine Religion ist. Haack: „Es wird treffender sein, Scientology als Magie des 20. Jahrhunderts zu verstehen" (Haack, S.12). Magie – das Wort scheint treffend gewählt für eine Organisation, die nach außen hin so tut, als herrsche in ihrem Schulungssystem und ihrer Philosophie die Logik von Großrechnern, die aber recht bald durchscheinen läßt, daß sie sich eher in einer science-fictionhaft frisierten Welt der Geister und Dämonen bewegt. Richtig bestehen können da nur die „operierenden Thetane".

Lafayette Ronald Hubbard, geboren am 13. März 1911 in Tilden, Nebraska, kam zum erstenmal 1945 mit dem kalifornischen „Ordo Templis Orientis" (O.T.O.) in Berührung. Genauer: Mit John W. Parson, der sich „Frater 210" nannte, und der im selben Jahr von Aleister Crowley zum Führer der „Agape Loge" bestimmt worden war.

Parson führte seinen Freund Hubbard in diese Loge ein. Der „erwies sich als gelehriger Schüler und gab schon bald den Ton an", schreibt Ralph Tegtmeier in seinem Buch „Aleister Crowley – Die tausend Masken des Meisters" (S.127). Auch Parson äußerte sich anerkennend über seinen Schüler Hubbard. Der Führer des kalifornischen O.T.O. glaubte sogar, daß Hubbard in Kontakt zu einer „höheren Intelligenz", zu einem „Schutzgeist", stehe.

Im März 1945 zelebrierte Parson zusammen mit seiner Frau Betty und dem späteren Begründer der Scientology ein seltsames Zeugungsritual, bei dem wohl ein „moonchild" erschaffen werden sollte. Tegtmeier dazu: „Dabei geht es um eine unter astrologischen Gesichtspunkten in magischer Umgebung gezielt herbeigeführte Zeugung mit nachfolgender vorgeburtlicher, ritueller Beeinflussung des Fötus, was zur Geburt eines magisch ganz besonders begabten Kindes führen soll; dieses wird auch entsprechend aufgezogen, um damit auf spezielle okkulte Aufgaben als Erwachsener vorbereitet zu werden" (Tegtmeier, S.127).

Hubbard vergnügte sich im Bett mit Parsons Frau Betty, aber der Ehebruch alleine brachte den Führer des kalifornischen O.T.O. nicht aus der Ruhe; erst der Umstand, daß Hubbard und Betty von seinem Geld eine Yacht kaufen und verschwinden wollten, ließ ihn handeln.

Er, „Frater 210", setzte „Schwarze Magie" ein, „mit dem Ergebnis, daß eine Windböe den Kahn gegen ein Riff schleuderte und so schwer beschädigte, daß er in den Hafen zurück mußte, wo Parson ihn sicherstellte", erzählt Josef Dvorak in seinem Buch „Satanismus" (S.141).

Auch satanistische Insider-Magazine wie das AHA (8/91) berichten über Hubbards und Parsons Beziehung.

Diese Dinge werden von Crowley-Anhängern berichtet, von Scientologen aber heftig bestritten, denn die Scientologen möchten nichts mehr von der satanistischen Vergangenheit ihres „Kirchen"-Gründers wissen, behaupten gar, Hubbard hätte den O.T.O. zerstört. „Daß dem nicht so war", stellt Haack fest, „sondern der O.T.O. in Kalifornien weiterbestand, zeigt sich im Umfeld der sogenannten Manson-Morde..." (S.39). Hubbards scientologische Lehre scheint in gewisser Weise aus dem neo-satanischen Fundus geschöpft zu haben. Oder stehen die nachfolgend aufgeführten scientologischen „Weisheiten" etwa nur in zufälliger Analogie zu neo-satanistischen Verhaltensmaximen: „ Setze Dich niemals selbst herab und verkleinere nie Deine Stärke und Macht", „Fürchte niemals, einem anderen in einer gerechten Sache weh zu tun"! Haack meint dazu: „Diese unerbittliche, kalt wirkende Härte ist den Strukturen nicht unähnlich, die dem O.T.O. und ähnlichen Gruppierungen zugrunde liegen" (Haack, Von Gott und der Welt verlassen, S.155). Und an anderer Stelle schreibt Haack: „Heute werden Hubbard´sche Weisheiten (‚Gib und empfange keine Kommunikation, wenn du nicht selbst es willst', ‚Fürchte nie, jemand in einer gerechten Sache Unrecht zu tun' usw.) weltweit als Management-Training und als Lern-Technologien verkauft. Die höheren Kurse der Sekte bieten dann regelrechte Exorzismus-Techniken an, nachdem dem Absolventen eingeredet wurde, er sei von ganzen Haufen „Thetanen"-Geistwesen umsessen. Satans Nepp- und Nippes-GmbH, sozusagen" (Haack, Europas neue Religionen, S. 36).

Auch Ralph Tegtmeier, als „Frater VD" ein Insider der neo-satanistischen Szene, folgert: „Daß er (Hubbard, d. Verf.) in seinen Büchern manches aus der magischen Tradition verwendete, ohne es zu benennen, hören seine Anhänger weniger gern, doch besteht kein Zweifel, daß besonders sein Werk ‚Dianetik – Die moderne Wissenschaft der geistigen Gesundheit' viele modern verfremdete Elemente aus der hermetischen Magie und aus der Psychologie Crowleys enthält" (S.128/129). Ein weiterer Kenner und Biograph des „Tieres 666", John Symonds, schrieb: „Doch der ‚Tölpel' Hubbard erwarb in aller Stille durch Crowleys Schriften jene magischen Geheimnisse, die ihm wenige Jahre später halfen, seine berühmte Scientology-Kirche zu gründen" (Symonds, S.448).

Den offensichtlichsten Hinweis, daß Hubbards Scientology aus Crowleys Neo-Satanismus schöpft, finden wir im Symbol seiner „Kirche" – einem Kreuz, dessen Balkenenden in je drei Rundungen aus-

Crowley-Tarot. Auf der Rückseite das „scientologische“ Kreuz.

aus: Gerd Ziegler, TAROT – Spiegel der Seele, Sauerlach 1984

laufen, ergänzt durch lange, gleichschenklige Dreiecke, die wie Strahlen von dem Kreuzungspunkt der beiden Kreuzbalken ausgehen.

Dieses Strahlenkreuz prangt auf der Rückseite jeder Karte des „Aleister Crowley Tarots", das von Crowley selbst entworfen wurde. Zudem sollen in den oberen Stufen („Graden") der Scientology ebenfalls magische Zeremonien zelebriert werden. Haack spricht von regelrechten Exorzismus-Techniken und zählt die „satanische Sekundärsekte" Scientology zu einer der Folgeerscheinungen des rituellen Satanismus.

Joachim Schmidt schreibt in seinem Buch „Satanismus" über Hubbard und den Neo-Satanismus: „Die Scientology Church hat ihre Wurzeln in den Lehren des O.T.O. von Crowley, was die heutigen Anhänger der Scientology gerne verheimlichen. Hubbard war einst selbst Mitglied des O.T.O. und als solches mit magischen Experimenten befaßt, die selbst Crowley zu obskur erschienen. Nach diversen Auseinandersetzungen mußte er den O.T.O. verlassen und gründete schließlich die Scientology Church" (Schmidt, S.142). Vergessen wir auch nicht die Verbindung eines Charles Manson mit der Scientology.

DER SPIEGEL (Nr. 51/1974) berichtet, sich dabei auf US-Staatsanwalt Vincent Bugliosi berufend: „Nach seiner Religionszugehörigkeit gefragt, gab Manson an, er sei ‚Scientologe'."

Ed Sanders schreibt in „The Family": „Manson erzählte einem Gefängnisbesucher, er hätte im Gefängnis hundertfünfzig ‚Schulungssitzungen' mitgemacht... Er behauptete, er hätte sich die Scientology-Methode sehr rasch angeeignet, weil sein ‚Geist nicht programmiert war'." (S. 25).

Ist die Scientology – mit dem, was sie im Leben von Einzelnen und der Gesamtgesellschaft anrichtet – vielleicht nur eine Art Umweg für den Neo-Satanismus? Anders gefragt: Ist Scientology am Ende eine wirtschaftlich-wissenschaftlich verbrämte „Sekte" des Neo-Satanismus?

Vom Teufel – der festen Meinung sind wir – ist beides!

9. Ein sehr persönlicher Epilog

Wenn wir nach zehn Jahren intensiver Beschäftigung mit dem Thema Satanismus in allen seinen Formen eine Bilanz ziehen, fällt uns dazu folgendes ein:

> Ich bin ein abscheulicher Gott, und wer mich meistert, ist häßlicher als ich.
>
> *Aleister Crowley*

Satanismus? Vor zehn Jahren wußten wir selbst noch nicht genau, was das ist. Wir hielten dieses Treiben (was wir davon kannten) für Provokation und Mummenschanz, für makabren Zeitvertreib perverser Zeitgenossen, für ein Grusical auf der Ebene des Unernstes. Wir lächelten darüber. Aber dann führten uns unsere Wege dazu, daß wir Menschen kennenlernten, die am Ende eines Labyrinthes durch ein religiöses Wahnsinns-System angelangt waren – seelisch zerstört für den Rest ihres Lebens. Erst langsam begriffen wir, was das wirklich ist – Satanismus. Und heute können wir es nicht nachdrücklich genug sagen, möchten es manchmal geradezu in die Köpfe unserer Zeitgenossen hämmern: Satanismus ist eine Religion ohne Anspruch auf Legitimation! Genauer gesagt: eine kultisch-orientierte, der Tradition fähige, weltweite, vielfach verzweigte und durch analoge Strukturmerkmale verknüpfte gnostische Religion des Bösen.

Es sind zumeist keine Spinner, die im Geheimen unappetitliche Orgien veranstalten oder in Privathäusern oder abgelegenen, verlassenen Kirchen obskure Messen abhalten. Es sind im Gegenteil zumeist intelligente, gutsituierte Bürger, die sich „mit gläubiger Inbrunst" dem Wahnsystem des Satanismus, mitsamt seinen rituellen und magischen Auswüchsen, verschrieben haben. Sicher gibt es harmlose Hobby-Magier, Show-Okkultisten, Freizeit-Grufties und jede Menge provokationswillige Jugendliche, die nachts auf Friedhöfen ihre Parties feiern. Das kann ein Einstieg in den Satanismus sein – aber das ist nicht die Sache, um die es uns geht.

Gefährlich sind die Leute, die tagsüber bürgerlichen Berufen nachgehen und nachts in den Ritualen magischer Zirkel und in Satanskulten die Befriedigung perverser Bedürfnisse suchen, seien sie sexueller oder religiöser Art, oder seien sie miteinander gekoppelt. Und diese Menschen kommen in eine Welt, in der ihnen überlegene „Eingeweihte" sagen, sie könnten „Gott werden", müßten dafür freilich „durch die Hölle gehen" (wie es beispielsweise Aleister Crowley fordert). Das ist Neo-Satanismus. Und in diesem Neo-Satanismus gerät der Mensch in ein paradoxes System, in dem der Grad des Ekels am eigenen Tun nur die Verheißung einer Erlösung ist, die man dadurch erlangt, daß man sich dem noch größeren Ekel aussetzt.

Dafür werden alle Grenzen von Gefühl, Anstand und Scham niedergewalzt, Tabus gebrochen, der moralische Grundkonsens gekippt. Anything goes. Kindesmißbrauch, Vergewaltigungen und sogar Tötungen von Tieren und Menschen werden für dieses Ziel „Gott zu werden" in Kauf genommen. Vor der Öffentlichkeit verborgen und getarnt, spielt sich der Neo-Satanismus im Untergrund ab. Ein Vordringen in den inneren Kreis der Satanisten ist nur nach jahrzehntelanger Zugehörigkeit möglich, mit Hilfe von Blutsbrüderschaften und nach dem Ablegen verschiedenster Prüfungen. Danach kann man meistens nicht mehr reden, und selbst dann, wenn man „könnte", droht das „Tod dem Verräter" – eine Drohung mit durchaus realistischem Hintergrund. Aus diesem Kreis dringt daher (fast) nichts nach draußen; doch gerade hier im innersten Zirkel geschehen die fürchterlichsten Dinge. Dinge, so grausam, daß man sie kaum glauben kann – und vielleicht auch nicht glauben will. Doch für die Gemeinden innerhalb dieses religiösen Wahnsystems sind die Grausamkeiten unersetzliche Sakramente und erlöserische Liturgien, um auf eine höhere Ebene des Bewußtseins zu gelangen – letztlich: um Gott zu werden.

Da hat man uns die letzten dreißig Jahre eingeredet, das religiöse Zeitalter der Menschheit sei endgültig vorüber. Etwas jenseits der traditionellen Bindungen an ein höheres Wesen hätte in den modernen Gesellschaften den Platz der Religionen eingenommen; Agnostizismus (= Nichterkennbarkeit Gottes) sei die Religion der Moderne. Über solche Sentenzen können wir nur noch den Kopf schütteln. Wir haben erfahren, mit welch einer archaischen Wucht eine vor- und nebenchristliche Religion sich aktuell des Zugriffs auf Menschen bedient. Mit der durch den Gott der Bibel verhinderten Opferung des Isaak seien Menschenopfer zu einem überholten Stadium der Religionsgeschichte geworden – haben wir gelernt. Wäre das doch nur der Fall! Mitten unter uns gibt es Kulte, die Menschenopfer fordern.

Die kommenden Jahre werden nicht zu einem Überlebenskampf der Religionen angesichts einer religionslosen Umgebung werden – diese Perspektive erscheint uns durch die Tatsachen überrollt! – sie werden zu einem Kampf um die richtige Religion werden, zu dem, was Lessing in seinem „Nathan" so weise in der Ringparabel faßte: diejenige Religion wird überleben, die „den Erweis von Geist und Kraft" erbringt. Wie zu allen Zeiten sind die Leute bereit, für ihren Gott „alles" zu geben. Das religiöse Wahnsystem Neo-Satanismus in seinen vielfältigen Spielarten verlangt (in zynischer Verdrehung wahrer Werte) Ungeheures von seinen Adepten: jahrelange Einweihung, Unterwerfung unter einen spirituellen Meister, beständiges Studium, Todesverachtung, Hingabe bis hin zum Opfer des eigenen Lebens. Das Christentum hingegen wird den Leuten quasi „nachgeschmissen". Ist es vielleicht nur eine Preisfrage, warum es den Menschen nicht teuer ist?

Anhang

A. ESSAY: Das Christentum und das Geheimnis des Bösen

von Prof. DDr. Adam Seigfried

Nachrichten und Reportagen zum Satanismus lösen Beunruhigung, ja tiefgehende Angst aus.[1] Der christliche Theologe ist als solcher nicht qualifiziert, deren Wahrheitsgehalt zu bezweifeln oder gar zu leugnen. Er weiß, daß das Böse zu den menschlichen Urerfahrungen gehört und als Phänomen in allen Kulturen und Religionen eine Rolle spielt. Der christliche Theologe versucht, sich dem Geheimnis des Bösen vom Standpunkt des Glaubens her zu nähern. Dabei orientiert er sich an seinen Glaubensquellen: Schrift und Tradition. Er artikuliert deren Aussagen im Lichte heutiger Lebenserfahrung.

Es ist unübersehbar, daß die mit rasantem Tempo vom Christentum wegdriftende heutige Welt auch die in ihm dargebotenen Möglichkeiten der Bewältigung des Bösen vergißt oder über Bord wirft. Nichts ist für sein Glück notwendiger, als daß der Mensch den Sinn seines Menschseins begreift. Auch das Christentum versteht sich als umfassendes Sinnverständnis des Seins und der Geschichte im ganzen: Menschsein ist nach ihm Berufung zu Freundschaft, zu beglückender Gemeinschaft der Menschen untereinander und mit Gott. Diese Gemeinschaft ist begründet durch die Anziehungskraft des Menschen Jesus Christus. Wer sich ernstlich und mit Geduld auf die inneren Erfahrungen der Herausforderung dieses Menschen einläßt, wird durch den Glauben befähigt, auch die schwersten Lasten des Menschseins, Not, Leid, Schmerz, Krankheit und Tod zu bewältigen. Selbst noch die geheimnisvollen „Mächte des Bösen“ verlieren ihre letzte Bedrohlichkeit angesichts der gläubig erfahrenen, allumfassenden Liebe Gottes.

Von da gesehen ist das Christentum in erster Linie Angebot des Heiles. Weil dieses Heil jedoch in die konkrete, auch vom Bösen gezeichnete geschichtliche Situation des Menschen hinein vermittelt werden soll, darf die christliche Verkündigung der Beschäftigung mit dem Geheimnis des Bösen nicht ausweichen. Es wäre falsch, würden Kirchen und öffentliches Bewußtsein die Realität des Bösen verdrängen oder auch nur herabmindern.

Warum aber wird das christliche Angebot zur Bewältigung des Bösen heute immer häufiger ungeprüft übersehen oder als obsolet abgelehnt? Warum fliehen die Menschen aus der in den Kirchen verfaßten Christenheit in nichtchristliche Religionen oder greifen nach vermeintlichen Problemlösungen satanistischer Sekten?

Gewiß sind die Christen in ihrer Gesamtheit nicht immer besonders vertrauenerweckend. Oft gebärden sie sich wie die professionell frommen Pharisäer zur Zeit Jesu, die viel von Gott und seinen Gesetzen reden, aber wenig Herzenswärme, Güte und Freude ausstrahlen. Das seelische Klima der Christenheit ist oft winterlich kalt und unwirtlich und das Böse wird in den Kirchen kaum besser als anderswo bewältigt: Mythen, Märchen, Kunst und Philosophie aller Zeiten weisen nämlich ein hohes Maß an vorrationalem und vernünftigem Umgang mit dem Bösen auf. Die Geschichte zeigt zudem, daß alle Versuche rationaler Aufklärung in merkwürdiger Dialektik immer wieder in neue Formen der Irrationalität umschlagen. Rationalisierung des Bösen bringt neben viel Gutem auch ungeahnt neue grauenhafte Möglichkeiten des Bösen hervor, wofür Auschwitz, Hiroshima, Archipel Gulag, ugandischer Kannibalismus, ruandischer und bosnisch-serbischer Völkermord u.a. beredte Beispiele darstellen. Dem Christentum wird oft die Frage entgegengehalten, ob man angesichts solcher brutaler Unmenschlichkeit, Gott, „der alles so herrlich regieret“, noch loben könne (D. Sölle). Christen sind sogar sehr oft selbst an Massakern von Menschen beteiligt. Die gesamte christliche Geschichte ist nicht bloß eine Idylle geschwisterlicher Liebe, sondern auch eine Anhäufung von durch Christen verursachtem Leid. Vielleicht verleiten gerade Leugnung, Herabminderung und Verdrängung der Auswüchse des Bösen aus dem öffentlichen Bewußtsein auch der Kirchen zur Flucht in den Satanismus.

Läßt sich der Vorwurf, die Welt sei durch das Christentum nicht heller, wärmer und glücklicher geworden, sondern trüber, durch den Hinweis entschärfen, auch Jesus selbst sei nicht für alle glaubwürdig gewesen und habe darüber hinaus keine Kirche aus Heiligen ohne Sünder versprochen? Gewiß, Jesus war im Sinne der Welt kein Siegertyp, sondern eher ein Verlierer. Bis zum heutigen Tag haben er, seine Jünger und seine Kirche immer nur eine relativ kleine Herde gründlich aus den Verstrickungen des Bösen befreit und zu überzeugter Menschen- und Gottesfreundschaft bewegt. Und doch galt und gilt das Wort: „Vergib ihnen, denn sie wissen nicht was sie tun“ (Lk 23,34) dem übelsten Gesindel von damals und heute, den Verleumdern, Lügnern, Mördern, Ehebrechern, ja sogar denen, die keine Vergebung erbeten.

Wie aber geht das Christentum mit dem Bösen um? In zwei Teilen versucht dieser Beitrag eine Antwort auf diese Frage zu geben: 1. Geschichtliche Stadien des „Teufelsglauben“. 2. Die kirchliche Lehre vom Bösen.

1. Geschichtliche Stadien des „Teufelsglaubens“

Der christliche Umgang mit dem Phänomen des Bösen zeigt viele Dimensionen. Die christlichen Glaubensquellen reflektieren zwar das unergründliche Geheimnis des Bösen, versuchen jedoch niemals, es in ein gänzlich durchschaubares, systematisches Begriffsgebäude aufzulösen. Es geht dem Christentum nicht in erster Linie um das oder den Böse(n), sondern um das Heil, welches im Glauben an Jesus Christus vermittelt wird. Deswegen sollte man das Heilswort Glaube niemals zu eng mit dem Un-Heilswort Teufel verbinden, wie das im Wort Teufelsglauben geschieht. Die Rede von Teufel und Dämonen nimmt in der Hierarchie christlicher Wahrheiten von Anfang an einen untergeordneten Rang ein. Wenn christliche Lehre nämlich von Un-Heil und dem damit verbundenen Bösen spricht, dann tut sie das vornehmlich mit dem Begriff „Sünde“. Damit ist jedoch die freie Entscheidung des individuellen Menschen gegen Gottes Heilsangebot, letztlich gegen Gott selbst gemeint. Sünde ist der vom freien Menschen getätigte Versuch der Selbstüberhebung und Selbsterlösung.

Wie schon das Neue Testament, so kennt auch die christliche Lehre neben der individuellen Sünde die „Macht der Sünde“, die in der von Augustinus entwickelten und in den Konzilien von Orange (529/DH 371, 372) und Trient (1546/DH 1510-1516) anerkannten Erbsündenlehre als eine überpersonale Macht der Sünde in der Menschheit als ganzer begriffen wird. Die Wahrheit der problematisch gewordenen Erbsündenlehre kann in der auch heute verbreiteten Überzeugung gesehen werden, daß persönliche Freiheit des einzelnen stets in intersubjektiven Verknüpfungen steht und konkrete Freiheit nur in Solidarität und Kommunikation mit anderer Freiheit sich verwirklicht, ja erst möglich ist. Nicht zuletzt hat die sog. Befreiungstheologie z.B. eine strukturelle Schuldverstricktheit, in welcher die Menschheit durch weltweite Vernetzungen und Abhängigkeiten geraten ist, aufgedeckt.

Schließlich kennt die christliche Lehre vom Bösen auch die Rede von „bösen Mächten und Gewalten", von „Teufel und Dämonen", wenn sie die universal-kosmische Dimension des Un-Heils, der Sünde und des Bösen artikuliert. Im folgenden soll vornehmlich diese letzte Dimension zu Wort kommen, wobei es zu betonen gilt, daß hier weder Raum noch Grund zu einer erschöpfenden Darstellung von Zeugnissen, Vorstellungen und einschlägigen Phänomenen des „Teufelsglaubens" in der christlichen Geschichte gegeben ist.[2] Nur wenige biblische und kirchliche Aussagen und deren Rezeptions- und Wirkungsgeschichte lassen sich artikulieren.

1.1 Biblische Rede von „Mächten und Gewalten" von „Teufel und Dämonen"

Da sich die Schrift nicht als System von Lehren versteht, sondern als Glaubenszeugnis, ist in ihr auch keine methodische Satanologie oder Dämonologie zu finden. Biblische und frühchristliche Zeugnisse verbinden die Rede vom Bösen mit Symbolen, uneinheitlichen Bilder, schillernden Begriffen, die verschiedenartigen Überlieferungen entstammen:[3] Satan, Teufel (diabolos), Luzifer, Beelzebub, Belial, Verführer von Anfang an, Vater der Lüge, Menschenfeind, Urheber und Anstifter des Bösen, Hinterlistiger, Widersacher, Drache, brüllender Löwe, Fürst der Finsternis, Schwarzer, Fürst dieser Welt, böser und gefallener Engel, Dämonen, Mächte und Gewalten[4] usw. Jeder dieser Begriffe ist auch von nur ihm eigenen Charakteristiken und Inhalten geprägt. Auffällig ist, daß die Bibel unterschiedlich vom Teufel (immer in der Einzahl[5]) und Dämonen redet. Die meisten dieser Titel und Namen finden sich auch in außerbiblischen Kontexten; allen gemeinsame Charakteristiken sind schon deswegen schwer herauszuheben.

Die Hl. Schrift betrachtet die Rede vom Bösen und Satan immer als schwarze Folie der hellen Botschaft von Gott und seinem Heil. Refrainhaft betonen daher die sog. biblischen Schöpfungsberichte, daß

Gott alles „gut“, die Menschen sogar „sehr gut“ erschaffen hat. Erst auf diesem Hintergrund ist die Rede auch von der Sünde, die aber selbst auch wieder in das helle Licht der Verheißung zukünftigen Heils gestellt ist. Schöpfung und Heil sind Geschenke des liebenden Gottes. Im Vergleich zum guten Schöpfergott erweist sich sogar das Schwache und Hinfällige als Widerspruch und Gegensatz. Nicht einmal für die „Anlage“ und Neigung des Menschen zum Bösen und zur Sünde kann die Schrift prinzipiell den guten Schöpfergott verantwortlich machen.

Für die gesamte biblische Tradition ist das Phänomen des Bösen eine unleugbare Realität. Nie ist die Tatsache bezweifelt, daß der Mensch zum Bösen neigt (Gen 6,5; Röm 7,19-23), daß es in seinem „Herzen“ liegt, von wo es herauskommt (Mk 7,19-21; Mt 15,18). Die Frage, wieso der Mensch diese fast naturhafte Neigung zum Bösen verspürt, erklärt die Bibel anhand einer menschlichen Anfangstat. Menschen haben die Neigung zum Bösen wegen einer von den Stammeltern begangenen Sünde. Diese Ursünde ist jedoch ihrerseits wenigstens wieder im späteren Glaubensverständnis Israels durch einen geheimnisvollen Widersacher des Menschen, ja Gottes, veranlaßt (Gen 3). Seit dem (Ur-) Sündenfall spielt sich das menschliche Leben zwischen den Polen Gut – Böse ab. Der Mensch ist von sich aus nicht in der Lage, das Gute zu wählen. Dazu bedarf er der Erlösung und Befreiung, um welche der Psalmist inständig betet (vgl. Ps 17; 22; 69; 102).

In den älteren biblischen Texten erscheint der „Satan“ (der Name leitet sich vom hebr. Verb für „Widerstand leisten“ her) als politischer Widersacher bzw. Feind (1 Kön 11,25; 5,28). Er wurde ursprünglich nicht religiös verstanden, weil es nach Israels Glauben völlig ausgeschlossen war, daß Gott einen ernstzunehmenden Gegner haben könnte. Die theologische Entwicklung zur Zeit des babylonischen Exils und danach überträgt den Namen Satanas – Widersacher – auf eine „personifizierte“ Größe im himmlischen Hofstaat Gottes (Ijob 1,6-12; ,2,1-7; Sach 3,1.2). Diese Gestalt sollte als „Funktionär“ Gottes die Echtheit des guten Lebens der Menschen mit allen möglichen Mitteln überprüfen. Er wird als Gegner und Ankläger der Menschen vor Gott gesehen (Ijob 1,6-12; 2,1-7) und als solcher mit der Ursünde des Menschen in Zusammenhang gebracht. Während der alte Glaube Israels Jahwes Souveränität so sehr betont, daß er an gewissen Stellen selbst böses menschliches Verhalten noch auf Gottes prüfende Initiative zurückführt, wird in späterer Zeit Satan zwischen Gottesprüfung und menschliche Sünde geschoben (2 Sam 24,1; 1 Chr 21,1). Er wird gleichsam zur Entlastung der widersprüchlichen Züge im Gottesbild. So kommt es, daß die Weisheitsliteratur sogar den Tod als Produkt des

Satanswirkens erklärt: Durch den Neid des Widersachers, der jetzt auch Teufel, Verleumder, Entzweier heißt (Durcheinanderwerfer/diabolos), „kam der Tod in die Welt, und ihn erfahren alle, die ihm angehören" (Weish 2,24).[6]

Die außerbiblische Literatur des Judentums entwickelt auf dem Hintergrund dämonologischer Vorstellungen ihrer (hellenistischen) Umwelt eine bilderreiche Lehre von „kosmischen Potenzen" wie Engeln, Dämonen und Satan[7], die später auch in neutestamentliches Gedankengut Eingang findet. So wird dem Satan oder Teufel die Rolle des personhaft vorgestellten Widerparts Jesu und Gottes selbst zugeteilt. Er versucht Jesus in der Wüste (Mk 1,13; Mt 4,10), ja er ist der Feind (Lk 10,18.19) und Verführer (Offb 12,9; 1 Kor 7,5; 2 Kor 2,11) schlechthin, der das Verkündigungswerk (1 Thess 2,18) verhindern will. Er ist Feind jeder Ordnung und Aufwiegler gegen Gott. Einfallstor in den Menschen ist für den Satan die menschliche Schwachheit, sein Hebel der Stolz. Das entdeckte Nicht-Gott-Sein ist Grund des menschlichen Gegen-Gott-Seins, um Gott-gleich-Sein zu erreichen.

Die Verführungskunst des Satans bedarf ständiger Wachsamkeit (1 Petr 5,8), aber sogar der Tätigkeit Satans kann paradoxerweise noch Gutes entspringen (1 Kor 5,5; 1 Tim 1,20). Nur vereinzelt wird der Name Satan auch auf Menschen übertragen (Mt 16,23).

Das Neue Testament verkündigt jedoch mit gleicher Entschiedenheit den „Sturz Satans" durch Gott (Lk 10,18; Offb 12,9.10; Joh 12,31): Die Macht des Satans ist durch Jesus, der ihn (am Kreuz) besiegt, letztlich schon gebrochen (Mt 4,1-11 parr; Joh 12,31; Lk 10,18). Wer in der Nachfolge Jesu steht, hat durch Jesus einen „Beistand" (den Geist-Parakleten) beim Vater (1 Joh 2,1; Joh 14,16.17.26; 16,7-16). Auch die unter der Last des undurchschaubaren „Geheimnisses des Bösen" stehende gute Schöpfung ist letztlich heil.

Auffällig ist, daß die biblischen Autoren der Frage nach den Wirkungen des und nach der Befreiung vom Bösen mehr Gewicht beimessen als der Frage nach seiner Herkunft und seinen Ursachen. Der (das) Böse vernichtet Ruhe und Frieden des Herzen (beispielsweise bei Kain und David), trennt die Menschen voneinander und von Gott. Sünde und das aus ihr direkt oder indirekt fließende Unheil haben verheerende Wirkungen über Generationen, das daraus resultierende Böse ist schicksalhaften, ja übermenschlichen „Mächten und Gewalten" vergleichbar, die in erster Linie auf Menschen einwirken, sie verwirren und verdummen. Weil der biblische Mensch sein wahres Ziel und Glück kennt, ist die Sünde und das getane Böse eigentlich etwas Unlogisches. Gerade deswegen sprechen atl. und ntl. Autoren oft von einer Macht der Finsternis oder des Fürsten dieser Welt. Im Johannesevangelium wird die „Welt“ manchmal sogar identifiziert mit der Sphäre des Bösen.

Viel häufiger als vom Teufel ist im NT von Dämonen die Rede.[8] Während die Dämonen in der volkstümlichen griechischen Vorstellungswelt eher ambivalente Mächte darstellen, werden sie im NT eindeutig zu Unheilsgeistern. Die Evangelisten berichten von dämonischer Besessenheit und Exorzismen. Dämonen sind „böse“ bzw. „unreine Geister“, die bestimmte Krankheitssymptome im Menschen hervorrufen, von denen Jesus durch „Dämonenaustreibungen“ befreit. Obgleich sich eine gewisse Angleichungstendenz zwischen dem Teufel und den Dämonen erkennen läßt, ist grundsätzlich zu sagen: „Der Teufel, bzw.... der Satan, ist nicht Gegenstand von Exorzismen, sondern der ‚starke‘ Gegenspieler Jesu und Gottes selbst“.[9] Deswegen treibt Jesus nur Dämonen und keine Teufel aus.[10]

1.2 „Teufelsglaube“ in christlicher Überlieferung

Ein flüchtiger Blick in die frühchristliche Rezeptionsgeschichte biblischer Lehre vom Bösen erweckt zunächst den Eindruck schlichter Weiterschreibung. Genaues Hinsehen zeigt jedoch, daß schon der Interpretation des Satansnamens andere Einflüsse zugrunde liegen. Während Ignatius von Antiochien (gest. um 110), Polykarp von Smyrna (gest. 156) und Justin (gest. um 165) sich vornehmlich biblischer Redeweise bedienen,[11] begegnet uns bei anderen frühchristlichen Autoren eine Vielzahl von Vorstellungen unheimlicher Wirkmächte, welche in der Schrift keine Deckung finden.[12]

Grund dazu ist die Auseinandersetzung mit der dualistischen Welterklärung der Manichäer und anderer Gnostiker. Ihnen gegenüber gilt es im 2. Jahrhundert, das biblische Gottesbild und die Universalität des Erlösungswerkes Christi zu wahren. Ihr Dualismus bekennt zwei gleichursprüngliche und endgültige Wesen, Mächte und Sphären als Prinzipien des Guten und des Bösen. Ihm halten die christlichen Theologen die biblische Schöpfungslehre entgegen, nach der allein der gute Gott Urheber von allem ist, alles unumschränkt beherrscht und auch die Geschicke von Welt und Menschen lenkt. Menschen, die in verantwortlicher Stellung urteilen, ja sogar strafen müssen, dürfen das nur stellvertretend für Gott tun, weil er allein alles weiß und ihm allein endgültiges Urteil zusteht.

Gott ist nicht nur Herr über allem und über alles, er ist auch Herr über alles Böse. Besonders der Gottessohn ist gekommen, um die Macht des Bösen zu brechen. Der führende Theologe des 2. Jahrhunderts, Irenäus von Lyon (gest. 202), faßt das Teufelsverständnis programmatisch zusammen: Der abtrünnige Engel „überredete im Anfang den Menschen, das Gebot des Schöpfers zu übertreten, und so hatte er ihn in seiner Gewalt. Seine Gewalt aber ist die Übertretung und der Abfall; und dadurch bannt er den Menschen. Darum mußte er umgekehrt gerade durch den Menschen besiegt und mit den gleichen Banden gefesselt werden, durch die er den Menschen gefesselt hatte, damit der Mensch, losgelöst, zu seinem Herrn zurückkehre und dem, durch den er gebunden war, die Fesseln überlasse, d.h. die Übertretung. Seine Fesselung ist die Befreiung des Menschen geworden, denn niemand kann in das Haus des Starken einschleichen und seine Gefäße plündern, wenn er nicht zuerst den Starken selbst gebunden hat".[13] Unser Sieg ist also der Glaube an den Stärkeren, der den Feind des Menschen und Gegenspieler Gottes (Antitheos) unterwirft. Wer Jesus nachfolgt, siegt mit ihm im Kampf gegen das Böse. Dieser bedeutende Repräsentant frühchristlicher Theologie erhebt das Motiv von der Überwindung Satans durch Christus zu einem Wesensbestandteil christlicher Erlösungslehre, welches später durch Aufgreifen von anthropomorphen Zügen und dämonologischen Vorstellungen aus der jüdischen, griechisch-römischen und chaldäischen Umwelt phantasievoll ausgebaut und ausgeschmückt wird. Schon Athanasius von Alexandrien (gest. 373) feiert die Erhöhung Christi als triumphalen Sieg über die Dämonen in ihren jeweiligen stellaren Bereichen[14] und kommentiert die Niederlage Satans mit viel Spott.[15]

Gregor von Nyssa (gest. 394) zögert nicht, in den Kampf Christi gegen den Satan die Ringkämpfertaktik, einschließlich Betrug und Täuschung des Gegners, einzuführen.[16]

Natürlich ist in einer so geprägten Erlösungslehre der Teufel sogar Anlaß und Ursache für Menschwerdung und Kreuz Christi, weil Sünde und Tod durch seine Machenschaft in die Welt gekommen sind. Sie hält sich oft an das Prinzip: Je phantastischer die Schilderung der Unheilsmacht Satans, um so großartiger erscheint der Triumph Christi.

Wie in der Schrift, so spielt auch bei den Vätern die Frage nach der Herkunft des Bösen eine eher untergeordnete Rolle. Origenes (gest. 254) sieht sie zunächst im freien Willen und der Sündhaftigkeit des Menschen, meint jedoch, daß zur Erkenntnis des Ursprungs des Bösen auch sorgfältige Überlegungen über die Dämonen anzustellen sind.[17]

Der Rückgriff auf die Dämonologie der zeitgenössischen Umwelt ermöglicht eine plausible Antwort auf die Frage nach dem Bösen. Mit ihrer Hilfe ist es möglich, den Dualismus zu meiden, nicht zuletzt weil man auch in Teufel und Dämonen ursprünglich gute Geschöpfe, nämlich Engel, erblickt, die sich in freier Entscheidung gegen Gott wenden und so böse werden.[18] Das Wesen der Sünde Satans ist mal sein Hochmut,[19] mal seine schlechte Verwaltung der Schöpfung oder seine Eifersucht auf den gottebenbildlichen Menschen.[20] Sogar der geschlechtliche Umgang der Engel mit Frauen wird im antiken Volksglauben und bei Augustin (gest. 430) Motiv des Abfalls von Gott.[21] Die gefallenen Engel seien „brennend von Begier zu Schaden, aller Gerechtigkeit bar, von Hochmut aufgeblasen, blaß vor Neid, in Ränken geübt, in der Luft zwar hausend, weil sie wegen einer nicht mehr gutzumachenden Übertretung aus der Herrlichkeit des oberen Himmels herabgestürzt und vorerst zu diesem Aufenthalt wie zu dem für sie geeigneten Kerker verurteilt sind, ohne jedoch deshalb, weil die Luft über Wasser und Land ihre Stätte ist, an Wert den Menschen überlegen zu sein, die vielmehr sie weit überragen, nicht dem erdhaften Leibe nach, wohl aber an frommer Gesinnung, sofern sie den wahren Gott zu ihrem Beistand wählen.“[22]

Aufgrund der dämonologischen Vorstellungen der Umwelt des frühen Christentums gelingt es relativ leicht, den Polytheismus und so die Widergöttlichkeit des heidnischen Götzendienstes umzufunktionieren, ohne die dämonische Macht der Götter gänzlich auszuschließen. Dabei gewinnt die Gestalt Satans zusehends Profil und leibhaftige Strahlungskraft. Erst diese individuelle „Profilierung“ des Teufels läßt die Frage nach seiner „Personalität“ aufkommen, ohne freilich den späteren philosophischen Begriff (individuelle Substanz in geistiger Natur) im Blickfeld zu haben: „Sei es, daß der Teufel sich in unserem Bruder, in einem treuen Freund, in unserer Frau oder in sonst einem von denen verbirgt, die uns besonders nahestehen; sobald er etwas vorbringt, was sich nicht gehört, dürfen wir solche Einflüsterungen nicht um der Person willen, von der sie kommt, annehmen, wir müssen im Gegenteil die Person wegen des verderblichen Rates von uns weisen, den sie uns gegeben hat. Auch jetzt macht es ja der Teufel so; er setzt die Maske des Mitleids auf und gibt sich den Anschein wohlwollender Teilnahme, während er uns verderbliche Ratschläge einflüstert, die schädlicher wirken als Gift“.[23]

Als Art der Beeinflussung des Menschen stellt man sich recht hinterhältige Fallstricke und Machenschaften der bösen Geister vor. Die Dämonen seien mit besonderen Fähigkeiten und Kräften ausgestattet, mit denen sie auf Menschen und Umwelt einwirken können. Es begegnet die Überzeugung, daß der Teufel jedes Unglück verursache und sogar direkt in den Menschen eindringe. Origenes behauptet, „daß die Dämonen an Hungersnöten, Unfruchtbarkeit des Weinstocks und der Obstbäume, Dürre und Verpestung der Luft schuld sind, welche die Früchte schädigt und bisweilen auch das Hinsterben von Tieren, und die den Menschen verderbliche Seuche veranlaßt."[24] Der Mensch könne zwar wegen der Anwesenheit auch der guten Geister den bösen widerstehen und brauche nicht einmal vor dem Satan selbst Furcht zu haben, aber immun gegenüber Besessenheit sei er keineswegs.[25]

Der heidnischen Antike entstammt die über das Neue Testament dem Christentum überlieferte Vorstellung von Besessenheit als Zustand eines Menschen, der von einer anderen Macht völlig in Besitz genommen, ja krank wird und so in seinem Handeln bestimmt ist. Obwohl man zu seiner Zeit z.B. für das Phänomen der Mondsüchtigkeit auch eine medizinische Erklärung kennt, betont Origenes: „Ärzte mögen immerhin eine natürliche Erklärung (der Krankheit) versuchen, da nach ihrer Überzeugung hier kein unreiner Geist im Spiel ist, sondern eine Krankheitserscheinung des Körpers vorliegt. In ihrer natürlichen Erklärungsweise mögen sie behaupten, das Feuchte bewege sich im Kopf nach einer gewissen Sympathie mit dem Licht des Mondes, das selbst eine feuchte Natur habe. Wir aber glauben dem Evangelium auch darin, daß diese Krankheit in den damit Behafteten offenkundig von einem unreinen, stummen und tauben Geist gewirkt ist."[26]

Spätestens im Frühmittelalter taucht die Überzeugung auf, daß der Teufel samt seines Anhangs in alle Bereiche menschlichen Lebens eingreift. Vor allem die Geschlechtlichkeit ist Beweis, wie sehr Frau und Mann dem Satan ausgeliefert sind, weil er sich ihnen unbemerkt als „Beischläfer" nähert. Selbst Thomas v. Aquin kennt noch das Herkunftsproblem in solchem Beischlaf Gezeugter: „Wenn jedoch gelegentlich aus dem Beischlaf böser Geister einige geboren werden, so stammt das nicht aus dem von ihnen oder von den angenommenen Leibern ausgeschiedenen Samen, sondern aus dem zu diesem Zweck erhaltenen Samen irgendeines Menschen; und zwar so, daß der böse Geist beim Manne als Beischläferin (succubus), bei der Frau als Beischläfer (incubus) tätig ist. In ähnlicher Weise nehmen sie auch die Samen anderer Dinge zur Erzeugung mancher Dinge an, wie Augustin (De Trin 3,8.9) sagt. Der so Geborene ist dann nicht ein Sohn des bösen Geistes, sondern jenes Menschen, von dem der Samen erhalten wurde."[27]

Die Berufung Thomas v. Aquins auf Augustin beweist den ungeheuren wirkungsgeschichtlichen Einfluß, den die frühchristlichen Vorstellungen bis ins Mittelalter und darüber hinaus haben. Die Erschütterungen der mittelalterlichen Welt durch Kreuzzüge und Seuchen, welche ganze Städte entvölkern, tragen dazu bei, die Macht des Bösen in der Welterklärung über Gebühr hoch zu veranschlagen. Nun aufbrechende apokalyptische, dualistische Strömungen sehen überall den Teufel am Werk. Unter dem Einfluß der augustinischen Gottesstaatslehre teilt der Theologe Hugo von Sankt Viktor (gest. 1141) das Menschengeschlecht in zwei Teile: die „Familie Christi" und die „des Teufels".[28] Hier setzt sich, wie in den meisten Geschichtskonzeptionen der Zeit, das Denken durch, daß die Zeit des Antichristen (vgl. 1 Joh 2,18; 4,3) angebrochen ist, in der der Satan gegen die Herde Christi wüten darf. Politische und kirchliche Wirren werden als erste Erfolge des Antichristen gewertet.[29] Die Gestalt des Antichristen erfaßt die gesamte verängstigte Menschheit und wird zur Schlüsselfigur der mittelalterlichen Geschichtsdeutung. Man identifiziert schließlich auch die Gegner der verunsicherten Christenheit mit dem Bösen schlechthin. Die größte dualistische Sekte des Mittelalters, die Katharer, begreifen sich als die Seelen der mit Luzifer gefallenen Engel, die durch Seelenwanderung in dieser teuflischen Welt Buße tun, um zum Himmel zurückkehren zu können. Nach ihnen schafft Satan, d.h. der atl. „Gott", die Welt und unterjocht gleich bei der Schöpfung die reinen Seelen. Er ist gleich stark wie der gute Gott, der nur im Neuen Testament spricht und in Jesus Christus einen seiner Engel hinabsendet, damit er die gefangenen Menschen über ihre wahre Heimat belehre. Die Passion Christi bewirkt nichts, denn die belehrten Engelseelen erlösen sich selbst durch Eintritt in die Katharersekte und durch völlige Weltenthaltung. Jede Berührung mit der Welt (Ehe, Geschlechtsverkehr, Fleischgenuß, Arbeit, Krieg, Mord usw.) ist sündhaft und jeder Sünder erweist sich als Geschöpf Satans. Nur die Reinen (Katharer) sind des Heiles sicher. Jeder Rückfall ist irreparabel und wird bisweilen sogar durch Selbstmord verhindert. Die katholische Kirche gilt den Katharern stets als satanische Gegenkirche dieser Welt. Ihre Sakramente, Meßopfer, Festtage, Kreuzzeichen, Kirchenbauten, Totengebete, Heiligen- und Reliquienkult werden als nutzlose Verdinglichung, ihre Priester als scheinheilige Sünder verworfen. In ihrem Kampf verwenden sie ebenso wie andere kirchliche Sondergruppen die Teufelsnomenklatur als propagandistisches Kampfmittel gegen die Kirche in Rom und den Papst (als Antichrist). Noch die Reformatoren verwenden zur Beschimpfung des Papstes die Bezeichnung Antichrist. Die Schrift „Wider das Papsttum in Rom vom Teufel gestiftet" (1545) beweist, daß auch Luther den übertriebenen Ansichten der Zeit über Satan und seinem Anhang verhaftet ist.

Ein Beweis für die tiefe Verwurzelung von Teufelslehre, Teufelsmystik, Magie, Besessenheitsepidemie und Hexenwahn ist der berühmte Hexenhammer (Malleus maleficarum), welcher, von Papst Innozenz VIII. (gest. 1492) geradezu anerkannt, die Inquisition mißliebiger Personen einleitet. Gewiß geschehen viele Verirrungen des berüchtigten Hexenwesens nur am Rande der Großkirchen. Es ist jedoch trotz offiziellen Verbots der Todesstrafe bei Hexenprozessen durch Papst Paul V. 1614 nicht zu leugnen, daß der Teufelslehre unter kirchlicher Initiative noch bis ins späte 18. Jahrhundert Tausende von Frauen zum Opfer fallen.

„Teufelsglaube" und Hexenwahn zeitigen eine reiche Ernte auch in Dichtung und bildenden Künsten. Die durchweg phantasievollen Konkretisierungen von Schrecklichkeit, Grausamkeit, manchmal auch Niedlichkeit und Dummheit des Satans inspirierten Dichter, Maler und Bildhauer zu Höchstleistungen. Ein paar Beispiele seien hier erwähnt: Dante Alighieri (gest. 1321) wird im 1. Teil seiner Trilogie „Göttliche Komödie" durch die Hölle geführt, in der nach Auskunft des Vertreters der menschlichen Vernunft, Vergil, nur die sind, welche das Gut des Verstandes verloren haben. Der Teufel erscheint, weil er wie alle Verdammten das Geschenk der Vernunft mißbraucht, als selbstentstelltes und -degradiertes Geschöpf, welches zur Gottebenbildlichkeit bestimmt gewesen wäre. Dieses Teufelsbild mit eher christlichem Hintergrund sieht die Substanz des Bösen noch in Verlust und Perversion von geschaffener Intelligenz, gutem Willen und Liebesfähigkeit. Ganz anders beschreibt J. Milton (gest. 1674) in seinem Hauptwerk „Das verlorene Paradies" den Teufel als prometheische Gestalt, die mit höchster Intelligenz und Bosheit in immerwährender Rebellion lebt. Er flüstert Versuchungen ein und freut sich über seinen Erfolg. So repräsentiert er eher das geschöpfliche Streben nach Autonomie. In J.W. v. Goethes (gest. 1832) „Faust", begegnet ein vollends säkularisierter Satan: „Von Zeit zu Zeit seh ich den Alten gern und hüte mich, mit ihm zu brechen. Es ist gar hübsch von einem großen Herrn, so menschlich mit dem Teufel selbst zu sprechen". Eine geradezu modern anmutende Satanologie, die sich in Satanshymnen und Satansmessen ausdrückt, begegnet in der Satanslitanei des französischen Symbolisten Ch. Baudelaire (gest. 1867): „Du Licht und Zierde aller Engelreigen, verratener Gott, dem keine Hymnen steigen, Satan, meines Elends dich erbarme!"

Schon dieser flüchtige Blick in die 2000jährige Geschichte zeigt, daß die Kirchen gegen die Wucherungen und erschreckenden Früchte des „Teufelglaubens" all zu zögerlich und viel zu selten einschreiten. Offensichtlich fehlen ihnen die Kriterien, um der gängigen Leichtgläubigkeit in „teuflischen Angelegenheiten“ entgegenzutreten. Wie dringend notwendig auch heute noch die Unterscheidung der Geister werden kann, mögen einige Zeilen aus dem Handbuch des Engelwerkes (Opus Angelorum) zeigen, über dessen Rassismus und phantastisch-beängstigende Offenbarungen man nur entsetzt den Kopf schütteln kann. Es gibt Dämonen, die durch „Zigeuner“ hindurchstrahlen, andere, die für „jüdische Viertel“ zuständig sind. Und welcher Christ kann sich noch identifizieren mit Phantastereien, die von Veränderungen der Dinge reden, welche durch Einstrahlungen von Dämonen bewirkt werden: „Empfänglich für dämonische Strahlungen sind: am meisten die grauen, gefleckten und schwarzen Katzen, die gefleckten und schwarzen Hennen, die Schweine und die glatthaarigen Hunde, die Schmeißfliegen, Ratten und Schlangen... Stark und schädlich strahlend wirken durch die schwarze Magie: frisch gerissene Federn von lebenden schwarzen Hennen, Tierhaare, besonders von Kühen, Katzen, Schweinen, Federn von Hahn, Pfau, Krähe, Tierzähne und -klauen, frisches Eingeweide...“.[30]

2. Die kirchliche Lehre vom Bösen

Die Entwicklungen des „Teufelsglaubens“ werden durch offizielle lehramtliche Entscheidungen kaum einmal behindert. Das reiche Material aus der christlichen Geschichte enthält zahlreiche Beispiele eines ebenso krassen Rückfalles in gänzlich unchristlichen Teufelsglauben wie er im Hauptteil dieses Buches geschildert wird. Eine ernsthafte Besinnung auf die verbindliche Lehre kann daran nicht achtlos vorbeigehen.[31] Die Angst vor dem Teufel, der auch heute noch „umhergeht wie ein brüllender Löwe und sucht, wen er verschlingen könne“ (1 Petr 5,8), scheint den Glauben an das Erlösungswerk Jesu Christi und das Vertrauen auf sein Eintreten für seine Gemeinde in der Welt weitgehend beeinträchtigt zu haben. Die frühchristliche Unsicherheit in der Einschätzung der Bedeutung der Menschwerdung Christi für die Zeit bis zu seinem zweiten Kommen zeigt sich bis in die Gegenwart. Den Glaubenden ist gewiß kein Dasein ohne Leid und Versuchung verheißen. Aber selbst wenn Leiden und Versuchung diabolische Züge annehmen, ist die Existenz der Christen letztlich nicht durch sie bestimmt. Der Glaube gibt der Gemeinde Christi die Möglichkeit, Leid und Versuchung zu bestehen und damit auch die Angst vor der Macht des Bösen zu besiegen.

Die Einsicht, daß Angst unfrei macht, betrifft auch das Verhalten der Christen dem Bösen gegenüber. Viele der geschilderten Erscheinungsbilder des „Teufelglaubens“ lassen sich als Angstprojektionen durchschauen; christlich gesprochen sind sie Ausdruck mangelnden Glaubens und Gottvertrauens. Eigentlich sollte jede christliche Mahnrede, also auch die Warnung vor den Anfechtungen des Teufels, nichts anderes wollen als die liebende Nähe Gottes in Jesus Christus zuzusprechen.

2.1 Lehramtliche Entscheidungen

Der seltene Einspruch von seiten der Kirche gegen den „Teufelsglauben“ betrifft eigentlich nur den immer wieder aufbrechenden Dualismus. Dies gilt schon für die Verurteilung der gnostisch-manichäischen Priscillianer auf den Synoden von Toledo (400/DH 188) und Braga (574/DH 451-464). Diese Lokalsynoden bekennen den dreifaltigen Gott als einzige Quelle der gesamten Schöpfung. Der Teufel sei weder als „Urheber seiner selbst“ unerschaffen einem anfänglichen „Chaos und der Finsternis“ entstiegen noch sei er „Prinzip“ und „Substanz“ des Bösen, sondern ein ursprünglich guter Engel. Der Teufel sei genauso wenig selbst „Schöpfer“ wie menschliche Zeugung und Ehe zu „verabscheuen“ seien. Weil weder der Mensch selbst noch irgendwelche Fleischspeisen Machwerk des Teufels oder böswilliger Engel (Dämonen) sind, ist Fleisch zu menschlichem Gebrauch zugelassen. Das lehramtliche Pochen auf den Glauben, daß Satan anfänglich ein gut geschaffener Engel war und durch eigenen freien Widerspruch zum „Gegen-Gott“ wird, ist Hauptanliegen dieser synodalen Welterklärung.

In dieser Linie vertritt auch das IV. Laterankonzil (1215/DH 800-802) gegen Albigenser und Katharer die Lehre, daß Teufel und Dämonen „von Gott ihrer Natur nach gut geschaffen… selbst durch sich böse“ wurden und der Mensch „aufgrund der Eingebung des Teufels“ sündigte. Wieder wird der kirchliche Glaube an nur einen, wahren, unbegreiflichen, allmächtigen und unaussprechlichen Gott in drei Personen bekannt. Diese lehramtlichen Sätze müssen streng von der Absicht her, die dualistischen Irrlehren von Priscillianisten und Katharern zurückzuweisen, erklärt werden. Sie verfolgen einen doppelten Zweck: (a) Alles Außergöttliche existiert aufgrund der guten Schöpfertat des einen und dreifaltigen Gottes. Weil nichts von anderer Ursache herstammen kann, ist alles, was ist, gut erschaffen, denn Gott kann nichts Böses tun. (b) Alles Sündhafte und alles Böse in der Welt ist auf freies geschöpfliches Versagen zurückzuführen. Es ist bis heute umstritten, ob dieses Konzil die Existenz von Teufel und Dämonen positiv definiert oder ob die diesbezügliche Aussage nur hypothetisch zu verstehen ist, weil sie den dem damaligen Weltbild entnommenen Hintergrund abgibt. Dann wäre die Interview-Aussage der ehemaligen Satanspriesterin Ulla von Bernus: „Das Dogma der katholischen Kirche, daß es einen Satan gibt…", wenigstens in diesem Sinne abzuschwächen. Verbindliche kirchliche Lehre wäre bloß: Wenn es Dämonen und Teufel gibt, dann sind sie ursprünglich gut erschaffen und erst durch ihre eigene Freiheit böse geworden.[32]

Die in den genannten Synoden seit dem 4. Jahrhundert erkennbare Lehrtradition setzt sich in den Konzilien von Florenz[33], Trient[34] zum Zweiten Vatikanischen Konzil[35] fort und findet auch in Äußerungen der Vatikanischen Glaubenskongregation (früher: Hl. Offiz) Bestärkung.[36]

Erst nach unverständlich langem Zögern verurteilt und verbietet die Glaubenskongregation (1992) das oben zitierte Handbuch des Engelwerkes: „Die Theorien aus den von Gabriele Bitterlich vorgeblich empfangenen Offenbarungen über die Welt der Engel, ihre persönlichen Namen, ihre Gruppen und Aufgaben, dürfen weder gelehrt noch in irgendeiner Weise, explizit oder implizit, verwendet werden in der Organisation und in der Durchführungsstruktur (‚Baugerüst') des Opus Angelorum, wie auch im Kult, in den Gebeten, in der geistlichen Formung, in der öffentlichen wie privaten Spiritualität, im Amt oder Apostolat. Dasselbe gilt für jedes andere Institut oder jede andere Vereinigung, die von der Kirche anerkannt sind... Die Exorzismen dürfen ausschließlich nach den Vorschriften und der Disziplin der Kirche und unter Verwendung der von ihr gutgeheißenen Formeln vorgenommen werden..."[37] Der neue Weltkatechismus[38] bewegt sich im allgemeinen in der traditionellen Vorstellungswelt des ordentlichen Lehramtes, bemüht sich jedoch nur wenig, mit differenzierterer Sprache der heutigen Problematik solcher Aussagen gerecht zu werden, wenn er auch betont, daß das von Gott Zugelassene für „jeden Menschen und jede Gesellschaft" „schlimme geistige und mittelbar selbst physische Schäden" zeitigende Tun des Satans „ein großes Geheimnis" ist und „daß Gott bei denen, die ihn lieben, alles zum Guten führt (Röm 8,28)".[39]

Das schon im Jahre 1975 im Auftrag der Römischen Glaubenskongregation erarbeitete Studiendokument „Christlicher Glaube und Dämonologie"[40] geht mit der lehramtlichen Tradition qualifizierter um: „Die Existenz des Satans und der Dämonen ist… im Lauf der Jahrhunderte nicht ausdrücklich Gegenstand einer lehramtlichen Aussage geworden. Der Grund dafür ist, daß die Frage nie in dieser Form gestellt wurde".[41] Dennoch ist die Existenz dieser bösen Geister „der konstante Glaube der Kirche" und hat darum als „eine dogmatische Tatsache"[42] zu gelten. „Auch wenn sie nicht im engen modernen Sinn des Wortes ein unfehlbares Dogma ist, stellt sie doch eine verbindliche Lehraussage der Kirche dar. Aber nicht nur die formale Verbindlichkeit, auch der materiale Gehalt dieser Lehre ist nicht ganz leicht zu bestimmen. Das kirchliche Lehramt hält zwar mit Nachdruck daran fest, daß dem Bösen eine Wirklichkeit an sich zukommt und daß diese Wirklichkeit mit personalen Kategorien beschrieben werden muß. Das kirchliche Lehramt äußert sich jedoch nicht, in welchem Sinn hier von Personalität die Rede ist."[43] Die Klärung dieser schwierigen Frage nach dem tiefsten Wesen des Bösen überläßt es der Theologie. Ihr gelten die nun folgenden, etwas anstrengenderen Ausführungen.

2.2 Das (Un-)Wesen des Bösen

Bei der Bestimmung des Wesens, besser: Unwesens des Bösen ist unbedingt mit Vorsicht umzugehen. Weder philosophisch noch theologisch handelt es sich um eine Art gegenständlichen Wissens. Die Theologie erkennt und betont, daß es sich beim Bösen um den äußersten Rand der zentralen christlichen Glaubensaussagen vom Heil handelt. Diese Randaussagen sind niemals adäquat in sich zu artikulieren, sondern können nur im Gesamtzusammenhang in den Blick genommen werden. Die „Anstrengung des Begriffs", die auch hier versucht wird, führt nicht zu griffigen Definitionen, sondern bestenfalls zu begrifflichen Umschreibungen der biblischen Symbolsprache. Wirklichkeit und Symbol sind ja keine Gegensätze. Ein Symbol erschließt vielmehr Wirklichkeitsdimensionen, die anders schwer faßbar sind. Letztlich bleibt das Böse auch für die Theologie jenes undurchdringliche Geheimnis, welches die Schrift Mysterium iniquitatis bezeichnet (vgl. Phil 2,10; Eph 1,21; Kol 1,13.16; u.ö.).

Von daher gesehen ist es zwar unverzichtbar, daß wir über das Böse mit „personalen" Aussagen reden, wir dürfen aber keineswegs personale Bestimmungen zum Ausgangspunkt der Wesensbestimmung des Bösen machen. Vielmehr ist umgekehrt vorzugehen. Ausgangspunkt unserer Wesensbestimmung des Bösen ist die Mitte der christlichen Botschaft: Sie besagt, daß Gott der unheilen Welt in Jesus Christus ein für allemal sein erlösendes Heil zuwendet. Durch diese Zuwendung erweisen sich die bösen Mächte und Gewalten, wie die Hl. Schrift betont, als nichtig. Die eigentliche Wesensbestimmung des Bösen wird am deutlichsten offenbar, wo die Hl. Schrift die Dämonen und die Teufel als „Nichtse“ bezeichnet (Ps 96,5; 1 Chr 16,26 u.ö.). Im Sinne der Schrift ist also die Wirklichkeit des Bösen eigentlich das vor Gott Nichtige. Nur in der nichtigen Beziehung zu Gott zeigt sich das Wesen des Bösen. Das Böse ist die Verkehrung (Perversion) der ursprünglich guten Beziehung des Geschöpfes zu Gott. Böse ist jenes mit Freiheit begabte Geschöpf Gottes, das sein Geschöpfsein nicht anerkennt und selbst sein will wie Gott. Indem es den Sinn seines Seins nicht von Gott her, von dem es kommt, sucht, kann es ihn nicht mehr in Gott, sondern nur im Nichts – weil ohne Gott nichts ist – finden und damit selbst nichtig werden. Das Böse ist somit nichtig, aber nicht nichts. Von dieser theologischen Grundeinstellung her läßt sich ein Dreifaches über das Wesen des Bösen sagen: (a) Das Böse entspringt der freien Abwendung von Gott. Es stellt das Nein zu Gott dar, welches sich im freien Nein zum göttlichen Ursprung und seinem Heilsangebot in Jesus Christus und somit in der Sünde konkretisiert. (b) Das Nein zu Gott und seinem Heil in Jesus Christus führt zum Verlust der angebotenen Gnade und damit zu gnadenlosem Dasein. Der frei Nein-Sagende baut auf das Nichts außerhalb Gottes, stürzt aber dabei in die eigene Nichtigkeit, welche sich als höllische „Verdammung“ erweist. „Das geschöpfliche Nein zu Gott hat Gottes Nein, das Gericht und den Zorn Gottes zur Folge. Die Wirklichkeit des Bösen ist also das durch Gott gerichtete Nichts, die endliche Freiheit unter dem selbstgewählten Nein des Gerichtes Gottes.“[44] (c) Wenn die Wesensbestimmung des Bösen das freie Nein zu Gott ist, dann ist es die Verkehrung und Perversion seiner selbst. Wenn nämlich das Geschöpf Gott sein will, verkehrt es sein Sein, welches ihm als Sein von Gott her und auf Gott hin gegeben ist, in ein Sein gegen Gott und ohne Gott. „Das Böse ist deshalb das in sich Widersprüchliche, Perverse,... total Entfremdete, Absurde..., das Destruktive und Chaotische.“[45] Weil das Böse sein Nein zu Gott zur Grundlage des eigenen Seins macht, bezeichnet die Schrift den Teufel als „Vater der Lüge“, als Verzerrung und Verwirrung in „Person“. So wird der Teufel zur unheimlichen Macht des Chaos in dem von Gott geschaffenen Kosmos (= Ordnung).

Diese drei Charakteristiken des Bösen können nur von einem Wesen gelten, das mit Erkenntnis und freiem Willen begabt ist. Erkenntnis und Freiheit gehören aber zum Wesen dessen, das wir allgemein als Person bezeichnen. „Die Person zeichnet sich ja vor anderen Seienden dadurch aus, daß ihr das Sein in Bewußtsein und Freiheit überantwortet ist. Allein die Person kann deshalb den Sinn ihres Seins realisieren oder pervertieren. Versteht man den Personbegriff in diesem formalen, inhaltlich nicht näher gefüllten Sinn, dann kommt man nicht umhin, die bösen Mächte und Gewalten als personal strukturierte Wesen zu charakterisieren, d.h. sie als Wesen von Intelligenz und willensmäßiger Durchsetzungskraft zu bestimmen."[46] Dabei ist aber bewußt zu halten, „daß ein solcher formaler Personbegriff gegenüber seinem inhaltlich bestimmten Gebrauch im menschlichen Bereich auf die Engel wie auf die Dämonen nur in sehr analoger Weise Anwendung finden kann. Der Teufel ist keine personale Gestalt, sondern eine sich ins Anonyme und Antlitzlose auflösende Ungestalt, ein Wesen, das sich ins Unwesen pervertiert; er ist Person in der Weise der Unperson. Er ist nicht eindeutig auszumachen, sondern seinem Wesen nach zwiespältig. Man kann und darf sich deshalb vom Teufel keine konkrete Vorstellung machen. Jede konkrete Vorstellung setzt ja eine klare Unterscheidung voraus, der sich der Teufel aber gerade entzieht. Er ist deshalb personal im Modus des Zerfalls und der Auflösung des Personalen... Er steht unter dem Fluch und dem Schicksal seiner eigenen Tat, das bedeutet: Er ist nicht nur ein Er, sondern auch ein Es. Ja, er ist der Inbegriff der destruktiven Es-Mächte, des Negativen und Chaotischen in der Welt. Nicht umsonst spricht die Schrift von bösen ‚Mächten und Gewalten'. Sie deutet damit an, daß die Wirklichkeit des Bösen sowohl eine ichhafte personalstrukturierte Macht wie eine eshafte Macht ist, die sich in anonymen Systemen und Prozessen wie in apersonalen Strukturen äußert."[47]

Wir sehen, daß es letztlich nicht gelingen möchte, das Böse auf einen einzigen Begriff zu bringen. Bei Aussagen über es geht es nie um Gegenständliches, sondern immer um Randaussagen der zentralen christlichen Botschaft vom Heil Gottes, welches uns und unserer Welt in Jesus Christus ein für allemal geschenkt ist. Dadurch sind die Mächte des Bösen endgültig besiegt, dem Spott und der Schande preisgegeben. Letztlich sind der Teufel und böse Geister lächerliche Figuren. Von ihnen spricht die biblische Dämonologie eigentlich nur, weil sie zur Begründung der Freiheit im Glauben gebraucht werden. Sie sind Hilfsfiguren, Abziehbilder! Der Christ ist ihnen gegenüber aber zu nichts mehr verpflichtet. Er ist frei von allem kosmischen Götzendienst, frei von der Beobachtung kosmisch begründeter Verbote und Gebote, frei von allen möglichen Tabuvorstellungen, frei von Angst vor dem Grauenhaften in der Welt. Diese kritisch-befreiende Funktion der christlichen Dämonenlehre ist, wie unsere Ausführungen zeigen wollen, in der christlichen Geschichte leider sehr oft in ihr glattes Gegenteil verkehrt worden. Deswegen schon ist sie heute um so deutlicher herauszustellen.

Abschließend ist zu betonen: Wenn christliche Verkündigung und Theologie sich auch noch am Ende des 2. Jahrtausends genötigt sehen, an der Rede von Satan und seinem Anhang festzuhalten, dann hauptsächlich auch aus dem Grund, daß im modernen Satanismus die alte dualistische Lehre in neuer Form wieder auftaucht. Satan wird als (wider-)„göttliches" und zerstörerisches böses Weltprinzip verehrt und gefürchtet. Ihm sind (Menschen-)Opfer darzubringen; für ihn muß „getötet" werden. Alle bekannten Fratzen des Bösen, seine Abgründe der Bosheit und Niederträchtigkeit bekommen neue Aktualität; Menschen werden zutiefst eingeschüchtert und verängstigt. Dagegen hält die christliche Lehre die befreiende Freudenbotschaft, daß die böse Macht Satans und seines Anhangs über die Menschen und die Welt gebrochen ist. Satan ist durch Jesus Christus besiegt, seine Bedrohung kann das Heil der erlösten Menschheit und Welt nicht mehr endgültig zunichte machen. Am Ende wird „Gott alles in allem sein".

Anmerkungen

1 Unbewiesenen Behauptungen zufolge sind seit den 50er Jahren etwa 400 000 Menschen (meist entführte Kinder) rituell geopfert worden. Eine überhöhte Horrorzahl? Vgl. T. Peters, Satanism. Bunk or Blasphemy? in: Theology Today 51 (1994) 381-393, hier 386; K. Lanning, Satanic, Occult, Ritualistic Crime. A Law Enforcement Perspective, in: The Police Chief 15 (1989) 62-83.

2 Aus anderen Gründen gönnt K. Barth dem „Bereich" der „Teufel und Dämonen" in seinem großen theologischen Werk nur einen „kurzen Blick", „weil es sich um eine wüste Sache handelt, um die man zwar als Christ und Theologe wissen muß, in die man sich aber beileibe nicht vertiefen, über die man sich also …auch nicht verbreitern soll." K. Barth, Kirchliche Dogmatik, Bd III/3, Zürich 1950, 608.

3 Vgl. K. Kertelge, Teufel, Dämonen, Exorzismen in biblischer Sicht, Mainz 1978, 9-39. Ob H. Haag die Hl. Schrift richtig interpretiert ist fraglich: „Aber der Teufel ist für die Erklärung des Bösen in der Welt nicht nur unbrauchbar, er ist auch unnötig." (H. Haag, Teufelsglaube, Tübingen 21980, 504).

4 H. Schlier erkennt in den gottwidrigen „Mächten und Gewalten" die Entfaltung der „einen satanischen Macht". Vgl. ders., Mächte und Gewalten im NT (QD 3) Freiburg 21959, 63.

5 Nur in jüd. Schriften begegnet vereinzelt die Mehrzahl (aeth. Henoch 40,7; Midrasch DtR 11,207c: „Sammael, der Bösewicht, ist Haupt aller Satane").

6 Satan kommt im AT 18mal vor, während Weish 2,24 die einzige atl. Teufel-Stelle ist, der im NT 34mal genannt wird; „Satan" kommt 36mal vor.

7 Vgl. J. Gnilka, Der Epheserbrief (HThK 10,2), Freiburg 1971, 95.

8 Die griech. Worte daimon bzw. daimonion kommen im NT 64mal vor. 30mal werden auch „böse“ und „unreine Geister“ genannt.
9 K. Kertelge, a.a.O. 11.
10 Eine Ausnahme bildet Mk 2,23, wo Jesus jedoch in der Diskussion um Dämonen-austreibungen mit dem gegnerischen Vorwurf auch dessen Redeweise aufgreift: „Da... sprach er in Gleichnissen zu ihnen: wie kann ein Satan den anderen aus-treiben“.
11 Ignatius v. Antiochien, Epheserbrief, 10,3 („Gewächs des Teufels“); ders., Römerbrief, 5,3 („Böse Plagen des Teufels“); Polykarp, Philipperbrief, 7,1 (Wer das Zeugnis des Kreuzes nicht annimmt, ist vom Teufel). Justin, Dialog mit Tryphon, 103,5: „Der Logos bezeichnet den Teufel als Löwen, der wider ihn brüllt… der von Mose Schlange genannt wird (Gen 3,1.2) und bei Ijob (1,2) und Sach (3,1.2.) Teufel heißt und von Jesus Satanas angeredet worden ist (Mt 4,10) – ein zusammengesetztes Wort, mit welchem der Teufel, wie Jesus zu erkennen gibt, wegen seines Verhaltens benannt wurde; denn sata heißt… Abtrünniger, und das Wort nas wird mit Schlange übersetzt“.
12 Vgl. F.J. Dölger, Sonne der Gerechtigkeit und der Schwarze. Eine religionsgeschichtliche Studie zum Taufgelöbnis (Liturgische Forschungen, 2), Münster 1918.
13 Irenäus, Gegen die Häresien, V 21,3.
14 Vgl. Athanasius, Oratio de incarnatione Verbi 25,5.6.
15 Vgl. ebd. 27,3: „So ohnmächtig ist er geworden, daß selbst das von ihm zuvor getäuschte Geschlecht der Frauen seiner wie eines Toten und Verblichenen spottet“.
16 Gregor v. Nyssa, Oratio catechetica magna 24,4.
17 Vgl. Origenes, Gegen Celsus IV,66 und ebd. 65.
18 Vgl. ders., Über die Hauptlehren 1,8,3.
19 Vgl. ebd. 1,5,5.
20 Vgl. Irenäus, Gegen die Häresien 3,23,8 u.ö.
21 Vgl. Augustin, Gottesstaat XV,23. Augustin ringt mit der Frage nach der Herkunft des Bösen: „Dann aber fragte ich mich wieder: ‚Wer hat mich erschaffen? War’s nicht mein Gott, der nicht bloß gut, sondern das Gut schlechthin ist? Also woher dies in mir: Bös wollen und Gut nicht wollen?… Wer hat’s in mich hineingetan und diese Pflanzung der Bitternis in mir angelegt, wenn ich doch ganz von meinem ohne-gleichen liebsamen Gott erschaffen bin? Hat’s der Teufel getan, – woher kommt der Teufel? Und wenn auch er durch Verkehrung des Willens aus einem guten Engel der Teufel geworden ist, woher dann bei ihm der böse Wille, der ihn zum Teufel

machen sollte, wenn er doch als vollkommener Engel vom allguten Schöpfer erschaffen wurde?' Solche Gedanken drückten mich immer wieder und wollten mich ersticken." (Augustin, Bekenntnisse VII 3,5).

22 ebd. XIII,22.

23 Johannes Chrysostomus (gest. 407), Homilie zu Mt 13,5.

24 Origenes, Gegen Celcus VIII,31.

25 Vgl. Pastor des Hermas, mandatum VII,2.

26 Origenes, Homilie zu Mt 13,6.

27 Thomas von Aquin, STh I 51,3,6; vgl. auch Augustinus, Gottesstaat 16,29.

28 Hugo v. St. Viktor, De sacramentis I 8,11.

29 Vgl. G. v. Reichersberg (gest. 1169), De investigationae antichristi, 3 Bde, 1162.

30 Weitere Informationen zum Engelwerk: H.v. Soden-Fraunhofen, Das Engelwerk – eine Untergrundbewegung in der Kirche in: Beinert, W., „Katholischer Fundamentalismus". Häretische Gruppen in der Kirche? Regensburg 1991, 127-147; H. Boberski, Das Engelwerk. Ein Geheimbund in der kath. Kirche? Salzburg 1990.

31 Bedauerlicherweise präsentieren auch Theologen die traditionelle Lehre gelegentlich mit erschreckender Naivität. Vgl. N. Corté, Unser Widersacher der Teufel (Der Christ in der Welt, Bd V/5), Aschaffenburg 1957; E. v. Petersdorff, Dämonologie, 2 Bde, München 1956/7; ders. Dämonen, Hexen, Spiritisten. Mächte der Finsternis einst und jetzt. Eine Dämonologie aller Zeiten, Wiesbaden 1960; G. Siegmund, Die Teufelsbeschwörung im Brennpunkt weltanschaulichen Kampfes, Leutersdorf 1982.

32 Vgl. Ch. Meyer, Die lehramtlichen Verlautbarungen über Engel und Teufel, in: Concilium 11 (1975) 184-188; W. Kasper, Die Lehre der Kirche vom Bösen, Düsseldorf 1979, 77.

33 1442/DH 1330-1353.

34 1546/DH 1510-1516.

35 1963/DH 4006; 1964/DH 4105.4141.4168; 1965/DH 4313.4334.4337; 1965: Dekret über die Missionstätigkeit der Kirche Art. 3,9,14.

36 1682/DH 2192; 1687/DH 2242.2243-45.2251.

37 in: Anzeiger für die Seelsorge 102 (2,93) 72.

38 Katechismus der Katholischen Kirche, München 1993. Vgl. vor allem die Nummern 391, 395, 2849, 2851, 2852.

39 ebd. Nr. 395.

40 Deutsch: Trier 1977.

41 ebd. 109.

42 ebd. 111.

43 W. Kasper, a.a.O. 78. In solchem Licht sind auch die Ausführungen Papst Pauls VI., die er am 15.11.1972 bei einer Generalaudienz vortrug, zu sehen: „Was braucht die Kirche heute am dringendsten? Unsere Antwort soll euch nicht erstaunen, nicht einfältig oder geradezu abergläubisch und unrealistisch vorkommen: eines der größten Bedürfnisse der Kirche ist die Abwehr jenes Bösen, den wir den Teufel nennen... Und die Sünde gibt ihrerseits einem dunklen feindlichen Täter, dem Teufel, Gelegenheit zu wirksamem Eingreifen in uns und unsere Welt. Das Böse ist nicht mehr nur ein Mangel, sondern es ist eine wirkende Macht, ein lebendiges geistliches Wesen, verderbt und verderbend, eine schreckliche Realität, geheimnisvoll und beängstigend. Wer die Existenz dieser Realität bestreitet, stellt sich außerhalb der biblischen und kirchlichen Lehre, desgleichen, wer daraus ein eigenständiges Prinzip macht, das nicht wie alles Geschaffene seinen Ursprung aus Gott nimmt; oder auch, wer es zu einer Pseudowirklichkeit erklärt, es für eine erfundene, phantastische Personifikation der unbekannten Ursachen unseres Unheils hält. Das Problem des Bösen, seinem ganzen Umfang nach und in seiner Absurdität auf dem Hintergrund unserer einseitigen Rationalität gesehen, bringt uns in Verwirrung... Nicht ohne Grund hat der hl. Augustinus sich jahrelang damit abgequält: ‚Ich fragte, woher das Böse käme, und ich fand keine Erklärung.' ...Die Tatsache dieser unheilvollen Anwesenheit des Teufels wird an vielen Stellen des Neuen Testamentes erwähnt... Wir wissen also, daß es dieses dunkle, Verwirrung stiftende Wesen tatsächlich gibt und daß es noch immer mit mörderischer Schlauheit am Werk ist. Er ist der verborgene Feind, der Verwirrung und Unglück in der Menschengeschichte sät." (Das unsichtbare Böse abwehren, das wir eben Teufel nennen, in: L'Osservatore Romano, dt. Ausgabe vom 24.11.1972, Nr. 47, S. 1f).

44 W. Kasper, Das theologische Problem des Bösen, in: ders. und K. Lehmann, Hg., Teufel, Dämonen, Besessenheit, 62.

45 ebd.

46 ebd. 63.

47 ebd. 63f.

B. Was Eltern tun können...

1. ...bei sexuellem/rituellem Mißbrauch

Kleinkinder und Kinder bis zu zwölf Jahren sind noch nicht in der Lage, ihre Erlebnisse klar zu artikulieren. Sie äußern sich auf kindlich-naive Weise beziehungsweise in bildlichen Ausdrucksformen. Auch hinterlassen sexueller und ritueller Mißbrauch selten sichtbare Spuren, wodurch sich die Zweifel des Opfers an der eigenen Wahrnehmung, am Selbsterlebten, verstärken. Die Kontaktpersonen haben nur selten ein Gespür für die Problematik; das betroffene Kind bleibt allein.

Häufig hingegen fallen Störungen im Sozialverhalten der Kinder auf. Dazu folgende Aufstellung, die sich an die internationale Klassifikation „ICD 9“ des multiaxialen Klassifikationsschemas für psychiatrische Erkrankungen im Kindes- und Jugendalter anlehnt; die Aufzählung soll keinen „Beweis“ erbringen, sondern vermittelt Anhaltspunkte:

- Auffälligkeiten im Schulleben (Leistungsabfall, ungewöhnliches Sexualverhalten etc.)
- Wunsch und Versuch wegzulaufen
- emotionale Störungen, so z.B. Schwierigkeiten in den Beziehungen zu anderen (Unfähigkeit Vertrauen aufzubauen, Kontaktprobleme zu Geschwistern)
- Ängste und Schuldgefühle
- Störungen im Selbstwertgefühl (Gefühle von Minderwertigkeit, schmutzig zu sein etc.)
- Wut und Hilflosigkeit
- depressive Stimmungen bis hin zur Suizidalität (Neigung zur Selbsttötung)
- Eß- oder Schlafstörungen
- Gewohnheiten autoaggressiven Charakters (Nägel abbeißen, zwikken etc.)

- Zwangsphänomene (Zwang zum Grübeln, Waschzwang etc.)
- neurotische Störungen: Angstneurosen oder neurotische Depressionen
- Konversionssyndrome (psychogene Lähmungen, Schmerzzustände, sogenannte pseudoepileptische Anfälle)
- psychisch bedingte körperliche Störungen (psychosomatische Erkrankungen: Atemnot, Erstickungsängste, Bauchschmerzen, Erbrechen etc.)
- plötzliche zeitlich begrenzte Änderungen in den normalen Bewußtseinsfunktionen

Wie kann dem betroffenen Kind geholfen werden?

- Hören Sie zu, wenn es zu erzählen beginnt, und glauben Sie ihm, auch wenn Ihnen die Darstellung übermäßig schrecklich und phantastisch erscheint!
- Intensivieren Sie den Kontakt zu ihrem Kind, fördern Sie das Gespräch mit ihm, indem Sie es ermutigen, über seine Probleme und Gefühlslagen zu sprechen! (Etwa so: „Es gibt gute und schlechte Geheimnisse. Die guten sind lustig und machen Spaß, die schlechten verursachen seltsame und gruslige Gefühle; über sie muß man reden!“)
- Notieren Sie sich Anzeichen, die auf einen Mißbrauch hindeuten (beispielsweise in Form eines Tagebuchs über das Verhalten des Kindes)!
- Tragen Sie Fakten zusammen (Ortsbezeichnungen, Namensnennungen, weitere Hinweise des Kindes etc.)!
- Nehmen Sie Kontakt zu einer Beratungsstelle auf! Dort wird man dem Opfer helfen und auch Ihnen Unterstützung anbieten.

Leitlinien für die Beratung haben 1990 Enders und Stumpf aufgestellt. Davon hier nur einige Stichworte:

- Vertrauen herstellen (dem Kind glauben, ihm Zeit lassen, selber aufrichtig sein)
- Sprachlosigkeit überwinden (das Kind nicht drängen, ihm aber stets die Bereitschaft zum Gespräch signalisieren)
- den Umgang mit Schuld- und Schamgefühlen üben
- Ohnmachtsgefühle und den Objektstatus überwinden helfen
- das Vertrauen in die eigene Wahrnehmung stärken
- dem Rückzug auf sich selbst entgegenwirken

Adressen

Beratungsstelle des Deutschen Kinderschutzbundes, Frankfurt, Tel.: 069/ 598 187
Distel e.V., Brasserstr. 44, 45131 Essen, Tel.: 0201/ 776 777)
Kinderschutzzentrum, Hamburg, Tel.: 040/ 491 00 07
Kinderschutzzentrum, München, Tel.: 089/ 555 356
Violetta – Verein gegen sexuellen Mißbrauch an Mädchen, Tel.: 0511/ 445 135
Wildwasser e.V., Mehringdamm 50, 10961 Berlin, Tel.: 030/ 786 50 17
Wildwasser e.V., Cloppenburger Str. 35, 23758 Oldenburg
Wildwasser e.V., Kernerstr. 31, 70182 Stuttgart, Tel.: 0711/ 296 432
Zartbitter e.V., Stadtwaldgürtel 89, 50935 Köln, Tel.: 0221/ 405 780,

Frau Ursula Enders nimmt sich Jungen und Mädchen an, die in satanischen Kreisen mißbraucht worden sind

2. ...bei Verwicklung in okkultistische/satanistische Praktiken

Eines der größten Probleme, dem jugendliche Satanisten ausgesetzt werden, ist die Übertragung von Verantwortung an eine imaginäre Führerperson („Satan“, „Luzifer“). „Besonders gefährlich ist, daß es sich ja nicht um einen tatsächlichen Führer handelt, der seinen Anhängern Anweisungen erteilt, sondern daß der Wille des Führers den Köpfen seiner Untertanen entspringt. Eine merkwürdige Mischung aus Bewußtem und Unbewußtem sowie einer Menge Gruppendynamik innerhalb eines satanischen Zirkels kontrolliert letztendlich das ganze Leben des Satanisten. In einigen Zirkeln herrschen ausgesprochen autoritäre Umgangsformen. Der Zusammenhalt der Gruppe basiert darauf, daß alle Gruppenmitglieder im Besitz eines vermeintlichen geheimen Wissens sind, das nicht nach außen dringen darf. Zwangsläufig wird es problematisch, wenn ein Mitglied die Gruppe verlassen will.“ (Hunfeld/Dreger, Magische Zeiten, S. 148).

Auf die Zugehörigkeit zu einer okkulten/satanischen Gruppe können folgende Anzeichen hindeuten:

- Ihr Kind reagiert nervös, wenn Ihnen etwas gestohlen worden ist oder Sie etwas vermissen. (Viele dieser Gruppen fördern Diebstahl, um ihre Mitglieder damit ans Schweigen zu gewöhnen und so an sich zu binden.)

- Ihr Kind gebraucht plötzlich ein sexuell entwürdigendes und gewalttätiges Vokabular.
- Ihr Kind droht manchmal, Sie körperlich angreifen oder etwas von Ihnen zerstören zu wollen. (Jugendliche, die in Okkultismus/Satanismus verstrickt sind, schrecken vor solchen Tätlichkeiten meist nicht zurück oder sie neigen gar zu Vandalismus.)
- Ihr Kind hört exzessiv „Black-Metal"-Musik mit satanischen und gewaltverherrlichenden Texten.
- Ihr Kind trägt plötzlich auffällige Amulette oder Talismane.
- Ihr Kind tut extrem geheimnisvoll, wenn es um seine Freunde oder um die „Clique" geht, mit der es zusammen ist.
- Ihr Kind zeigt sich an Drogen interessiert, wobei der Gebrauch oft durch den Duft von Räucherstäbchen überdeckt wird.

Eltern sollten sich überdies mit folgenden Fragen befassen:

- Habe ich Einfluß auf mein Kind? Hört es auf mich?
- Rede ich oft genug mit meinen Kind? Möchte es, daß ich seine Freunde näher kennenlerne?
- Sieht mein Kind Horrorfilme an?
- Kritzelt mein Kind undeutbare Zeichen oder die Zahl „666" auf Notizbücher oder Schulhefte?
- Befinden sich in seinem Zimmer gefärbte Kerzen, seltsame Figuren, Bilder und Symbole wie Pentagramme oder umgedrehte Kreuze?
- Interessiert sich mein Kind für Tod und Sterben, Friedhöfe und Leichenhallen? Besucht es häufig Friedhöfe?
- Verhält mein Kind sich plötzlich auffällig feindselig gegenüber dem Christentum?
- Spricht mein Kind manchmal davon, ein Tier oder einen anderen Menschen töten zu wollen? Redet es von Folterungen? Hat es noch Empfindungen, wenn es um Tod oder Schmerzen geht?
- Trägt mein Kind sich mit Selbstmordgedanken? Sagt es, daß es keinen Sinn habe, zu leben? Hat es schon einen Suizid versucht?
- Übt mein Kind zum gleichen Zeitpunkt immer dieselben Handlungen aus, fast wie ein Ritual?
- Enthalten Aufzeichnungen oder Bilder meines Kindes Elemente von Gewalt, Zerstörung, Horror?
- Trägt mein Kind Schnitte, Kratzer oder andere Wunden, deren Verursachung es nicht erklären kann?
- Hat mein Kind vor irgend etwas übermäßige Angst?
- Liest mein Kind okkultistische Bücher oder Schriften?

Wie kann geholfen werden?

- Reden Sie mit Ihrem Kind über die Menschen, die es bewundert! Fertigen Sie mit ihm eine Aufstellung über Charaktereigenschaften dieser Personen an!
- Helfen Sie Ihrem Kind, zwischen konstruktiven und destruktiven Eigenschaften zu unterscheiden! Sprechen Sie mit ihm über deren jeweilige Werte und Anliegen! Erarbeiten Sie gemeinsam mit ihm eine Liste positiver und negativer Charakteristika an!
- Verpflichten Sie sich Ihrem Kind gegenüber, Ihre positiven Eigenschaften hervorzukehren und die negativen überwinden zu wollen!
- Sprechen Sie mit Ihrem Kind darüber, wie es sich selbst einschätzt! Was möchte es in seinem Leben verändern, um ein Vorbild für andere werden zu können? Helfen Sie ihm, sein Selbstbild zu verbessern und schränken Sie seinen Kontakt zu negativ einwirkenden Personen ein!
- Zeigen Sie Ihrem Kind, wie sein berechtigtes Streben nach individueller Freiheit mit den Ansprüchen und Forderungen der Gesellschaft in Einklang gebracht werden kann!

Was kann außerhalb der Familie getan werden?
- Aufgabe der Politiker und Medien ist es, sich endlich ernsthaft mit der Thematik auseinanderzusetzen und die Öffentlichkeit darüber zu informieren.
- Die Schule darf nicht zum Ort okkulter/satanistischer Umtriebe werden. Informationen über entsprechende Anzeichen sollten deshalb umgehend an die Schulbehörden weitergegeben werden.
- Wenn das persönliche Gespräch innerhalb der Familie nicht ausreicht, sollte ein Psychotherapeut oder Familienberater aufgesucht werden. Verständnis und Vertrauen in die Kinder bauen eher Brücken zu den Kindern als Drohungen und Repressalien.
- In der Kirche ist zweierlei dringend erforderlich: Seelsorge und integrative Arbeit mit Jugendlichen, forcierte Jugendarbeit.
- Die Behörden müssen okkultistische/satanistische Praktiken endlich zum Ermittlungsgegenstand machen und für die Spurensuche Spezialisten einsetzen.

Okkultismus und Satanismus kommen den Bedürfnissen Jugendlicher nach Subjektivierung ihrer Lebensbereiche entgegen; auf ihre Art bilden sie Widerstand gegen die unseren Alltag überfremdenden Institutionen aus. Zugleich flüchten sie in eine Schein-Realität. Daher können Okkultismus und Satanismus keine Lösungen bieten; vielmehr gehen von ihnen Gefahren aus – für den einzelnen wie für die Gesellschaft.

Adressen

Aktion für geistige und psychische Freiheit e.V., Graurheindorfer Straße 15, 5311 Bonn, Tel.: 0228/631547
Arbeitskreis Sekten e.V., Herford, Tel.: 05221/56358
Elterninitiative zur Wahrung geistiger Freiheit e.V., Leverkusen, Tel.: 0214/58372
Elterninitiative zur Hilfe gegen seelische Abhängigkeit und religiösen Extremismus e.V., Postf. 100 513, 80082 München, Tel.: 089/55980444
Sekten-Info Essen e.V., Rottstr. 24, 45127 Essen, Tel.: 0201/234646 oder 234648, Frau Cammans und Frau Riede
Eltern- und Betroffeneninitiative gegen psychische Abhängigkeit für geistige Freiheit Berlin, Tel.: 030/3249575
Die Sekten- und Weltanschauungsbeauftragten der Landeskirchen und Diözesen können bei den Kirchen erfragt werden.

C. Politik und Recht

Straftatbestände wie Kindesmißbrauch, Freiheitsberaubung, Nötigung, Drogenmißbrauch, Körperverletzung, Vergewaltigung und Mord werden von okkulten/satanistischen Gruppen, in Kulten und Logen unter dem Deckmantel der „freien Religionsausübung“ begangen. Die Behörden haben in der Regel nur wenig Einblick in die ideologischen Inhalte und die Rituale der meisten Logen und Kulte – obwohl bereits 1979 der damalige Leitende Kriminaldirektor in Bremen, Dr. Herbert Schäfer, in Knauts Buch „Das Testament des Bösen“ feststellte: „In den marginalen Minisekten sammeln sich eigenartige Charaktere. Das zeigt die kriminalistische Erfahrung, der selbst die schwersten Straftaten dort nicht unbekannt sind. Soweit die Tötungen, Körperverletzungen, Freiheitsberaubungen u.ä. überhaupt bekannt werden“ (Knaut, S. 333).

Uns liegt der „Bericht über Aufbau und Tätigkeit der sogenannten Jugendsekten“ des Ministeriums für Kultur und Sport in Baden-Württemberg vor. Dieser ist geprägt von einer großen Hilflosigkeit der Staatsorgane gegenüber „Religions- und Weltanschauungsvereinigungen“. Der freie Rechtsstaat muß derzeit noch einen wahren Eiertanz aufführen, um einerseits dem Grundrecht auf freie Religionsausübung gerecht zu werden, andererseits aber Zugriff zu gewinnen auf Bereiche, in denen Menschen unter dem Deckmantel freier Religionsausübung Angriffen auf die Menschenwürde und Mißbrauch ausgesetzt sind.

Im folgenden zitieren wir einige Passagen aus dem Bericht, um aufzuzeigen, aus welcher – oftmals überängstlichen – Geisteshaltung heraus Richtlinien, Vorschriften und Gesetze resultieren. Wenn hier „Jugendsekten“ im Mittelpunkt stehen, so dürfen die Ausführungen auch auf andere Kulte, Logen und Orden übertragen werden.

1. Verfassungsrechtliche Gesichtspunkte

„Art. 4 Abs. 1 und 2 GG (Grundgesetz, d.Verf.) gewährleistet das Grundrecht der Glaubens- und Bekenntnisfreiheit. Träger des Grundrechts können sowohl einzelne Personen als auch Vereinigungen sein... Auf die zahlenmäßige Stärke einer derartigen Gemeinschaft oder ihre soziale Relevanz kommt es nicht an... Für Religionsgemeinschaften ist danach zu fordern, daß bei ihnen das Religiöse von zentraler Bedeutung für das Bekenntnis ist und das Wesen der Religionsgemeinschaft ausmacht... Entsprechendes gilt für Weltanschauungsgemeinschaften. Nur wenn diese Voraussetzungen erfüllt sind, kann davon gesprochen werden, daß eine Vereinigung von einem Konsens ‚getragen‘ ist, der auf den Sinn menschlicher Existenz bezogen ist und auf eine umfassende Bezeugung des die Vereinigung prägenden Konsenses abzielt.

Bei der Prüfung der Frage, ob die sogenannten Jugendsekten die Merkmale einer Religions- oder Weltanschauungsgemeinschaft erfüllen, also insbesondere ihr Hauptzweck in der gemeinschaftlichen Pflege einer Religion oder Weltanschauung besteht, darf das Selbstverständnis der Religions- oder Weltanschauungsgemeinschaft nicht außer Betracht bleiben... Die Berücksichtigung des Selbstverständnisses der betreffenden Religions- oder Weltanschauungsgemeinschaft bedeutet aber nicht, daß die Erklärung einer Gemeinschaft ausreicht, sie sei religiöser Natur. Das Bundesverwaltungsgericht verlangt vielmehr, daß das religiöse Bekenntnis ‚hinreichend objektivierbar‘ ist.

Außer auf das Selbstverständnis und die erklärten Grundlagen der Gemeinschaft kommt es nach Auffassung des Bundesverwaltungsgerichts auch auf das gesamte tatsächliche Auftreten der Gemeinschaft und ihrer Mitglieder an...

Nach der Rechtssprechung des Bundesverfassungsgerichts hat das Grundgesetz ‚nicht irgendeine, wie auch immer geartete freie Betätigung des Glaubens schützen wollen, sondern diejenige, die sich bei den heutigen Kulturvölkern auf dem Boden gewisser übereinstimmender sittlicher Grundanschauungen im Laufe der geschichtlichen Entwicklung herausgebildet hat'. Wörtlich führt das Bundesverfassungsgericht im Anschluß hieran aus:

‚Die konkrete Abgrenzung ist bei der einzigartigen Stellung dieses... klassischen Grundrechts schwierig. Kann und darf der weltanschaulich neutrale Staat den Inhalt dieser Freiheit nicht näher bestimmen, weil er den Glauben oder Unglauben seiner Bürger nicht bewerten darf, so soll jedenfalls der Mißbrauch dieser Freiheit verhindert werden. Aus dem Aufbau der grundrechtlichen Wertordnung, insbesondere der Würde der Person, ergibt sich, daß Mißbrauch namentlich auch dann vorliegt, wenn die Würde der Person anderer verletzt wird' (BVerfGE 12,14).

Ebenso würde z.B. die Anwendung von Psychotechniken, mit deren Hilfe vorsätzlich die Kritikfähigkeit des Einzelnen untergraben und er zu einem blind gehorchenden Mitglied einer sogenannten Jugendsekte gemacht wird, nicht unter Art. 4 Abs. 1 und 2 GG fallen, da sie mit der Menschenwürde als dem höchsten Wert innerhalb der verfassungsmäßigen Ordnung nicht vereinbar wäre. Dies gilt auch, wenn die Anwendung von Psychotechniken im oben beschriebenen Sinn in der Absicht geschieht, dem Betreffenden ‚Glückseligkeit' im Sinne einer sogenannten Jugendsekte zu vermitteln. Derart schwere Beeinträchtigungen, die darauf ausgerichtet sind, die Selbstbestimmung des Betroffenen, also das, was gerade seine Subjektqualität ausmacht, auszuschalten oder erheblich zu vermindern, stellen von der Art der Beeinträchtigung her eine ‚verächtliche Behandlung' im Sinne der Rechtssprechung des Bundesverfassungsgerichts... dar, ohne daß es auf die dahintersteckende Absicht ankommt..."

2. Verwaltungsgerichtliche Aspekte – Polizeirecht

„Zu den der Polizei nach 1 Abs. 1 PolG obliegenden Aufgaben gehören auch der Schutz der Würde des Menschen und der Schutz von Ehe und Familie. Dabei ist zu beachten, daß nach 2 Abs. 2 PolG der Schutz privater Rechte nur auf Antrag des Berechtigten und nur dann obliegt, wenn gerichtlicher Schutz nicht rechtzeitig zu erlangen ist und wenn ohne polizeiliche Hilfe die Gefahr besteht, daß die Verwirklichung des Rechts vereitelt oder wesentlich erschwert wird... Soweit es um den Schutz der Würde des Menschen geht, ist ein Einschreiten der Polizei davon abhängig, daß entsprechende Praktiken, hier von sogenannten Jugendsekten, der Polizei im Einzelfall bekannt werden... Hinzu kommt, daß die Polizei... nur schwer erkennen können wird, ob sich bestimmte Praktiken einer Sekte gegen die Menschenwürde... richten. Ein Einschreiten wird daher nur in den seltenen eindeutigen Fällen ohne weiteres möglich sein; im übrigen wird die Polizei bei der Beurteilung der Gefahrenlage auf den besonderen Sachverstand bzw. die besonderen Erfahrungen sachnäherer Behörden (Jugendämter usw.) angewiesen sein."

So ist es leider: Die Polizei kann in den wenigsten Fällen eine Notwendigkeit ihres Eingreifens erkennen, und die „sachnäheren" Behörden sind in bezug auf philosophische Inhalte und Methoden religiöser/okkulter/satanischer Gruppierungen zumeist auch unwissend.

3. Strafrechtliche Aspekte

„Die Erkenntnisse der inländischen Strafverfolgungsbehörden über Straftaten im Bereich der sogenannten Jugendsekten sind nur bedingt geeignet, bedenkliche Entwicklungen innerhalb dieser Gruppen zu belegen. Die wenigen rechtskräftigen Verurteilungen, die bisher zu erzielen waren, können nur selten den Hintergrund des Tatgeschehens und dessen Bezüge zur Betätigung und zu den prägenden Vorstellungen einer bestimmten Vereinigung ausleuchten."

Beginnt eine Behörde hier nicht bereits zu kapitulieren? Weiter lautet es im Text:

„Eine generelle Strafvorschrift gegen Verbindungen, die aufgrund der Geheimhaltung ihrer inneren Verfassung oder weil sie ihren Mitgliedern ‚blinden' Gehorsam auferlegen, einen Mißbrauch der Vereinigungsfreiheit befürchten lassen könnten,... gibt es im geltenden Strafrecht nicht... Regelmäßig können strafrechtliche Ermittlungen auch nur bezüglich solcher Sachverhalte eingeleitet werden, die den Strafverfolgungsorganen von anderen Behörden oder Privatpersonen angezeigt werden."

4. Körperverletzungsdelikte

„Nach den Erkenntnissen des OVG Münster..., die auch durch Schrifttum gestützt werden..., muß davon ausgegangen werden, daß die von einzelnen Vereinigungen angewandten ‚Psychotechniken' (Meditationstraining, ‚Auditing' und ähnliche Therapieformen) vor allem bei in ihrer Persönlichkeitsstruktur anfälligen Menschen psychische Störungen auslösen können... Den bei einzelnen Anhängern von sogenannten Jugendsekten festgestellten psychischen oder psychosomatischen Störungen kommt im Einzelfall offensichtlich auch Gewicht und Bedeutung einer ‚Gesundheitsbeschädigung' i.S. der Strafvorschriften gegen Körperverletzung (223 ff. StGB) zu. Ein entsprechender tatbestandlicher Erfolg ist nach herrschender Meinung zu bejahen, wenn es zur Erregung oder Steigerung einer psychischen pathologischen Störung kommt... Die aus der Praxis berichteten Erscheinungsbilder (Affektzustände, Bewußtseinstrübungen, schwere Depressionen, Zusammenbruch mit Weinkrämpfen usw.) werden den Anforderungen des Tatbestands in aller Regel genügen... Können im Einzelfall psychische Störungen von Krankheitswert nachgewiesen werden, so könnte die Strafverfolgung wegen vorsätzlicher oder fahrlässiger Körperverletzung (223, 230 StGB) gleichwohl nur dann mit einiger Aussicht auf Erfolg betrieben werden, wenn sich die Gesundheitsschädigung ursächlich auf ein Handeln oder Unterlassen zurückführen ließe... Sollte es künftig zur Einleitung von Ermittlungsverfahren wegen Körperverletzung kommen, so wird auch der Frage nachzugehen sein, inwiefern die freiwillige Beteiligung an bestimmten Psychotechniken bei Volljährigen eine eigenverantwortliche Selbstgefährdung darstellt, die gegebenenfalls die Zurechnung zum Verantwortungsbereich anderer Gruppenmitglieder nach der Rechtssprechung ausschließen würde..."

5. Straftaten gegen die sexuelle Selbstbestimmung

„Im Einzelfall werden insbesondere die Strafbestimmungen gegen die Förderung sexueller Handlungen Minderjähriger (180 StGB) sowie gegen die Förderung der Prostitution (180a StGB) in Betracht zu ziehen sein. Da die sogenannten Jugendsekten ihre Anhänger allerdings ganz überwiegend unter den jungen Erwachsenen suchen und finden, dürfte eine vorsätzliche Mißachtung der gesetzlichen Schutzaltersgrenzen kaum jemals zu beweisen sein. Auch die sonstigen Merkmale eines strafbaren Angriffs auf die sexuelle Selbstbestimmung haben sich in der Praxis bisher nicht belegen lassen... Freilich wird man nicht ausschließen können, daß gefährdete Personen im Einzelfall Sexualdelikte auch unter dem mitwirkenden Einfluß der Lehren oder der Lebensformen einzelner Jugendsekten begehen."

Das Fazit des Berichts macht wenig Grund zur Hoffnung; es lautet: „Die Arbeit der interministeriellen Arbeitsgruppe hat zur Erkenntnis geführt, daß staatliche Organe im Hinblick auf die Religions- und Weltanschauungsfreiheit und die Auslegung dieses Grundrechts nur begrenzte Einwirkungsmöglichkeiten haben..."

6. Unsere Anregungen

Die Justiz erweist sich in den meisten Fällen tatsächlich als machtlos, weil sie nicht in der Lage ist, den eigentlichen Hintergrund und die wahren Motivationen tätiger Logen und Gruppierungen zu durchschauen. Mit unserer Arbeit hoffen wir daher einen Beitrag zur Enttabuisierung und Aufklärung über jene „unbekannten Regionen" zu leisten. Die gute Zusammenarbeit mit dem Thüringer Justizministerium und dem sächsischen Innenministerium könnte den Anfang bilden dafür, daß sich die Justiz im ganzen der Gefahren bewußt wird, die aus dem religiösen Untergrund erwachsen.

Damit den Gefahren wirksamer begegnet werden kann, möchten wir anregen:

1. Statistische Trennung der Gewalttaten im okkulten Bereich von denen auf anderen Gebieten beim Bundes- wie bei den Landeskriminalämtern
2. Schaffung einer Abteilung „Okkultfahndung", einer speziellen Einheit, der Experten für das Sektenwesen angehören; diese gehen den Hinweisen aus der Bevölkerung nach und können verdeckt auch im religiösen Untergrund ermitteln
3. gezielte politische Aufklärung in bezug auf Risiken und Gefahren, die von okkulten/satanistischen Gruppierungen ausgehen; Erlaß staatlicher Schutzmaßnahmen für Personen, die aufklärend arbeiten

4. Bildung staatlicher Sekteninformationsstellen über das gesamte Bundesgebiet verteilt, die Hilfe leisten für in Bedrängnis Geratene und dabei mit den bereits bestehenden kirchlichen und gemeinnützigen Stellen zusammenarbeiten; Einrichtung von „Opferhilfefonds“ für Geschädigte
5. Schaffung einer Zentrale zur Sektenbekämpfung, in der die Initiativen und Ergebnisse der einzelnen Einrichtungen gebündelt werden
6. Organisierung einer internationalen politischen und juristischen Zusammenarbeit zu Problemen des Sektenwesens und Schaffung einer entsprechenden Europäischen Institution
7. Abgabe von Unvereinbarkeitserklärungen aller politischen Parteien darüber, daß Personen nicht gleichzeitig bestimmten Gruppen angehören und in eine(r) Partei eintreten bzw. arbeiten können
8. Durchleuchtung der Glaubensinhalte von Sekten, Logen, Orden, Zirkeln, selbsternannten Kirchen unter ethisch-moralischen, sozialen und politischen Aspekten; Verhinderung, daß kriminelle Vereinigungen sich auf Artikel zur Religionsfreiheit im Grundgesetz berufen können; Verbote für Gruppierungen, die gegen die Verfassung verstoßen
9. Überprüfung aller bestehenden Sekten nach Artikel 1, 2, 12 und 18 des Grundgesetzes, nach dem Strafgesetzbuch (insbesondere entsprechend den 90a, 90b, 111, 126, 184, 185, 186, 187, 189, 203, 240, 253, 263 StGB) und nach dem Gesetz für Jugendschutz (entsprechend den 1,3 und 4 GJS)

Daß unsere Anregungen Wirklichkeit werden könnten, setzt natürlich Behörden und Politiker voraus, die dem religiösen Untergrund sehenden Auges begegnen und die gewillt sind, dort auftretende Verbrechen tatsächlich zu bekämpfen.

Dank

Bedanken möchten wir uns bei folgenden Personen, ohne deren Hilfe das Buch nicht entstanden wäre: unserer Mutter Magda und unserem verstorbenen Vater Jürgen, Walter, Andrea Faiss (die immer geduldig zugehört hat und viel ertragen mußte), J. Tress (ehem. SAT 1), D. Kaupp, A. Zepp, H. Hey (ehem. SAT 1, jetzt NDR), G. Wand, U. Hoffmann und B. Eligmann (RTL), J. Schumacher (ehem. RTL, jetzt SAT 1), J.A.Fish (CEDIF, Luxemburg), S. W. Maurer, H. Knaut (gest.) und Familie, F.-W. Haack (gest.) und Familie, J. Müller (Schweiz), U. v. Bernus, D. Core (Childwatch, Großbritannien), B. Meuser, H.-M. Schindler, V. Schauber (Pattloch-Verlag), H. Otten, Pfr. J. Hauskeller, C. Beyer, H. Cammans (Sekteninfo Essen), M. Büchner (Neues Forum, Thüringen), Dr. Jentsch (ehem. Justizminister Thüringen), Herrn Hess und Herrn Kunz (Justizministerium Thüringen), Herrn Niethammer (Pressesprecher Staatsanwaltschaft Erfurt), Dr. H. Feist (Stellv. Polizeipräsident, Sachsen), Herr Novak (Kriminalpolizei Waldshut-Tiengen), R. Walz (Kriminalpolizei Tübingen), Herr und Frau Schwier, Britta, Heike, Melanie, Ramona, Irene, T. Becker, R. David, S. Zillich-Limmer, R. Grenner, A. Thönnissen, U. Stoltenberg (Creativ TV), J. Heck (Spectrafilm), Frau Riede (Sekteninfo Essen), Herr Rossmann (Radio RT 4), R. Hauth (Sektenpfarrer), R. Hartwig (Robin Direkt), Heike H., M. Leuschner (Rechtsanwalt), Renate und Hinrich, samt Kindern, Klaus-Martin Bender, Ulrich Meyer samt Team, H.J. Ruppert, Bernd Harder, Hans Rogg, Jochen Rogg und Gerhard Mayer für ihr Verständnis, all unseren Freunden, die uns mit Interesse, Neugier und Sorge all die Jahre begleitet haben. Unser besonderer Dank gilt dem Ärzteehepaar Jetje und Fred Jonker aus den Niederlanden für ihr unermüdliches Engagement und ihre beispiellose Gastfreundschaft in vielen schweren Tagen.

Bibliographie

Amann, F.: Die Teufelsbeschwörungen, München 1979.
Arnold: Power of Darkness: Principalities and Powers in Paul's Letters, Downer's Grove, Il 1992.
Artikel: „Böses"; „Dämon"; „Dualismus"; „Erbsünde"; „Freiheit"; „Satan"; „Sünde"; „Teufel"; „Theodizee"; „Übel", in: LThK2, RGG3, Sacr. Mundi, Handb. theol. Grundbegriffe, Handbuch phil. Grundbegriffe.
Atkins, S. u. Slosser, B.: Ich sollte sterben, Schorndorf 1979.
Augustinus, A.: Enchiridion, Kap. 24-28, in: Bibliothek der Kirchenväter, Bd. VIII, München o.J.
Aythos: Die Fraternitas Saturni, München 1979.
Baer, H.: Satanismus in: Unsere Seelsorge Nr.7, 1989.
Baumann, H. D.: Horror – Die Lust am Grauen, Weinheim, Basel 1989.
Bäumer, U.: Wir wollen nur deine Seele, Bielefeld 1984.
Baunheim, F.: Erotik und Hexenwahn, Stuttgart 1962.
Beirnaert, L.: Die psychoanalytische Theorie und das sittliche Böse, in: Conc 6 (1970) 401-406.
Biedermann, H.: Handlexikon der magischen Künste, München / Zürich 1976.
Billicsich, Fr.: Das Problem des Übels in der Philosophie des Abendlandes, 3 Bde, Wien 1955 ff.
Binterim, A.-J.: Über die Besessenen und ihre Behandlung in der alten Kirche, München 1979.
Blackwood, P.: Die Netzwerke der Insider, Leonberg 1986.
Bloch, E.: Aufklärung und Teufelsglaube, in: Schatz, O., Hg., Hat die Religion Zukunft?, Graz-Wien-Köln 1971, 120-134.
Boberski, H.: Das Engelwerk. Ein Geheimbund in der katholischen Kirche? Salzburg 1990.

Breuer, J. u. Freud, S.: Studien über Hysterie, Frankfurt/M. 1991.
Brown, R.: Er kam, um die Gefangenen zu befreien, Ingolstadt 1990.
Büttner, C. u. Niklas, H.: Wenn Liebe zuschlägt, München 1984.
Cammans, H.-M.: Okkultismus zwischen Suche und Sucht, Recklinghausen 1990.
Carlsson, A.: Teufel, Tod und Tiermensch, Kronberg 1978.
Cavendish, R.: Die schwarze Magie, Berlin 1980.
Chase, T.: When Rabbit Howls, dt.: Bergisch-Gladbach 1988.
Concilium 6 (1970), Heft 6/7: Themenheft: Herausforderung des christlichen Glaubens durch Infragestellung des sittlich Bösen.
Cooper, S.: The black Mask, New Jersy 1990.
Crowley, A. u. Eschner, M. D.: Liber Al vel Legis, mit Kommentaren, Lenze 1985.
Crowley, A. u. Eschner, M. D.: Magick, Bd. I, Lenze 1986.
Crowley, A. u. Eschner, M. D.: Magick, Bd. II, Lenze 1986.
Crowley, A.: Confession 1 und 2, Bergen/Dumme 1992.
Crowley, A.: Die Heiligen Bücher von Thelema, Lenze 1985.
Daim, W.: Der Mann, der Hitler die Ideen gab, Wien 1994.
Dam, W. C. van: Okkultismus und christlicher Glaube, Plüdershausen 1986.
Ders., Das Problem des Bösen in der Theologie, Darmstadt 1985.
Ders., Der Begriff des Dämonischen und seine Bedeutung für die Systematische Theologie, in: GW VIII, Stuttgart 1970, 285-291.
Ders., Der Gottesstaat, Kap. 13; 15; 16, in: Bibliothek der Kirchenväter, Bd II, München o.J.
Ders., Der Mensch im Kosmos, München 1965.
Ders., Die Macht des Bösen. Das Erbe Augustins, Zürich 1979.
Ders.,Teufelsglaube. Mit Beiträgen v. K. Elliger, B. Lang und M. Limbeck, Tübingen 1980.
Ders., Utrum angeli in corporis assumptis opera vitae exerceant, STh I 51,3,6.
Ders., Utrum summum bonum, quod est deus, sit causa mali? STh I qu 49,2.
Ders., Vor dem Bösen ratlos? In Zusammenarbeit mit K. und W. Elliger, München 1978.
Dölger, F. J.: Sonne der Gerechtigkeit und der Schwarze. Eine religionsgeschichtliche Studie zum Taufgelöbnis (Liturgische Forschungen 2), Münster 1918.
Donovan, F.: Zauberglaube und Hexenkult, München o.J.
Dreger, T.: Sympathie für den Teufel?, Info-Schrift der Katholischen Jungen Gemeinde Münster, Münster 1987.

Drewermann, E.: Strukturen des Bösen, München-Paderborn-Wien 1977/78.
Dvorak, J.: Satanismus, München 1991.
Eder, M.: Teufelsglaube, „Besessenheit“ und Exorzismus in Deggendorf (1785-1791): Beiträge zur Geschichte des Bistums Regensburg Bd 26 (1992) 295-321.
Eibl-Eibesfeld, I.: Der vorprogrammierte Mensch, München 1973.
Eisenhauer, G.: Scharlatane, Frankfurt/Main 1994.
Enders, U. u. Stumpf, J.: Mütter melden sich zu Wort, Köln 1991.
Enders, U.: Zart war ich, bitter war's, Köln 1990.
Eschner, M. D.: Die geheimen Sexualmagischen Unterweisungen des Tieres 666, Berlin 1985.
Eschner, M. D.: Die geheimen Unterweisungen und Rituale des Hermetischen Ordens der Goldenen Dämmerung, Bd. I u. II, Bergen/Dumme 1987.
Eschner, M. D.: Netzwerk Thelema, Lenze 1985.
Fierson, W. M.: The Problem of Evil. A Metaphysical and Theological Inquiry, o. A., o. J.
Fischer, A./Michel, O.: Gestaltwandel des Bösen, Wuppertal 1975.
Fischer, K. P./Schiedermair, H.: Die Sache mit dem Teufel, Frankfurt 1980: Das Geheimnis des Bösen, 15-37; Das Zeugnis der Bibel, 126-163; Frühchristliche Vorstellungen von „Teufel“ und „Besessenheit“, 164-169; Der Teufel – ein personales Wesen?, 187-198.
Flowers, S.: Feuer und Eis, Wien 1993.
Flügel, H./Ries, R./Barth, H. M.: Der emanzipierte Teufel, München 1974, 13-46.
Foral, S.: Die Orgie, München 1981.
Forster, K., Hg.: Realität und Wirksamkeit des Bösen, Würzburg 1967.
Franke-Gricksch, E.: Der Namenlose Krieg, Leonberg 1989.
Freud, S.: Schriften über Liebe und Sexualität, Frankfurt/M. 1994.
Fromm, E.: Anatomie der menschlichen Destruktivität, Reinbek 1977.
Fromm, E.: Märchen, Mythen, Träume, Reinbek 1981.
Galey, I.: Ich weinte nicht, als Vater starb, München / Zürich 1991.
Gesbert, H.: Prüfet die Geister, Viersen 1988.
Gnilka, J.: Der Epheserbrief (HThK 10,2), Freiburg 1971.
Görres, A./Rahner, K.: Das Böse. Wege zu seiner Bewältigung in Psychotherapie und Christentum, Freiburg-Basel-Wien 1982.
Green, M.: I believe in Satan's Downfall, Grand Rapids 1981 (in Auszügen).
Gregorius: Aleister Crowley's Magische Rituale, Berlin 1980.
Gregorius: Satanische Magie, Berlin 1983.

Haack, A. u. F.-W.: Jugendspiritismus und -satanismus, München 1984.
Haack, F.-W.: Die neuen Jugendreligionen, Teil 1-5, München 1984.
Haack, F.-W.: Europas neue Religion, Zürich 1991.
Haack, F.-W.: Freimaurer, München 1984.
Haack, F.-W.: Scientology – Magie des 20. Jahrhunderts, München 1982.
Haack, F.-W.: Von Gott und der Welt verlassen, Düsseldorf, Wien 1974.
Haag, H.: Abschied vom Teufel. Vom christlichen Umgang mit dem Bösen, Zürich 1990 (1969).
Hacker, F.: Aggression, Düsseldorf, Wien 1985.
Hall, A.: Kultismus – Geheimnisvolle Sitten und Gebräuche, o. A., o. J.
Häring, H.: Satan, das Böse und die Theologie II, in: Bibel und Kirche 30 (1975) 66-68.
Hartwig, R.: Scientology – Ich klage an!, Augsburg 1994.
Heise, K.: Entente – Freimaurerei und Weltkrieg, Zürich 1918.
Holtorf, J. u. Lock, K.-H.: Stichwort: Freimaurer, München 1993.
Holtorf, J.: Die Logen der Freimaurer, München 1991.
Horkel, W.: Botschaft von Drüben? St. Goar 1987.
Horkel, W.: Spiritismus, Stuttgart 1987.
Hubbard, L. R.: Dianetik, Viborg 1990.
Hunfeld, F. u. Dreger, T.: Magische Zeiten, Weinheim / Basel 1990.
Huxley, A.: Die Teufel von Loudun, München 1992.
Huxley, A.: Schöne neue Welt, München 1992.
Huysmans, J. K.: Tief unten, Zürich 1987.
Introvigne, M.: Il capello del mago. I nuovi movimenti magici dallo spiritismo al satanismo, Mailand 1990.
Kasper, W.: Die Lehre der Kirche vom Bösen, in: Schnackenburg, R., Hg., Die Macht des Bösen und der Glaube der Kirche, Düsseldorf 1979, 68-84.
Kasper, W./Lehmann, K., Hg.: Teufel – Dämonen – Besessenheit. Zur Wirklichkeit des Bösen, Mainz 1978.
Kasper, W./Oeing-Hanhoff, L.: „Negativität und Böses“, in: Christlicher Glaube in moderner Gesellschaft, Freiburg-Basel-Wien 1981, 147-201.
Kertelge, K.: Teufel, Dämonen, Exorzismus in biblischer Sicht, in: W. Kasper/Lehmann, K., Hg.: Teufel – Dämonen – Besessenheit. Zur Wirklichkeit des Bösen, Mainz 21978, 9-39.
Kirche und Bibel 30 (1975) Heft 1: Themenheft Teufel und Dämonen.
Kirchschläger, W.: Teufelsglaube?, in: Die Zeit im Buch 29, 74-77.
Knaut, H.: Das Testament des Bösen, Stuttgart 1979.
König, R. P.: Das O.T.O.-Phänomen. München 1994.

Kolakowski, L.: Gespräche mit dem Teufel, München 1975.
Lanning, K.: Satanic, Occult, Ritualistic Crime. A Law Enforcement Perspective, in: The Police Chief 15 (1989), 63-83.
Lea, C. H.: Die Inquisition, Nördlingen 1985.
Levi, E.: Das große Mysterium, Ulm 1986.
Lison, K. u. Poston, C.: Reclaiming our Lives. Hope for Adult Survivors, Boston-Toronto, London 1989.
Lock, K.-H.: Stichwort Geheimbünde, München 1994.
Lohfink, N.: Der theologische Hintergrund der Genesiserzählung vom Sündenfall, in: Forster K., Hg., Realität und Wirksamkeit des Bösen, Würzburg 1967, 69-89.
Lorenz, K.: Das sogenannte Böse, Wien 26-28, 1971.
Lüthi, K.: Gott und das Böse, Zürich 1961.
Mauz, G. u. Friedrichsen, G.: Jeder Mann ein Kinderschänder? Der Spiegel 25/1994.
Mauz, G. u. Friedrichsen, G.: Kot mit Ketchup, Der Spiegel 39/1993.
Meyer, G.: Die lehramtlichen Verlautbarungen über Engel und Teufel, in: Concilium 11 (1975) 184-189.
Neumann, K.: Mißbraucht, geschlagen, gedemütigt, o.A., o.J.
Nietzsche, F.: Der Antichrist, Frankfurt 1986.
O.T.O. Liber XV: Ecclesiae Gnosticae Catholicae Missae, o.A., o.J.
Olson, A. M., Hg.: Disguises of the Demonic, New York 1975: The Mythic Language of the Demonic. An Introduction, 9-16.
Osterkamp, E.: Lucifer. Stationen eines Motivs, Berlin-New York 1979.
Packer, J. I.: The Devil's Dossier, in: Christianity Today (June 21, 1993) 24.
Passantino, B. u. G.: Auf Teufel komm raus? Asslar 1992.
Peters, U. H.: Psychiatrie und medizinische Psychologie, München 1990.
Ricoeur, P.: Phänomenologie der Schuld II (= Symbolik des Bösen), Freiburg-München 1971.
Rudwin, M.: The Devil in Legend and Literature, New York 1970.
Ruppert, H.-J.: Umgang mit dem Okkulten IV, Stuttgart 1990.
Ruppert, H.-J.: Okkultismus, Wiesbaden, Wuppertal 1990.
Russel, J. B.: The Devil. Perceptions of Evil from Antiquity to Primitive Christianity, London 1977.
S., Ricarda: Satanspriesterin, Frankfurt/M. 1989.
Saller, H.: Sexuelle Ausbeutung von Kindern, o.A., o.J.
Sanders, E.: The Family, Reinbeck 1972 und überarbeitete Ausgabe Juni 1995.
Sandra: Ich, die Hexe, München 1979.
Schiebeler, W.: Besessenheit und Exorzismus, Ravensburg 1985.

Schindelholz, G.: Exorzismus, Altstätten 1984.
Schlegel, W. S.: Lexikon der Sexualität, München o.J.
Schlier, H.: Mächte und Gewalten im NT (QD3), Freiburg 1959.
Schlink, M. B.: Kurz vor der Christenverfolgung, Darmstadt 1974.
Schlink, M. B.: Rockmusik, woher – wohin? Darmstadt 1989.
Schnackenburg R., Hg.: Die Macht des Bösen und der Glaube der Kirche, Düsseldorf 1979.
Schnibben, C.: Das Ende der Kindheit, Spiegel 10/1994.
Schraud, B.: Das Übel und die Sünde bei Teilhard de Chardin, Frankfurt (St. Georgen) 1969.
Schuster, G.: Geheime Gesellschaften, Verbindungen und Orden, Wiebaden o.J.
Schweighoffer, N.: J'Avias Douze..., deutsch: Bergisch-Gladbach 1992.
Smith, M.: Gewalt und sexueller Mißbrauch in Sekten, Zürich 1994.
Soldan-Heppe: Die Geschichte der Hexenprozesse, Bd. 1 u. 2, Hanau o.J.
Sprenger, J. u. Institoris, H.: Der Hexenhammer, Nördlingen 1982.
Tegtmeier, R.: Aleister Crowley – Die tausend Masken des Meisters, München 1989.
Teilhard de Chardin, P.: Der göttliche Bereich. Ein Entwurf des inneren Lebens, Olten-Freiburg 1962.
Terry, M.: The Ultimate Evil, New York o.J.
Theology Today 51 (1994), Heft 3.
Thomas v. Aquin: De malo, STh I. qu I.a.I ad 12.
Thönissen, A. u. Meyer-Andresen, K.: Kinderschänder, München 1990.
Tillich, P.: Das Dämonische, in: GW VI, Stuttgart 1963, 42-71.
v. Soden-Fraunhofen, H.: Das Engelwerk – eine Untergrundbewegung in der Kirche, in: Beinert, W., Hg., Katholischer Fundamentalismus. Häretische Gruppen in der Kirche?, Regensb. 1991, 127-147.
Verslaggeven, Ouze van: Eenzijdige benadering van psycholoog engert, publick, 15.07.92.
Vierzig, S.: Das Böse, Stuttgart u.a. 1984.
Warnke, M.: Der Agent des Satans, Erzhausen 1973.
Wehr, G.: Die deutsche Mystik, München 1988.
Weigelt, G.: Der Teufel in mittelhochdeutschen Predigten und Epen um 1200, Bonn 1976.
Weltalmanach des Übersinnlichen, München 1982.
Welte, B.: Über das Böse (QD 6), Freiburg 1959.
Wiesendanger, H.: In Teufels Küche, Düsseldorf 1992.
Wilson, C.: Das Okkulte, München 1986.
Winkelhofer, A.: Traktat über den Teufel, Frankfurt 1961.

Wittenhagen, U. u. Wolff, R.: Kindesmißhandlung – Kindesschutz, Bonn 1980.

Wyre, R. u. Swift, A.: Women, Men and Rapr, Sevennoaks, 1990.

Zacharias, G., Hg.: Das Böse. Dokumente und Interpretationen, München 1972.

Zacharias, G.: Der dunkle Gott, Wiesbaden, München 1964, Neuauflagen 1970 und 1982.

Ziegler, G.: Tarot – Spiegel der Seele (Aleister-Crowley-Tarot-Set), Sauerlach 1984.

Die Quellenangaben für Zitate aus weiteren Zeitschriften sind im Text enthalten.

Register